Handlungsforschung an einer Hauptschule 1972/74

Reflexionen Beteiligter nach 40 Jahren

Peter Held / Imbke Behnken

Handlungsforschung an einer Hauptschule 1972/74

Reflexionen Beteiligter nach 40 Jahren

Peter Held / Imbke Behnken

Lektorat: Elke Kämmerer

Layout: Elisabeth Gehrlein

Goethe-Universität

Frankfurt am Main 2015

Frankfurter Beiträge zur Erziehungswissenschaft

Reihe Monographien

im Auftrag des Dekanats
des Fachbereichs
Erziehungswissenschaften
der Goethe-Universität
herausgegeben von
Andreas Gruschka

Herstellung und Verlag:
BoD - Books on Demand GmbH, Norderstedt

Bibliografische Information der Deutschen Bibliothek
Die Deutsche Bibliothek verzeichnet diese Publikation in der Deutschen Nationalbibliografie; detaillierte bibliografische Daten sind im Internet über http://dnb.ddb.de abrufbar.

ISBN 978-3-9816428-0-3

Inhaltsübersicht

Inhaltsverzeichnis

Dritter Teil

Übertragung und Weiterführung der Ideen

Einleitung

Dieses Buch versteht sich als Fortsetzung und Abschluss eines Handlungsforschungsprojektes der 70er Jahre an der Käthe-Kollwitz-Schule (KKS), einer Wiesbadener Hauptschule. Die Forschungsergebnisse mündeten in zahlreiche Veröffentlichungen ein. Zu nennen sind insbesondere die umfassenden Darstellungen in den Publikationen der Projektgruppe Jugendbüro zur Praxis der Handlungsforschung und zur Lebenswelt von Hauptschülern.
Wir, das ist ein ehemaliger Lehrer, Peter Held, sowie eine ehemalige Studentin, Imbke Behnken, waren Beteiligte in dem Handlungsforschungsprojekt der 1970er Jahre. Als ehemalige Schüler und Schülerinnen zu Klassentreffen einluden, waren diese Treffen Anlass für uns, über die bewegten Monate, Jahre und die innovativen Prozesse nachzudenken.
Im ersten Teil dieser Studie, die sich nun im Abstand von 40 Jahren erneut dem Schulprojekt zuwendet, möchten wir die Motivationen des Lehrers und der heutigen Wissenschaftlerin Imbke Behnken, die Demokratisierungsprozesse, die Unterrichtsprojekte und Lernprozesse des Lehrers sowie die Forschungsansätze noch einmal analysierend betrachten.
Im zweiten Teil wenden wir uns Lebensgeschichten von ehemaligen Schülern und Schülerinnen zu. Etwa 40 Jahre später befragen wir einige von ihnen zu ihrem Werdegang und zu ihren Erinnerungen an das Schulprojekt.
Das Buch versteht sich aber auch als Danksagung an den verstorbenen Projektleiter Prof. Dr. Jürgen Zinnecker, der mit seiner hohen wissenschaftlichen Kompetenz und seinem ausgesprochen demokratischen Bewusstsein einen neuen Blick auf die Lebenswelt der Hauptschüler initiiert und mit der Projekt- und Lehrergruppe einen nachhaltigen Beitrag zur diesbezüglichen Forschung geleistet hat.
Unser Dank gilt Elke Kämmerer, Lektorat, und Elisabeth Gehrlein, Layout. Elke Kämmerer war von 1988 bis 2002 Deutsch- und Mathematiklehrerin an der Integrierten Gesamtschule Kastellstraße (vormals Käthe-Kollwitz-Schule) und hat zwölf Jahre lang zusammen mit Peter Held Klassen geleitet. Elisabeth Gehrlein ist Diplompädagogin und zur Zeit wissenschaftliche Mitarbeiterin am Institut

für Allgemeine Erziehungswissenschaft, Goethe Universität Frankfurt.
Wir bedanken uns bei den ehemaligen Schülerinnen und Schülern, die das Buchprojekt mit ihren lebensgeschichtlichen Erzählungen unterstützt haben: Peter Börner, Barbara Hennig, Steven Homburg, Astrid Meisenzahl, Adnan Oyan und Felipe Santander.

Teil I

Handlungsforschung an einer Hauptschule Anfang der 1970er Jahre: Eine Collage aus der Geschichte – Beteiligte erinnern sich

Anfänge und Beteiligte

I Das Bildungstechnologische Zentrum Wiesbaden (BTZ) engagiert sich an der Käthe-Kollwitz-Schule (Imbke Behnken, Peter Held)

Wie alles begann: Schulprojekt an einer Hauptschule

Das Bildungstechnologische Zentrum (BTZ) in Wiesbaden war eines von ursprünglich zehn geplanten Zentren in der Bundesrepublik, von denen lediglich Hessen und NRW realisiert wurden.
Die Gründung dieser Zentren war getragen von der Forderung, den Bildungssektor allgemein aufzuwerten und somit den Rückstand gegenüber anderen Industrie-Nationen aufzuheben. Diese Initiative wurde vom Hessischen Minister für Wirtschaft und Technik und auch von der Landesregierung getragen.

Das Engagement des Kultusministeriums Ludwig von Friedeburg war ausschlaggebend, dass 1970 die Hochschulprofessoren W. Klafki und K. Mollenhauer in die Gründungskommission berufen wurden. W. Klafki war Leiter der 1968 eingerichteten großen Hessischen Curriculumkommission und K. Mollenhauer hatte die Aufgabe, eine sozialwissenschaftlich orientierte Arbeitsgruppe aufzubauen. Die Leitung dieser Arbeitsgruppe hatte J. Zinnecker.

I.1 Zielsetzung und Teilnehmer des Schulprojektes in den 1970er Jahren

Zur Zielsetzung schreibt die Arbeitsgruppe[1]:
„Curriculuminnovation möchten wir als pragmatisch-experimentellen Lernprozess verstanden wissen, der von der Unterrichts- und Schulbasis ausgeht und auf der gleichberechtigten Kooperation von Lehrern mit Wissenschaftlern unter Einbeziehung der Lerngruppen beruht. ... Das langfristig konzipierte Arbeitsvorhaben hat zum Ziel, die theoretische Diskussion und die praktischen Bemühungen um eine Integration technischer Mittler in den Unterricht aus ihrer technologischen Verkürzung und Isolation zu befreien und in den Kontext schulischer Innovation und sozialwissenschaftlich-didaktischer Analyse und Reflexion einzubetten. ... Das Arbeitsvorhaben umschließt – neben einer kritischen Überprüfung technologischer Denkansätze – die Entwicklung von Unterrichtseinheiten, in denen die Möglichkeit emanzipativen Einsatzes von Technik im Unterricht demonstriert wird.“

Die Arbeitsgruppe hatte sich zur Aufgabe gesetzt, im Schuljahr 1971/72 Kontakt zu unterschiedlichen Schulen aufzunehmen, u. a. zu einer innerstädtischen Hauptschule, der Käthe-Kollwitz-Schule im Bergkirchenviertel Wiesbaden. Das Vorhaben wurde im Schuljahr 1972/73 realisiert.

Die Beteiligten: Projektgruppe Hauptschule 1970er Jahre

Neben wissenschaftlichen Mitarbeitern des BTZ beteiligten sich am Schulprojekt ein Team von vier Hauptschullehrern und 136 Schülern aus vier achten Klassen der Hauptschule.
Wissenschaftliche Mitarbeiter waren Ernst Müller, Jürgen Zinnecker (Leiter), das Lehrerteam bestand aus: Georg Flentge, Friedrich Gürge, Peter Held, Ute Mendel und Gritta Kießlich.

[1] Heinze, T., Müller, E., Stickelmann, B., Zinnecker, J. (1975). S. 14. Alle Überlegungen sind in der hausinternen Reihe: Bildungstechnologisches Zentrum GmbH – Wiesbaden Arbeitsgruppe Curriculum und Sozialwissenschaft, Heft 1 bis Heft 9 in erster Auflage festgehalten.

Assoziierte Studentinnen der Universität Frankfurt begleiteten den Arbeitsprozess: Imbke Behnken, Friedel Müller und Gisela Zinnecker-Koch.
Als wissenschaftliche Berater fungierten die Hochschullehrer Wolfgang Klafki, Klaus Mollenhauer und Horst Rumpf.

I.2 Der Einstieg: Sicht der Wissenschaftlergruppe (BTZ)

Die erste Kontaktaufnahme mit der Hauptschule erfolgte über den Rektor der Schule Ende des Schuljahres 1971-72. Die BTZ-Wissenschaftler stoßen zu ihrer Überraschung auf eine Lehrergruppe, die seit einigen Monaten ihren Unterricht gemeinsam plant. Es sind die Klassenlehrer der vier 7. Klassen. Hierzu schreibt die Wissenschaftler-Gruppe[2]:
„In der letzten pädagogischen Gesamtkonferenz des Schuljahres trug die Projektgruppe ihr Konzept … [Handlungsforschung an der Hauptschule]… vor. Die Gruppe des Kollegiums, die zu dieser Zeit die vier 7. Klassen unterrichtete, zeigte spontan Interesse an einer Zusammenarbeit mit dem BTZ. … Mit der interessierten Lehrergruppe wurde in der darauf folgenden Woche ein Planungsgespräch vereinbart, in dem nähere Einzelheiten erörtert wurden. Unter anderem wurde vereinbart, die wenigen Unterrichtstage vor den großen Ferien noch für Unterrichtsbeobachtung zu nutzen. Sowohl in der Planungssitzung als auch bei der Unterrichtsbeobachtung stellte sich heraus, dass die Lehrergruppe bereits spezifische Vorbedingungen für das geplante Projekt einbringen konnte. Das betraf sowohl deren erste Erfahrungen während des zu Ende gehenden Schuljahres mit Projektunterricht, die gemeinsame Planung von Unterricht im Team, als auch die damit verbundenen Ansätze für einen pädagogischen Diskurs."

[2] Helga Dräger, Ernst Müller & Jürgen Zinnecker (3/1972). S. 67.

I.3 Der Einstieg: Sicht des Lehrers Peter Held (siehe auch Kapitel II.1.3)

Ich habe von 1968 bis 1971 mein Referendariat an der Käthe-Kollwitz-Schule gemacht. Die Situation, wie sie an dieser Hauptschule seinerzeit bestand, lässt sich mit den folgenden Stichpunkten grob umreißen:

- Viele Schüler kamen bereits mit gravierenden Defiziten aus der Grundschule und erlebten ihre bisherige Schullaufbahn im Wesentlichen als Versager.
- Manche waren an weiterführenden Schulen gescheitert, mussten zurück an die Hauptschule und fühlten sich in dieser Situation zunächst unsicher und frustriert.
- Die Schule wurde hauptsächlich von Arbeiterkindern besucht, zu denen die zu vermittelnden Lerninhalte und Unterrichtsmethoden kaum passten.
- Permanente Disziplinschwierigkeiten führten u. a. zu verschlossenen Klassentüren und dem Wunsch vieler Lehrer nach Versetzung oder Pensionierung.
- Auch die Schulleitung hatte mehr oder weniger resigniert und wartete nur auf ihren Berufsaustieg.
- Eine dringend notwendige Anerkennung und Aufwertung blieb dem Kollegium und auch der Schulleitung versagt.
- Schüler und Schülerinnen mit Migrationshintergrund spielten noch keine Rolle, da die ersten ausländischen Schüler erst im Jahre 1971 kamen.

Besonders mein Kollege Fritz Gürge war mit der hier skizzierten Situation unzufrieden. In unseren häufigen Gesprächen äußerte er sich so, dass seiner Meinung nach sich alle mit der Situation abgefunden hätten. Zitat: „ Man hat sich eingerichtet und Strategien entwickelt, den Vormittag zu überstehen. Hier muss etwas passieren, das kann doch nicht so weiter gehen."
Ich konnte seine Gedankengänge gut nachempfinden, hatte aber als Referendar zunächst andere Probleme zu bewältigen: Unterrichtsvorbereitungen, Lehrproben, Schulratsbesuche, Seminare u. a. Mir ging

es in erster Linie darum, mein Referendariat einigermaßen erfolgreich zu absolvieren.

Nach meiner zweiten Staatsprüfung 1971 gab es bei mir ein wenig Leerlauf und meine Gedanken verdichteten sich auf die Frage hin: Was machst du jetzt? In meinen Überlegungen tauchte sogar der Gedanke auf, vielleicht an eine andere Schule zu gehen.
Da bahnte sich jedoch an unserer Schule eine interessante Entwicklung an, die von Fritz Gürge initiiert wurde.
Ihm gelang es, uns das Gemeinsame unserer Situation ins Bewusstsein zu rücken. Wir alle haben mehr oder weniger mit den schwierigen Unterrichtsbedingungen gekämpft und Fritz Gürge, Ute Mendel, George Flentge und ich führten 1972 gerade 7. Klassen. Dadurch ein wenig enger miteinander verbunden, begannen wir, uns miteinander über unsere Situation zu unterhalten. Wir stellten schnell fest, dass wir isoliert arbeiten, jeder irgendwie so vor sich hin. Wir hatten Interesse `mal etwas zusammen machen: uns auszutauschen oder einfach nur gemeinsam Unterricht vorzubereiten.
Ich glaube, es war auf einem Lehrerausflug, als Fritz auf uns zukam. Da wir parallele Klassen hatten, fragte uns Fritz: „ Wollen wir `mal ein wenig zusammenarbeiten, uns `mal ab und zu treffen? Dann können wir über unsere Arbeit reden und uns vielleicht auch bei Schwierigkeiten helfen."
Wir begannen uns regelmäßig zu treffen und Arbeitsblätter auszutauschen, später dann gemeinsam unseren Unterricht zu konzipieren. Nie vergesse ich den Geruch des Spirit-Karbon-Umdruckers, mit dessen Hilfe wir die gemeinsamen Arbeitsblätter vervielfältigten.
Uns führte nicht nur die Arbeit enger zusammen, wir lernten uns auch ein bisschen besser kennen. Wir hatten – mit einer Ausnahme - wohl ähnliche pädagogische, vielleicht auch politische Positionen. In den Konferenzen haben wir uns dann schon auffällig oft zusammengesetzt, also haben so ein bisschen „Einheit" demonstriert, was vom Kollegium zunächst mit Misstrauen aufgenommen wurde. Wir brachten offensichtlich Unruhe an die Schule. Die Gruppe stärkte zweifellos unser Selbstbewusstsein und sie machte uns handlungsfähiger. Allerdings waren wir noch nicht in der Lage, ganz offen über unsere täglichen Probleme im Unterricht zu reden. Die Arbeit stagnierte nun ein wenig und an dieser Stelle hätten wir Unterstützung gebraucht. Die kam dann durch den Eintritt der Wissenschaftler in die Schule.

Es war im Frühjahr 1972, als das Bildungstechnologische Zentrum (BTZ) an die Käthe-Kollwitz-Schule herangetreten ist. Es ging darum, einen neuen wissenschaftlichen Forschungsansatz zu erproben. Es handelte sich um die „Handlungsforschung". Inhaltlich und methodisch sollte die Arbeit mit den z. T. schwierigen Hauptschuljugendlichen neu durchdacht werden. In der Konferenz wurde dann von Mitarbeitern des BTZ dieses Konzept vorgestellt. Es stellte sich die Frage, wer daran teilnehmen wollte. Niemand meldete sich. Da wir ja schon eine Lehrergruppe waren, also unter uns auch relativ kurzfristig und schnell verständigen konnten und gegenseitiges Vertrauen aufgebaut hatten, waren wir der Meinung, dass das Projekt gerade das Richtige für uns wäre. Wir waren ja auf der Suche nach alternativen Unterrichtsformen. Wir entschlossen uns zur Mitarbeit. Die ersten Zusammenkünfte mit den wissenschaftlichen Projektmitgliedern erfolgten nur zwei Wochen später. Mir fiel auf, dass die Wissenschaftler nicht als solche auftraten – so wie mir das bis dahin bekannt war. Sie gaben sich nicht distanziert und überlegen, sondern sie begegneten uns sehr locker und offen. Schon damals bezogen sie dezidiert Stellung für die Hauptschuljugendlichen. Das war für uns alle überraschend.

Bevor die Beschreibung des Projektes erfolgt, ist es sinnvoll, einen genaueren Blick auf die Historie dieser Schule zu werfen, die Basis werden sollte für die pädagogische Arbeit, die dem Forschungsvorhaben dieses Buches zugrunde liegt.

I.4 Die Käthe-Kollwitz-Schule: ein Kurzportrait

In den 80iger Jahren des 19. Jahrhunderts erlebt die Stadt Wiesbaden einen deutlichen Bevölkerungsanstieg. Nach den Schulen in der Bleichstraße und am Schulberg wurde am 30.4. 1884 in der Kastellstraße die dritte Volksschule Wiesbadens eingeweiht. Damit konnte dem kräftigen Wachstum der Stadt Rechnung getragen werden. Es gab 24 „Lehrzimmer" (je 60 qm), geeignet für 80 Kinder pro Klasse, mehrere kleine Nebenräume und einen „Handarbeitssaal", eine Wohnung für den Schulleiter im Erdgeschoss, eine Wohnung für den „Pedell" unter`m Dach, zwei Räume über der Turnhalle und 24 „Brausen" im Keller. Der Unterricht wurde getrennt nach Jungen und Mädchen erteilt, mit einem Zaun durch den Schulhof und - logischerweise auch - zwei Treppenhäusern versehen.[3] In der Chronik heißt es weiter:

„1885	Typhus-Epidemie – die Schule wird Notkrankenhaus.
1914-1918	Während des 1. Weltkrieges wird in der Schule ein Kriegslazarett eingerichtet.
1940-1945	Auch während des 2. Weltkrieges ist die Schule Kriegslazarett.
1945-1969	Mädchenschule – regelmäßige Schulspeisungen – Kleidersammlungen für Flüchtlingskinder
Ab 1960	„Volksschule für Knaben und Mädchen"
1950-1970	Regelmäßiger Waldschulunterricht Renovierung der Schule – Ausbau zum Katastrophenkrankenhaus Die Schule erhält den Namen „Käthe-Kollwitz-Schule" (Käthe Kollwitz (1867-1945) dokumentierte in Zeichnungen und graphischen Folgen das schwierige und entbehrungsreiche Leben des Proletariats.)
1966	Die Käthe-Kollwitz-Schule wird Hauptschule.
1971	Erster ausländischer Lehrer für Unterricht in einer Klasse ausländischer Schüler
1977	Errichtung einer einjährigen Abendhauptschule"[4]

Bis weit in die zweite Hälfte des 20. Jahrhunderts war die "Castellstraßenschule" die Schule für die überwiegende Mehrheit der Kinder des näheren Stadtbereichs (Hilf, Westend, Bergkirchenviertel). Sie war in dieser Zeit immer Schule der Arbeiterkinder, mit wechselhaftem Ruf und wechselvoller Geschichte.

Das trifft auch auf das Gebäude zu. Wie aus der Chronik ersichtlich ist, war es mehrfach Lazarett und wurde 1960 bis 1963 sogar zum Notkrankenhaus ausgebaut. Bis 1989 beherbergte es die Käthe-Kollwitz-Schule. Den Namen „Käthe-Kollwitz- Schule" trug sie zu

[3] Vgl. Festschrift der Käthe-Kollwitz-Schule (1984). S. 6.
[4] a.a.O. S. 6.

Recht, setzte sich doch Käthe Kollwitz mit ihren Werken gerade für diese Menschen sehr wesentlich ein.

Diese Schule war immer eine Schule für die gesellschaftlich Benachteiligten. Sie trug in den 70iger und 80iger Jahren die ganze Last des Zuzugs der Familien der ausländischen Arbeitnehmer und ihrer schulpflichtigen Kinder. Eine Last vor allem deshalb, weil eine solche Bündelung der Schwierigkeiten der Eingliederung und des Erlernens der deutschen Sprache, an einer Schule eine organisatorisch und tagtäglich kaum zu bewältigende Aufgabe darstellte.
Die Schule wurde mit ihren Problemen im Wesentlichen von allen politischen, städtischen, ministeriellen und pädagogisch Verantwortlichen alleine gelassen.

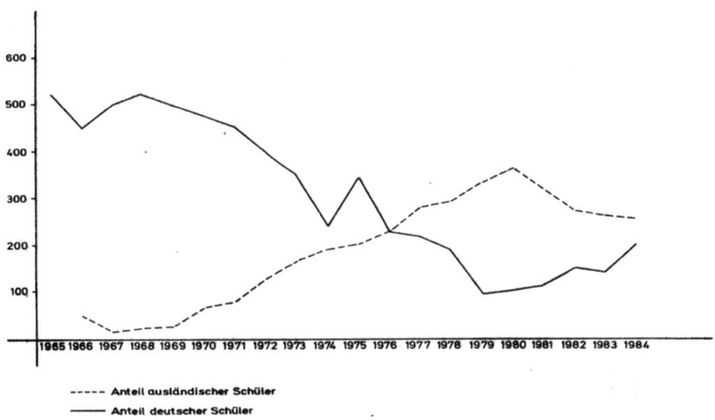

Obiges Diagramm zeigt die Zunahme ausländischer Schüler zwischen 1966 und 1984[5]

[5] Vgl. Festschrift der Käthe-Kollwitz-Schule (1984). S. 8.

Die Lehrkräfte versuchten zunächst durch multinationale Vorbereitungsklassen, durch Vorbereitungsklassen für bestimmte Nationalitäten und veränderte Lehrerzuweisungsschlüssel kleinere Gruppen zu bilden. Die grundlegenden Schwierigkeiten der Schule wurden aber nicht gelöst. Nur langsam näherte sich das Kollegium den eigentlichen Problemfeldern, die entstehen, wenn in einer Klasse mehrere Nationalitäten unterrichtet werden.
Dazu zählen in großem Ausmaß unter den vielen allgemeinen kulturellen Unterschieden in der Männer-(Jungen-) und Frauen- (Mädchen-) rolle

- Dominanz türkischer Jungen und die Sanktionierung der türkischen Mädchen
- Unmöglichkeit von koedukativem Unterricht
- überdurchschnittliche Einbindung ausländischer Mädchen in die innerfamiliären häuslichen Pflichten
- Berücksichtigung religiöser Vorschriften im Kochunterricht, in Biologie oder Sexualkunde
- unterschiedliche Vorstellungen vom Stellenwert der Schule und Lehrerautorität
- unterschiedliche Grundschulfertigkeiten und Vorgehensweisen in Rechnen und Geometrie – Unterrichtssprache Deutsch als Fremdsprache
- Benachteiligung durch Unverständnis deutscher Textaufgaben.

Zusammengefasst herrschte eine völlige gegenseitige Unkenntnis der verschiedenen Lebenswelten. Das führte zu Missverständnissen und Kommunikationsschwierigkeiten aufgrund unterschiedlicher Interpretation von Unterrichtssituationen.[6]
Das Kollegium machte sich auf den Weg, diesen Problemen angemessen zu begegnen. Lehrerfortbildungen, Kooperationen, Erarbeitung von Materialien für diese stark heterogene Schülerpopulation, Veränderung des Fachlehrersystems, Kleingruppenförderung, Selbstorganisation von Unterricht, Einbeziehung von Eltern in Festvorbereitungen, Arbeitsgemeinschaften, die auf spezielle Probleme eingehen, waren erste Ansätze, die weiter ausgebaut wurden. Schwierig

---

[6] Vgl. Festschrift der Käthe-Kollwitz-Schule (1984). S. 10-13.

war, dass von kultusministerieller Seite keine Hilfestellung erfolgte. Trotzdem: Vieles gelang uns, wenn auch manches nur in Ansätzen.
Als besonders positive Phase lässt sich wohl das Handlungsforschungsprojekt „Hauptschule" 1972 bis 1974 bezeichnen, das im Zuge eines neuen wissenschaftlichen Forschungsansatzes vom BTZ initiiert wurde und von den Teilnehmern mit großer Begeisterung getragen wurde.

Doch auch der unermüdliche und engagierte Einsatz des Kollegiums konnte nicht verhindern, dass die Stadt Wiesbaden und das Hessische Kultusministerium aufgrund damaliger politischer Konstellationen und Willensbekundungen 1988 die Käthe-Kollwitz-Schule im Prinzip „auslaufen" ließ. Der offizielle Tenor war: „Sie wurde als Ghettoschule mit den sich potenzierenden Schwierigkeiten nicht mehr fertig".
Im gleichen Jahr wurde nach längerem Hin und Her und vielen politischen Querelen die dritte Wiesbadener Gesamtschule in dieses Gebäude eingewiesen und nahm zum 5. September 1988 mit 2 Jahrgängen im zweiten Stock parallel zur auslaufenden Hauptschule die Arbeit auf.[7]

Von links nach rechts: Hauptgebäude 70er Jahre; Schulhof, Mensa und Maria-Hilf-Kirche, 2010[8]; Rückwärtiger Eingang, 2010[9]

So beendete die Käthe-Kollwitz-Schule im 25. Jahr ihres Bestehens ihr eigenständiges Leben als Hauptschule.

[7] Vgl. Kursbuch der IGS Kastellstraße (1997). S. 2.

[8] Archiv der IGS Kastellstraße.

[9] Archiv der IGS Kastellstraße.

I.5 Die Beteiligten der Projektgruppe 2010

Angeregt durch ein Ehemaligen-Klassentreffen in Bad Camberg ungefähr 40 Jahre nach Beendigung des Projektes entwickelte Imbke Behnken - heute als Seniorprofessorin an der Frankfurter Universität tätig – erste Ideen einer möglichen Evaluation. Wir versuchten, die alten Kontakte zu aktivieren. Unsere Recherchen waren nicht überall erfolgreich. Friedel Müller und Gisela Zinnecker-Koch hatten sich beruflich in sozialpädagogischen bzw. kirchlichen Praxisfeldern verortet. Der Kontakt war aber abgebrochen.
Die beiden Wissenschaftler, die uns in den 70er Jahren begleitet hatten, sind inzwischen verstorben; Ernst Müller, von 1976 bis 1996 Professor an der Fachhochschule Wiesbaden im Fachbereich Sozialwesen, verstarb 2007, Jürgen Zinnecker, Professor für Kindheits-, Jugend-, Bildungs- und Sozialisationsforschung – zuletzt an der Universität in Siegen – verstarb 2011.
Auch von den Lehrern sind nicht mehr alle am Leben: Georg Flentge, der bis zu seiner Pensionierung an der Gesamtschule in Wiesbaden-Bierstadt tätig war, starb 2001. Ute Mendel und Gritta Kieslich (inzwischen auch verstorben) hatten unsere Region schon wenige Jahre nach dem Projekt verlassen.
So blieben von den damals teilnehmenden fünf Lehrern nur noch zwei übrig: Fritz Gürge und Peter Held. Fritz Gürge war ursprünglich sehr daran interessiert, die gemeinsam gemachten Erfahrungen aufzuarbeiten. Seine fortschreitende schwere Krankheit und sein hohes Alter hinderten ihn jedoch zunehmend daran, sich mit vollem Engagement einzubringen.
Imbke Behnken, Studentin des Projektes der 70er Jahre und Peter Held, damaliger Lehrer an der Käthe-Kollwitz-Schule entschieden sich dann – zunächst unter Mitwirkung der Biografieforscher Prof. Sabine Maschke und Prof. Ludwig Stecher von der Universität Gießen - in einem gemeinsamen Buch die Geschichte des Schulprojektes nachzuzeichnen und biografisch zu reflektieren. Der Blick sollte darüber hinaus den Lebens- und Lernprozessen von ehemals Beteiligten bis in die Gegenwart gelten.
Durch weitere Klassentreffen 2009/2010 (u. a. an der IGS Kastellstraße - ehemals Käthe-Kollwitz-Schule) konnte die Anzahl der an der Evaluation beteiligten ehemaligen Schüler deutlich erhöht werden.

II Peter Held und Imbke Behnken: Biografien und Motivationen – Warum gerade sie sich für das Projekt engagieren

II.1 Peter Held

Warum habe ich das Projekt aktiv mitgetragen?
Die Motive für meine Beteiligung am Projekt speisen sich aus drei Erfahrungsbereichen:

1. meiner Biografie und den daraus gewonnenen Erkenntnissen
2. den täglichen Problemen im Unterricht
3. meiner Arbeit in der Lehrerausbildung

II.1.1 Ausgewählte biografische Aspekte

1. Unterschiedliche Lebenswelten von Großeltern und Eltern

Meine Eltern sind in sehr unterschiedlichen Lebenswelten und Schichten groß geworden. Während meine Mutter aus einem bürgerlichen/großbürgerlichen Milieu Hamburgs stammt, entwächst mein Vater dem klassischen Berlin-Neuköllner Arbeitermilieu.
Mein Großvater mütterlicherseits ist früh an einem Herzinfarkt gestorben; meine Großmutter lebte von diesem Zeitpunkt an alleine. Sie war ökonomisch unabhängig, hatte in der Regel sehr gute Einnahmen aus einem Mietshaus in Eppendorf und ließ diese Unabhängigkeit auch andere Menschen spüren. Sie machte deutlich, dass sie aus dem Großbürgertum stammt und die dort vorherrschenden Normen auch voll vertritt und verinnerlicht hat. Sie war eine stolze und kluge Frau, ließ ihre Tochter aber nie aus ihrer Verantwortung heraus. Meine Mutter war in ihren Augen immer das kleine Kind und ich denke, wenn man überhaupt von einem Fehler sprechen kann, so hätte meine Mutter mit ihrem Mann sich irgendwann von ihrer Mutter unabhängig machen und distanzieren sollen – ja, sie hätte wegziehen sollen. Auch mein Vater wurde von meiner Großmutter nie anerkannt. Meine Großmutter war die graue Eminenz, die über alles wachte, ihre Gunst verteilte, Geld verschenkte, ihre Missbilligung ausdrückte usw. In all den Jahren lebte sie fast immer in der Nähe meiner Eltern. Meine Mutter konnte sich so wenig von ihr befreien, dass sie bei Streitigkeiten mit ihrem Mann immer zu ihrer Mutter lief und sich dort ausweinte und Ratschläge holte. Ich wurde von meiner Groß-

mutter abgöttisch geliebt und mir gegenüber war sie inkonsequent, was man gegenüber ihrer Tochter nicht sagen konnte. Meistens zeigte sie sich mir gegenüber sehr warmherzig, sehr menschlich und sehr verständnisvoll. So wurde sie auch in kritischen Lebenssituationen, auf die ich noch zu sprechen kommen werde, für mich eine wichtige Bezugsperson. Gerade in Konfliktsituationen, in denen ich Angst vor meinen Eltern hatte, lief ich zu meiner Großmutter und beichtete ihr, was ich angestellt hatte. Sie reagierte meist mit sehr viel Verständnis und schimpfte auf die strengen Erziehungsvorstellungen meiner Eltern.

Die Großeltern väterlicherseits waren nicht meine leiblichen Großeltern. Mein Vater wurde in sehr jungen Lebensmonaten zur Adoption freigegeben, da die leibliche Mutter bei seiner Geburt starb. Die Schwester seiner Mutter und ihr Mann haben meinen Vater dann adoptiert. Sie wohnten beide in Berlin-Neukölln in sehr beengten Verhältnissen (Berlin-Neukölln ist ein typisches Arbeiterviertel). Ich bezeichne beide im folgenden trotzdem als Großvater und Großmutter, da ich sie nie anders kennen gelernt habe. Meine Großmutter war eine sehr herbe Frau. Sie hat in ihrem Leben sehr viel durchgemacht, viel Armut erfahren, Kriege erlebt. Sie erzählte mir manchmal -und das hat mich tief beeindruckt- dass es in ihrer Familie zum Mittagessen einen großen Fisch gab. Den wesentlichen Teil des Fisches bekam der Vater als Ernährer der Familie und den Schwanz und was sonst übrig geblieben ist, mussten sich die restlichen Familienmitglieder teilen. Mein Großvater ist Schuster gewesen. Seine Werkstatt hatte er in einem Berliner Hinterhof. Noch heute erinnere ich mich sehr gut an die Wohnung in der Herrfurtstraße im 1. Hinterhof.

Vermutlich wären meine Eltern aufgrund der Unterschiedlichkeit ihrer Herkunft und ihres bisherigen Lebens niemals zusammengekommen. Aber eine folgenreiche Begegnung 1943 führte zu einer „Muss-Heirat“, die von meiner Großmutter mütterlicherseits nie richtig akzeptiert wurde. Ihre Enttäuschung über die „unstandesgemäße Heirat“ ihrer Tochter konnte und wollte sie nicht verbergen. Diese „unselige Verbindung“ mit den unterschiedlichen Herkünften, Einstellungen und Normen und die ständige Abwertung meines Vaters durch seine Schwiegermutter waren laufend Streit- und Konfliktthema zwischen allen Beteiligten.

Wie sehr sich meine Großmutter mütterlicherseits in die Beziehung meiner Eltern hineindrängte, sieht man recht gut an diesem Foto, das am Tage meiner Einschulung 1950 in Hamburg entstand. Es zeigt mich mit einer Schultüte meiner Eltern und einer Schultüte von meiner Großmutter. Diese Familienkonstellation bestand über viele, viele Jahre und führte immer wieder zu belastenden Konflikten.
Der Konflikt, der sich sicher durch die unterschiedlichen Lebensumstände meiner Großeltern schon früh anbahnte, wird im Laufe der Zeit immer deutlicher. Trotzdem möcht ich ihn hier noch einmal beschreiben.
Während meine Großeltern mütterlicherseits aus dem Großbürgertum gekommen sind, in einer repräsentativen Hamburger Wohngegend gewohnt haben(Eppendorf), meine Mutter die höhere Töchterschule besuchte, mein Großvater ein wohl recht erfolgreicher Geschäftsmann gewesen ist und Wohneigentum erarbeitete, meine Großmutter die Werte und Normen der großbürgerlichen Gesellschaft voll verinnerlicht hatte, stammen meine Großeltern väterlicherseits aus einem ganz anderen Milieu. Beide kamen aus dem Arbeitermilieu, sie mussten in ihrem Leben sehr viel arbeiten, sie hatten es nie leicht und haben meinen Vater auch sehr streng erzogen.
Mein Vater, der als Neuköllner Arbeiterkind meines Wissens stets gegen den Faschismus eingestellt war, arbeitete zunächst als Drucker in der Reichsdruckerei in Berlin in einem „kriegsunabkömmlichen" Beruf. Erst mit 24 Jahren (1944) wurde er eingezogen, war zunächst Flakhelfer in Hamburg und wurde dann zur „Besetzung" Norwegens

abkommandiert, wo er auch in englische Kriegsgefangenschaft geriet. Nach wenigen Monaten wurde er wieder nach Hamburg entlassen. Nach dem Kriege war er ein ehrgeiziger Aufsteiger (Drucker, Kriminaltechniker, Schriftexperte, Gerichtsgutachter) und hatte bei seiner erfolgreichen Karriere schnell die bürgerlichen Werte verinnerlicht. Ich „genoss" auf der einen Seite eine strenge, an den bürgerlichen Werten orientierte Erziehung durch meinen dominanten Vater. Seine strenge Kontrolle und sein starker Druck führten sogar zum Abitur, das ich damals nicht wollte, denn meine Freunde hatten mit der mittleren Reife die Schule verlassen und verdienten bereits Geld als Lehrlinge; ich beneidete sie alle. Auf der anderen Seite erfuhr ich eine verständnisvolle, liebende und verzeihende Erziehung durch meine Mutter. Diese Gegensätzlichkeit hat mich häufig verunsichert, mir auch viel Angst gemacht und führte viele Jahre zu Streitereien und Konflikten meiner Eltern.

2. Nachkriegskindheit

Nach den schweren Bombenangriffen auf Hamburg 1943 (Operation Gomorrha) wurden die werdenden Mütter nach Thüringen evakuiert. 1944 in Masserberg (Thüringen) geboren, lebte ich das erste halbe Jahr in Bleicherode und war dann bis zum Kriegsende in Zörbig, das von den Amerikanern besetzt war. In diesen ersten Jahren war die Grenzziehung zwischen der amerikanischen und sowjetischen Besatzungszone fließend. Was heute amerikanisch besetzt war, war morgen sowjetisch besetzt. Entsprechend versuchten meine Mutter und Großmutter immer aus der Zone wegzuziehen, die von den Sowjets besetzt war, da sie glaubten, dass sie bei den Amerikanern das bessere „Schicksal" erwartete. Um von einer Zone in die andere zu kommen, um Lebensmittel zu organisieren und ähnliches, mussten die Grenzsoldaten - seien es sowjetische, seien es amerikanische - permanent bestochen werden. Das ging am besten mit Zigaretten und Alkohol. In diesen ersten Lebensjahren wurde ich, praktisch abwechselnd, von meiner Großmutter und meiner Mutter großgezogen. Mein Vater war bis Anfang 1946 in Kriegsgefangenschaft, so dass sich die beiden Frauen in der Erziehung abwechseln mussten. Ich habe also im Grunde genommen in diesen ersten, sehr prägenden Lebensjahren den männlichen Einfluss bzw. den männlichen Part meiner Erziehung nicht erlebt.

Im Sommer 1945 zogen wir von Zörbig, das jetzt von den Sowjets besetzt wurde, nach Hasselfelde. Anschließend ging es über Friedland nach Hamburg, wo die Familienzusammenführung mit meinem Vater stattfand.

In den ersten Hamburger Jahren arrangierten sich meine Eltern mit der Zeit und versuchten nur, einigermaßen zu überleben: Jobsuche, Schwarzmarkt, Kohlenklau, Fahrten auf`s Land zur Organisation von Wurst und Eiern, Wohnungseinquartierungen und Hunger, immer wieder Hunger. Meine Erziehung war in diesen Hamburger Jahren sehr streng. Bei größeren „Verfehlungen“ (Scheibe versehentlich eingeschlagen u. v. a.) habe ich die Hand meines Vaters deutlich gespürt. Ich denke, dass da bei ihm auch sehr starke Minderwertigkeitsgefühle eine Rolle gespielt haben. Mein Vater spürte zu deutlich, dass er von seiner Schwiegermutter abgelehnt wurde und auch seine Frau bei Konflikten häufig zu ihrer Mutter lief.

Ich spielte am liebsten draußen – das war meine Welt!
„Ich habe mich, so oft es ging, nach draußen begeben. Ich stürme die Treppen hinunter, laufe rechts herum, die Eppendorfer Landstraße entlang und laufe wieder rechts `rum in die Durchgangspassage zum Park. Gelbe Kacheln. Was habe ich in dieser Durchgangspassage gespielt in der Innenstadt! Fußball mit Dosen und kleinen Bällen, mit Freunden aus der Nachbarstraße stundenlang, tagelang, wochenlang. Ich glaube, dass meine gesamte Ball-Sozialisation hauptsächlich hiermit zusammenhängt.“[10]
In einer Shellstudie wird darauf verwiesen, dass hohe Intensität des außerhäuslichen Spielens stark mit einem autoritären Erziehungsstil korreliert. Dem kann ich mich aus eigener Erfahrung nur anschließen.

---

[10] Vgl. Peter Held (1986). S. 17.

Meine Schulzeit habe ich insgesamt als nicht besonders schön erlebt. Besonders in der Wiesbadener Zeit fielen manche Lehrer mehr durch Demütigungen, Schläge und Kränkungen auf als durch Empathiefähigkeit, Ermunterungen und pädagogische Kompetenz. Ich versuchte mit allen möglichen Strategien und Tricks durch diese Zeit zu kommen. Das musste ich auch, da meine Leistungen in der Regel nicht überdurchschnittlich waren. In der Grundschule habe ich schon in Klasse 2 die Unterschrift meines Vaters gefälscht, fiel natürlich auf und hatte entsprechende Sanktionen über mich ergehen zu lassen.

3. Jugendzeit in Wiesbaden

Ich denke, mit dem Umzug nach Wiesbaden 1953 ist ein erster Lebensabschnitt von mir beendet. Ich verlasse mit neun Jahren eine mir vertraute Umgebung, in der ich eine Menge Freunde und Spielkameraden gewonnen hatte. Der Umzug nach Wiesbaden in eine neue Welt bedeutet einen Bruch. Eine permanente Sehnsucht nach Hamburg habe ich heute noch.

1954 wechselte ich an die Oranienschule in Wiesbaden. Der Druck der Lehrer war enorm und ich versuchte mich dem durch viele Streiche und Eskapaden zu entziehen. Gerade in dem Schuljahr, in dem ich sitzen blieb (Obertertia), hat mich der Unterricht nicht sonderlich interessiert. Immer wieder gab es Demütigungen und Züchtungen durch Lehrer (Ohrfeigen, mit Gegenständen werfen, nach Vokabelabfragen „abschießen“, Strafarbeiten, zynische Bemerkungen u. v. a.). Ich entwickelte mich in der Obertertia ein wenig zum Klassenclown und fiel durch verschiedene „Mutproben“ im Unterricht auf (z.B. Rauchen im Unterricht, Spielzeug anzünden und im Papierkorb

verbrennen lassen, im Klassenschrank verstecken). Besonders unsere Methoden zur Entwicklung von Spickzetteln waren geradezu „genial“ (von unter der Schulbank angehefteten Zetteln bis hin zu richtigen „Filmrollen“, versteckt im leicht geöffneten Mäppchen). Meine Klassenkameraden und ich investierten hier unglaublich viel Energie. So konnte es nicht ausbleiben, dass ich in diesem Jahr sitzen blieb.
Bei diesen Erlebnissen ist es fast schon verwunderlich, dass ich später den Lehrerberuf ergriff. Aber es war bei mir neben anderen Motiven, auf die ich später noch zu sprechen komme, auch etwas, was da sagte: „Das kann man bestimmt besser machen“. Zudem lernte ich auf der Oberstufe (ich wechselte ab Klasse 11 auf das Wirtschaftsgymnasium) Lehrer kennen, die auch empathisch waren, Verständnis und Vertrauen signalisierten und mir geholfen haben.

4. Besuche im Neuköllner Arbeiterviertel

In der Zeit von 1956 bis 1964 war ich in vielen Ferien bei meiner Großmutter väterlicherseits in Berlin Neukölln (Herrfurthstraße 30, 1. Hinterhof, 2. Stockwerk, gemeinsame Toilette auf „halber Treppe“) zu Besuch. Meine Großmutter hatte ein Zimmer (in diesem wohnte auch mein Großvater, bis er 1952 starb), eine Küche und den Flur. Der Kachelofen hat mich sehr fasziniert. Jeden Abend wurde ein Brikett in Zeitungspapier gewickelt und in den Ofen geworfen. Am nächsten Morgen war noch die Glut da, um das Feuer wieder zu entfachen.
Meine Großmutter ließ mir viele Freiheiten. Ich durfte alleine lange ausgehen, erforschte das Milieu, hielt mich in Spielhallen und/oder Eckkneipen auf und entdeckte meine Liebe für Tasmania 1900, einen Neuköllner Fußballverein (er war sogar `mal ein Jahr in der Fußballbundesliga). Jeden Sonntag war ich auf dem Fußballplatz oder im Jahnpark bei den Schachspielern.
Diese so andere Einstellung zur Erziehung - insbesondere der durch meinen Vater - diese Freiräume und dieses selbstverantwortliche Handeln haben mir Selbstbewusstsein gegeben (mit dem ich nicht so üppig ausgestattet war) und von daher hat das gesamte Milieu einschließlich meiner Großmutter väterlicherseits eine ungeheuer positive Besetzung. Hatte ich einmal Sorgen, tröstete mich meine Großmutter mit dem Berliner Spruch: „Ach weene, ach weene, ach weene doch nich – in de Röhre steh`n de Klöße – du siehst se nur nich!“

5. Jugendfreundschaften und -aktivitäten

Die meisten Aktivitäten in den Jahren der Klassen Sexta bis Quarta an der Oranienschule hatte ich außerhalb des Hauses. Wieder fällt mir dazu die Shell-Studie ein, im Zusammenhang mit außerhäuslichen Aktivitäten und dem Grad der strengen Erziehung.
Das Leben außer Haus: „Wir Jungs waren eine richtig verschworene Gemeinschaft. Wir haben unheimlich viel unternommen. Zugute kam uns dabei, dass wir nicht in der Stadt wohnten. Die Siedlung Bundeskriminalamt lag außerhalb der Stadt mit direktem Kontakt zum Wald und auch zu den Feldern. Im Sommer galten unsere täglichen Streifzüge immer wieder den Gärten, aus denen wir Obst aller Sorten und aller Güte klauten und es zum Teil zum Einmachen mit nach Hause nahmen. Ein Problem war mein Freund Jürgen, der katholisch war und jeden Sonntag beichten musste. Wir beratschlagten gemeinsam, was er denn nun am nächsten Sonntag beichten könne. Das, was er hätte wirklich beichten müssen, kam nie heraus. Aber es hat ihn bedrückt, es hat sein Herz schwer gemacht und er tat mir als Freund sehr Leid. Ich konnte nicht verstehen, warum jemand beichten muss.
Viel spielten wir im Wald. Hauptsächlich Cowboy und Indianer, aber auch Plantagenbesitzer und Sklaven. Es musste in unserem Spiel immer jemanden geben, der gewann und jemanden, der verlor. Es gab nur wenige Situationen, wo wir etwa alle gleich stark waren. Das war die Zeit, in der wir Banden gegründet haben. Wer in unsere Bande wollte, musste eine Mutprobe bestehen, d.h.: in der Badehose durch ein Brennnesselfeld laufen, sich stundenlang gefesselt abends am Baum aufhalten, Schlangen fangen, in einen Baum klettern, aus einer bestimmten Höhe des Baumes herunter springen usw. Bei den Kriegsspielen oder Cowboy- und Indianerspielen fingen nach einiger Zeit erstmals Mädchen an, für uns interessant zu werden. „Gnädigerweise“ erlaubten wir ihnen, an unseren Spielen teilzunehmen und zwar als Krankenschwestern. Da viel geschossen, getötet und verletzt wurde, hatten die Mädchen viel Arbeit. Natürlich richteten wir es so ein, dass wir häufig ins Verletztenzelt kamen. Wie viele Hütten habe ich in meinem Leben gebaut, Hütten aus Lehm, Hütten aus Zweigen und verdorrtem Gras usw.

Im Herbst gingen wir auf die Stoppeläcker. Wir suchten Mauselöcher und schütteten so viel Wasser hinein, bis aus irgendwelchen anderen Löchern die Mäuse hinauskamen. Wir fingen sie und taten sie in

Behälter, kleine Tonnen oder ähnliches. Ich brachte einige Mäuse mit zu meinen Eltern nach Hause. Meine Mutter war entsetzt und schickte mich sofort mit den Mäusen wieder weg. Die ganz Mutigen unter uns, die Älteren, nahmen die Mäuse, packten sie an Kopf und Schwanz und rissen sie in der Luft auseinander. Ich denke, dass diese sadistischen Spiele mit Tieren auch ein wesentlicher Bestandteil unserer Jugend war. Tiere quälen, ob es einfache Insekten oder kleine Blindschleichen gewesen sind, gehörte zu unserem Repertoire. Zu vielen Spielen nahmen wir halbe Kücheneinrichtungen mit. Mir fällt ein, dass ich Pfanne und Kochtopf sowie Eier, Schinken und Speck und etwas Margarine mitgenommen habe. Wir „brutzelten" uns beim Spielen unser eigenes Essen, wie die Cowboys am echten Lagerfeuer.

Der erste Roller mit Doppellenker tauchte auf. Er gehörte Manfred. Ehrfurchtsvoll und neidisch wurde er von uns allen umrundet und begutachtet.
Viele Spiele waren im Zentrum unserer Aktivitäten: „Kippel-Kappel", „Bann", „Deutschland erklärt den Krieg", Murmeln, Kartenspiele, mit „Zwillen" oder „Flutschen" schießen und immer wieder Fußball, Fußball, Fußball…."[11]
Ich denke an dieser Beschreibung lässt sich gut verdeutlichen, wie mein Leben durch meine außerhäuslichen Aktivitäten geprägt war. Natürlich gab es bei diesen vielen „Abenteuern" auch Überschreitungen und aus den verschiedensten Gründen dementsprechende Bestrafungen. Dazu gehörte das Schuhe putzen und das Schlagen. Am schlimmsten war für mich Stubenarrest. Ich habe dann immer sehnsüchtig meine Nase am Fenster platt gedrückt und habe zugeschaut, wie meine Spielkameraden draußen gespielt haben.

---

[11] Vgl. Peter Held (1986). S. 31 ff.

6. Warum diese ausführliche Beschreibung?

Meine Sozialisation hat mich sicherlich stark geprägt. Auf der einen Seite war ich durch diese Freizeitaktivitäten ein sehr sportlicher Junge, der zu vielen Streichen aufgelegt, nie um Ausreden verlegen war und die Solidarität der Jungengemeinschaften geschätzt hat. Ich war „mit allen Wassern" gewaschen. Daraus resultiert das Verständnis für Schülerstreiche, das mich durch meine gesamte Berufszeit begleitet hat, wenn ich auch vieles sanktioniert habe und sanktionieren musste. Ich hatte aber immer auch gewisse Sympathien für diese „Strategien".
Auf der anderen Seite haben mich die vielen Konflikte mit dem Elternhaus im persönlichen Bereich sehr harmoniebedürftig gemacht. Konflikte im persönlichen Bereich umgehe ich gerne. Im beruflichen Bereich dagegen bin ich selten Konflikten aus dem Wege gegangen und vielleicht hat mich dieses für mich „generative Thema" auch sensibel und empathisch für die Einrichtung von Streitschlichtern in der Schule gemacht. Das war wenigstens ein wesentliches Thema in meinem späteren Berufsleben. Ich weiß es nicht genau.
Das autoritative Erziehungsverhalten meines Vaters hat natürlich Spuren bei mir hinterlassen, Zum einen war mein Selbstbewusstsein nicht sonderlich groß, zum anderen habe ich mich in vielen Dingen mit meinem Vater identifiziert, seien es die politischen Einstellungen, die sonstige Sicht auf die Welt und das Verhalten gegenüber anderen Menschen.
Dass ich mich in mühsamen Prozessen verändert habe, übernommene Werte und Normen hinterfragt habe, meine eigenen Kinder anders erzogen habe als ich selbst erzogen wurde, das hängt ganz wesentlich vom Eintritt der Wissenschaftlergruppe in mein Leben ab. Hierzu an anderer Stelle mehr.

7. Gründe für meine Entscheidung, den Lehrerberuf zu ergreifen

Wäre hier an dieser Stelle noch zu klären, warum ich den Lehrerberuf ergriffen habe, wo ich doch mit Schule – und hier insbesondere mit den Lehrern - und der eigener Erziehung nicht die besten Erfahrungen gemacht habe.
Nun, mein innigster Wunsch war zunächst, Sportjournalist zu werden. Meine ganze Freizeit bestand aus sportlichen Aktivitäten und

der Beschäftigung mit dem sportlichen Teil der Zeitung, sodass dieser Berufswunsch nahe liegend war. Dieses Studium war allerdings nur in Köln (Verbindung von Sport und Journalismus) möglich, dauerte lange und „kostete" meinen Eltern zuviel. Dann spielte ich kurzzeitig mit dem Gedanken, „Meeresforscher" zu werden. Aber auch hier wurde ich durch die schwierigen Bedingungen und die weite Entfernung des Studienortes ausgebremst. Mir ist heute natürlich bewusst, dass mich meine Eltern über den „Geldhebel" relativ stark in meinen Berufsvorstellungen „gesteuert" haben.
Mein Denken war stark durch die Normsetzung und Wunschvorstellungen meines Vaters durchdrungen: Lehrer ist ein sicherer, solider Beruf, als Beamter unkündbar und mit genügend Freizeit. Zu dieser Zeit hat die Hessische Landesregierung außerdem stark für den Lehrerberuf geworben, sodass ich sicher sein konnte, einen Arbeitsplatz zu bekommen. Außerdem hatte ich in der Oberstufe einen Klassenkameraden, Armin Weiß, der zugleich mit mir in der Schachmannschaft des BKA gespielt hatte und unbedingt Lehrer werden wollte. Mit ihm war ich einige Jahre befreundet – unser Gedankenaustausch hat mich sicher auch beeinflusst. Zum Dritten hatte ich in den ersten Semestern einen Studienkollegen aus Wiesbaden, Fritz Bauer, der wohl der geborene Vollblutpädagoge war und mich mit seiner Begeisterung stark angesteckt hat. Dann war da aber noch etwas: Je stärker ich mich mit diesem Studium angefreundet habe, desto stärker war auch der Wunsch, etwas in der Schule anders zu machen, nicht zu schlagen, nicht zu demütigen, nicht zu kränken, nicht zu verletzen. Mir ist während meiner gesamten 40jährigen Arbeitszeit als Lehrer zweimal aus Ohnmacht und Überforderung die „Hand ausgerutscht", beide Male habe ich mich sofort entschuldigt. Noch heute tut mir das sehr Leid. Auch Zynismus, ein Charakterzug mancher meiner früheren Lehrer, war mir immer zutiefst zuwider.
Also begann ich 1965 mit dem Lehrerstudium in Frankfurt. Die Nähe zum eigenen Wohnort war praktisch und ich konnte während des Studiums meine Freizeitaktivitäten beibehalten und meine Freundschaften weiter pflegen.
Bereits 1966, also sehr früh während meines Studiums, habe ich geheiratet („Muss-Heirat" – wie sich Geschichte wiederholt) und wurde im selben Jahr Vater einer Tochter. Somit stand fest, dass ich versuchen musste, mein Studium relativ schnell abzuschließen, um meine Familie ernähren zu können.

Dieser Spagat zwischen einem Studenten, der wenig Verantwortung hat und einem Familienvater, der viel Verantwortung hat, war für mich während des gesamten Studiums sehr groß.
Während die 68er Studentenproteste Frankfurt „erschütterten", schwitzte ich in den Prüfungsklausuren zur 1. Lehrerprüfung und war froh, 1968 als ganz traditioneller Lehrer in der Käthe-Kollwitz-Schule mit meinem Referendariat beginnen zu können. 1971 machte ich an der Schule mein zweites Staatsexamen.

8. Der traditionelle Lehrer

Dem Arbeitermilieu gegenüber hatte ich ein sehr ambivalentes Verhältnis. Als Jugendlicher war ich - geprägt durch das Neuköllner Milieu - neugierig auf die andere „Lebenswelt", ja ich mochte sie sogar sehr gerne, als Lehrer dagegen hatte ich zunächst eine ungeheure Distanz gegenüber der Lebenswelt meiner Schüler und ihrer Eltern (Arbeiter und erste Migranten). Auch das änderte sich allmählich durch den Eintritt der Wissenschaftlergruppe in mein Leben.
So hatte ich als Lehrer an der KKS zwar einerseits gewisse Sympathien für das sie umgebende Bergkirchengebiet (Sanierungsgebiet) und die dortigen Menschen und Institutionen, andererseits aber doch noch enorme Berührungsängste, mich mit diesen Menschen (Schülern) auch zu beschäftigen und mich auf sie einzulassen. Das hing sicher auch mit meiner zunächst sehr traditionellen Rolle als Lehrer zusammen.
Wenige Zeilen aus meiner Examensarbeit zitiert, belegen zusammenfassend, wie ich geprägt war und mit welcher Einstellung und welchen verinnerlichten Normen ich als Lehrer an die Schule kam:
„Aufgrund meiner Sozialisation kann ich davon ausgehen, ein sehr konservatives Verständnis von meiner Umwelt gehabt zu haben.

Die Kategorien Sicherheit, Korrektheit. Ordnung, Pünktlichkeit sowie stark tradierte Wertvorstellungen über Ehe, Sexualität und Politik haben bei meinen Eltern und somit auch bei mir eine starke Rolle gespielt. Das Gesellschaftsbild des Lehrers, das A. Combe in seinem Buch: 'Kritik der Lehrerrolle' aufzeigt, traf in wesentlichen Bereichen auf meine Eltern und mich zu. So kann ich davon ausgehen, eine enorm apolitische Einstellung in das Berufsleben mitgebracht zu haben. Jegliche Anordnungen der Schulverwaltung wurden von mir kritiklos akzeptiert, der Streik oder andere Kampfmaßnahmen waren unvorstellbar und mit Ängsten besetzt; mein Bestreben, "als Beamter die vom Staat vertrauensvoll an mich delegierte Aufgabe gewissenhaft auszuführen“, (23) stand an erster Stelle.“ [12] Die folgenden Fotos aus meiner Arbeit mit einer Schach-AG an der Käthe-Kollwitz-Schule (1970) und einem Interview aus dem Wiesbadener Tagblatt (1970) belegen allein anhand meiner Kleidung und meines Aussehens die obigen Zeilen:

TREFFPUNKT SPORTPLATZ

Peter Held: Schachspiel in Schulen muß gefördert werden

Interview von Volker Eckhardt

[12] Peter Held (1978). S. 63.

II.1.2 Eigene Leistungsorientierung und Qualifizierung

Durch die starke Identifikation mit meinem Vater kristallisierte sich bei mir zunehmend eine Leistungsorientierung heraus, die ich zunächst sehr erfolgreich in meinen unterschiedlichen sportlichen Betätigungsfeldern „testen“ konnte. Besonders in den Ballsportarten (Stadtmeister im Schulfußball, hessischer Meister im Jugendfaustball), aber auch im Schachspiel (Unterverbandsjugendmeister) konnte ich einige Meriten erwerben.

Beim Simultanspiel gegen einen Großmeister

DIE FRIEDRICH-LIST-SCHULE wurde mit einem 3:1-Sieg über die Oranienschule Stadtmeister im Fußball. Unserem Reporter stellten sich die glückstrahlenden Sieger (stehend von links): Oberstudiendirektor Dr. Krüger, Simon, Keilholz, Held, Schulz, Volland, Sportlehrer Wiedermann; (mittlere Reihe von links): Hiltmann, Wietzeck, Mendel; (kniend von links): Rosa, Pradt, Panzer. Foto: Billo

Stadtmeister im Fußball 1964 (hinten Mitte)

Beim Faustball in Aktion

Aus der Leistungsorientierung und den damit verbundenen „Erfolgen“ entwickelte sich zunehmend ein Qualifizierungsinteresse auf den unterschiedlichsten Ebenen. Im beruflichen Bereich machten sich die Qualifizierungswünsche in vielen kleinen Prüfungen und „Aufstiegen“ bemerkbar: so absolvierte ich meine zweite Staatsprüfung im März 1971 und bereits im Januar 1972 die sog. kleine Erweiterungsprüfung in Mathematik („Besoldungsprüfung“). Aufgrund einer guten 2. Staatsprüfung wurde ich im Bereich der Lehrerausbildung bereits 1971 von Herrn OSR Stroh für die Leitung eines Schulseminars beauftragt.
Das war zunächst mit vielen Ängsten besetzt, weil ich als „junger Spund“ ohne große schulische Erfahrungen anderen jungen Referendaren[13] (kritische Nach-1968er, die die Institutionen und Rollen sehr problematisierten) etwas zur Pädagogik beibringen sollte, was permanent in Frage gestellt wurde. So erinnere ich mich, dass ich mein erstes Seminar zum Thema: „Spannungsfeld des Unterrichtes“ (vgl. Winnifeld) akribisch vorbereitet habe. Die Referendare interessierte aber nur ihre schwierige Anfängersituation. Hierzu wollten sie Hilfen, die ich zunächst nicht anbieten konnte, weil mich auch das spontane „Umwerfen“ der Tagesordnung verunsicherte.

[13] die Bezeichnung „Referendar“ für einen auszubildenden Lehrer war 1971-1974 offiziell noch nicht üblich. Trotzdem möchte ich diese Bezeichnung im Folgenden verwenden und beibehalten.

1972 war ich bereits Leiter eines Sekundarstufenseminars 2 im neu gebildeten Studienseminar 5 in Wiesbaden.
1972 bis 1974 war ich Leiter eines Allgemeinen Seminars und habe in der Zeit von 1971 - 1973 an vielen Fortbildungen teilgenommen (u. a. Kybernetik – Entwicklung von Unterrichtsmaterialien bei Schrödel/Hirschgraben – Besuche der Gymnastrada – Unterrichtsprogrammierung).
Dieser etwas längere Aufriss aus der damaligen Zeit zeigt mein grundsätzliches Qualifizierungsinteresse. Ich habe einfach viele Gelegenheiten wahrgenommen, um dazuzulernen.
Von daher waren der Einstieg der Wissenschaftler an unserer Schule 1972 und meine Teilnahme am Handlungsforschungsprojekt für mich auch ein sehr gutes Sprungbrett zur Weiterqualifizierung (wie sich später ja auch zeigte).

II.1.3 Optimierung der Unterrichtsarbeit

1. Erste Zusammenarbeit mit Kollegen

Etwa 1971 hatten wir an der KKS eine lose kooperierende Lehrergruppe (Flentge, Gürge, Mendel, Held) gebildet, zunächst mit dem Ziel, gemeinsame Unterrichtsvorbereitungen zu entwerfen, Matrizen herzustellen, den Unterricht also zu rationalisieren. Hauptinitiator war im Wesentlichen Fritz Gürge.
Mit dem Beginn dieser Lehrergruppe begann meine „Lehrzeit". Die Lehrergruppe entwickelte sich zunächst aus den Ideen heraus, Unterricht effektiver zu gestalten und dem Bedürfnis, Unterricht gut zu machen, wobei Fritz Gürge das damals schon weiter sah. Im Laufe der Zeit verloren wir unsere Ängste, vertrauten uns stärker, öffneten das Klassenzimmer für gegenseitige Hospitationen und stellten fest, dass die Probleme in unseren Klassen ähnlich waren. Nun entwickelte sich eine Eigendynamik. Wir begannen, über die Ursachen, aber auch über uns zu reflektieren. Wir waren eine recht starke Gruppe, mit einem guten Standing, die allerdings auch Anfeindungen im Kollegium ausgesetzt war. Die Auseinandersetzungen waren für mich z. T. auch mit Ängsten besetzt. Der Zusammenhalt und das gegenseitige Auffangen waren allerdings sehr groß.
Ich versuchte zunächst, eine Balance zu halten zwischen den neuen Ideen nach Mitverantwortung, Mitbeteiligung, Demokratie in der Schule und den noch stark traditionellen Vorstellungen von Unter-

richt im Seminar. Das ist mir aber nicht lange gelungen. Häufig war ich auf der Suche nach einem „Stil", wie ich unterrichte. Das „Alte" ging nicht mehr, das „Neue" war noch nicht da". Wie sollte ich da den „Neuen" (gemeint: Referendaren) im Seminar didaktisch-methodische Kompetenzen vermitteln?

2. Die Wissenschaftler kamen

Dann kamen die Wissenschaftler! Durch unsere qualitativ doch guten Unterrichtsvorbereitungen waren wir in der Schule akzeptiert. Diese Voraussetzungen ermöglichten es, uns relativ schnell zu verständigen und „zuzugreifen" (jeder sicher mit anderen Interessen), als das Kollegium gefragt wurde, ob sich Lehrer und Lehrerinnen vorstellen könnten, mit den Wissenschaftlern ein gemeinsames Projekt durchzuführen. Fritz Gürge war hier initiativ und unsere Gruppe erhielt dann auch den Zuschlag. Ich meine mich zu erinnern, dass sonst niemand Interesse zeigte. Widerstände gab es aber auch nicht.
Fritz Gürge hat die Zusammenarbeit mit den Wissenschaftlern stark forciert und er war m. E. unsere treibende Kraft.
Wir hatten z. T. sicher ganz unterschiedliche Motive:

- Unterricht verbessern
- Probleme bearbeiten
- persönliche Weiterqualifizierung
- „eine andere Schule gründen"
- Arbeiterkindern eine adäquate Schule mit vielen Veränderungen bieten
- Demokratisierung der Institution Schule.

Die Gruppe war zunächst recht neugierig, konfliktfreudig und bereit, sich für viele neue Ideen einzusetzen. Daraus resultierte eine Eigendynamik, die sich in Zusammenarbeit mit den Wissenschaftlern bildete und das Projekt von Anfang an aktiv mit trug.
In meiner Hausarbeit zur Erweiterungsprüfung heißt es zur Phase der Gruppenbildung und Kontaktaufnahme mit dem BTZ:
„Ausschlaggebend für meinen Anschluss an eine neu konstituierte Lehrergruppe an der Schule waren Qualifizierungsbestrebungen. Diese Lehrergruppe hatte sich zum Ziel gesetzt, gemeinsame Unterrichtsvorbereitungen zu entwerfen, Matrizen herzustellen, den Unterricht zu rationalisieren. Die Zusammenarbeit lief recht reibungslos,

zumal wir bei Kollegen durch ' schicke' Unterrichtseinheiten und dominantes Auftreten in Konferenzen zunächst enorm an Prestige gewannen. Allmählich verloren wir in der Lehrergruppe die Angst voreinander. Wir thematisierten Schwierigkeiten in der Klasse und persönliche Ängste. Zunächst fühlte Ich mich nicht wohl, weil das Zugeben von Schwierigkeiten und das Zeigen von Gefühlen und Ängsten für mich fremd war. Es verunsicherte mich. Die nächste Phase der Lehrergruppe war durch eine intensive Auseinandersetzung mit den Ursachen dieser Schwierigkeiten gekennzeichnet. Hier konnte ich wieder Tritt fassen und mich auf einer rein rationalen Ebene einbringen. In dieser Zeit hat die Handlungsforschungsgruppe ersten Kontakt mit der Schule und mit unserer Gruppe aufgenommen. Ich plädierte für eine Zusammenarbeit mit den Forschern, weil für mich weitere Qualifizierungsmöglichkeiten erstrebenswert schienen.“ [14]

II.1.4 Verwertung für die Lehrerausbildung

Eine besondere Rolle bezüglich meines Qualifizierungs- und Verwertungsinteresses spielte meine damalige Tätigkeit als Leiter eines Schulseminars (KKS) des Studienseminars 5 in Wiesbaden (1971).
Schulseminare beschäftigten sich damals mit der konkreten schulischen Situation, die ein Auszubildender in seiner jeweiligen Schule vorgefunden hat. Dazu zählen u. a.: Rechtsfragen (Erlasse, Verfügungen, Konferenzordnung, Dienstordnung), Fragen zur Elternmitarbeit und Elternabenden, Fragen zur Ersten Hilfe (Sport, Physik, Chemie), Fragen zum Einzugsgebiet der Schüler (Bergkirchengebiet als Sanierungsgebiet mit einer besonderen Problematik) und nicht zuletzt Fragen zur Sozialisation der Jugendlichen, die von den Referendaren unterrichtet wurden.
Hierbei spielt die Lebenswelt eine nicht unerhebliche Rolle. Die Auszubildenden mussten im Rahmen ihrer ausführlichen Unterrichtsvorbereitungen eine Situationsanalyse durchführen. Hierzu brauchten sie Recherchen hinsichtlich u. a. der folgenden Kriterien für die Klassenzusammensetzung: Schüleranzahl – Jungen/Mädchen – Vorgeschichte (z.B. häufiger Lehrerwechsel) – Aufgeschlossenheit für den Unterrichtsgegenstand – Problemverständnis – Haltung und

[14] Peter Held (1978). S. 64.

Verhalten – häusliche Verhältnisse – veränderte Kindheit – Außenseiter.
Von daher hatte ich auch großes Interesse an dem Projekt, konnte ich doch im Laufe der Zeit verschiedene soziologische Erhebungsmethoden zur Eruierung der Lebenswelt kennen lernen. Dieses Wissen gab ich an meine Referendare in den Seminaren weiter und beauftragte sie selbst mit kleinen Recherchen zur Lebenswelt der Lerngruppen. Hierdurch wurde der Focus in der Unterrichtsvorbereitung erstmals deutlich auf außerschulische Lernbedingungen gerichtet.

Ich erlebte aber in der Folgezeit durch die Gruppenarbeit und die Zusammenarbeit mit den Wissenschaftlern auch eine Phase der Verunsicherung. Das, was ich an der Universität gelernt hatte und sich bisher im Wesentlichen mit meinem Selbstverständnis als Lehrer deckte, wurde zunehmend durch unsere Zusammenarbeit, das Hinterfragen von Unterricht und Schule, das Selbstverständnis der Forscher als „Forscher auf Augenhöhe mit den Lehrern" und viele gruppendynamische Prozesse in der Lehrergruppe selbst in Frage gestellt.
Mein Spagat zwischen einerseits meiner Verunsicherung auf der Praxisebene und andererseits meiner „Kompetenzdemonstration" im Seminar gewaltig. Ich „schwamm" eine gehörige Zeit und erst mit der allmählichen Neuausrichtung meiner Rolle und ihrer Festigung war ich in der Lage, meine Seminararbeit zu überdenken, mich neu zu orientieren, inhaltlich und methodisch stärker an den Bedürfnissen der Referendare anzuknüpfen und die Arbeit völlig neu zu strukturieren.

Neue Unterrichtsansätze, viele Diskussionen mit der Gruppe, Fortbildungen insbesondere mit der Landeszentrale für Politische Bildung (hier: Walter Giere), Supervisionen bei: Winfried Münch und Hubertus Hüppauf, Diskussionen im Studienseminar mit Ausbilderkollegen und theoretische Hintergrundlektüre (Bernstein, Oevermann, Wellendorf, Raspe, Richter u. v. a.) haben mich weiter gestärkt und bewogen, auch im Studienseminar auf Veränderungen zu drängen.
Es fanden viele Diskussionen statt, bei denen ich häufig Initiator war; Inhalte wurden verändert und Supervision im Studienseminar eingeführt (was für damalige Verhältnisse eine „Sensation" in der Lehrerausbildung war).

Jürgen Zinnecker, der Leiter der Wissenschaftlergruppe, hat uns im Studienseminar unterstützt mit Referaten zur Lebenswelt von Schülern. Da er damals bereits als Wissenschaftler besonders anerkannt war, hat uns das - meinen Ausbilderkollegen und mir - sehr geholfen, unsere Position zu verbessern.

Das Sozialkundeseminar wurde von mir inhaltlich und methodisch stark verändert. Für die Unterrichtsplanung meiner Referendare spielte jetzt die Lebenswelt ihrer Schüler und Schülerinnen eine entscheidende Rolle. Die angehenden Lehrer „erforschten" nun die Lebenswelten ihrer Lerngruppen. Dazu benutzten sie einige von mir eingegebene Vorgehensweisen und versuchten, die Ergebnisse in einer differenzierten Situationsanalyse abzubilden. Die weiteren Unterrichtsplanungen wurden durch den Einsatz situationsadäquater Inhalte und Methoden bestimmt.
Für den Umgang mit Konflikten wurden in Fallanalysen die „Anteile" der Lehrer herausgearbeitet und es wurden dann Verhaltensalternativen für diesen und ähnlich gelagerte Fälle entwickelt.
Am Ende ihrer Ausbildung verfügten die Referendare über ein breites Spektrum von Verhaltensweisen für den Umgang mit Konflikten.
Ihre psychosozialen Kompetenzen wurden durch den Einsatz interaktionspädagogischer Übungen weiter entwickelt. Wann immer möglich, setzte ich Rollenspiele, Planspiele und Simulationsspiele ein, um durch neue methodische Ideen die Motivation und die Kreativität meiner Referendare zu erhöhen.
Anhand dieser Beispiele ist unschwer die Bedeutung des Projektes für die Lehrerausbildung zu erkennen. Wir alle – Ausbilder und Referendare – haben überdurchschnittlich von den Diskussionen und Forschungsergebnissen profitiert und die Arbeit im Studienseminar hat dadurch einen außerordentlichen Innovationsschub erfahren.

II.2 Imbke Behnken

II.2.1 Ausbildung

Von 1966 bis 1971 war ich Lehrerin zur Ausbildung (z. A.), sodann Lehrerin im Beamtenverhältnis an einer Mittelpunktschule (Heute: Grund- und Hauptschule) in einer ländlichen Region in Norddeutschland und nach Abschluss des Zweiten Examens - neben meiner Unterrichtstätigkeit in der Ausbildung von Lehrern und Lehrerinnen - in der sogenannten Zweiten Phase tätig. Ich unterrichtete sowohl in den Klassen 1 bis 4 als auch in der Oberstufe, Klasse 7 und 8.
Der Schulleiter, Hugo Blumenthal, hat mich in meinem Berufsalltag geprägt. Er war ein überzeugter Pädagoge, der das Kind, den Jugendlichen in seiner Individualität wertschätzte. Diesem Bild von Kindheit versuchte ich mich anzunähern. Ich machte (mit dem Fahrrad) Elternbesuche, um die häusliche und familiäre Umgebung des Kindes kennen zu lernen: Kinder aus Arzt- und Unternehmerfamilien, Kinder aus Handwerker- und Bauernfamilien bis hin zu den Kindern aus Familien, die in der Ortsgesellschaft randständig lebten, hungerten und unzureichend gekleidet waren – 32 Kinder saßen vor mir.
Dennoch – kurz gefasst: es blieben Unzufriedenheit und Unsicherheit, ich musste einigen jungen Schülerinnen und Schülern schlechte Noten geben; die überraschten, enttäuschten und traurigen Gesichter der Kinder, die immer wieder schlechte Noten erhielten, bleiben in Erinnerung. Sie verstanden es nicht, konnten es nicht verstehen, dass ich, die sonst so freundliche Lehrerin, ihre Leistungen nicht wertschätzte.

II.2.2 Erweitertes Studium zur Diplom-Pädagogin

1971 begann ich mit dem Studium zur Diplompädagogin an der Goethe-Universität Frankfurt. Dieser neu eingerichtete Studiengang wurde auch als Aufbaustudiengang für Lehrer, Lehrerinnen angeboten.
Von der Lehrenden zur Lernenden, gemeinsam mit anderen. Die Rote Zelle Pädagogik (Rotzpäd) förderte gruppenbezogene Auseinandersetzung mit pädagogischen wie mit politischen Theorien. Für mich eine total neue Welt. Aktuelle Themen und Lehrformen, die in den 1970er Jahren Fuß fassten, prägten das Studium: z. B. Sozialisationsforschung, Vorschulerziehung, Projektstudium, Arbeit mit Kindern in Sozialen Brennpunkten, Gemeinwesenarbeit, Sprachentwick-

lung, Ethnografie und qualitative Sozialforschung, politische Ökonomie, Faschismus, u. a.

II.2.3 Einstieg in die Wissenschaft

1972 fragte eine Gruppe von Schulforschern des Bildungstechnologischen Zentrums Wiesbaden, Jürgen Zinnecker und Ernst Müller, zwei meiner Studienkolleginnen, Gisela Zinnecker-Koch und Friedel Müller und mich an, im Kontext einer Hauptschülerstudie, das als Handlungsforschungsprojekt konzipiert wurde, mit zu arbeiten. Wir, die „assoziierte Gruppe" übernahmen die Aufgabe, „die Lebenswelt der Hauptschüler" (im Sinne von Alfred Schütz, Martha Muchow, u. a.) einer innerstädtischen Hauptschule gemeinsam mit den Schülern, Schülerinnen, den KlassenlehrerInnen und den Wissenschaftlern zu untersuchen.
In der Einleitung zur Veröffentlichung „Die Lebenswelt der Hauptschüler" heißt es: „Das für die Lebenswelt formulierte Arbeitsprogramm lautet dahingehend, die speziellen Probleme, Bedürfnisse, Fähigkeiten und Defizite von Schülern der Hauptschuloberstufe anhand von relevanter Lebenssituationen herauszufinden und aufzuzeigen, welche Einflüsse und Bedingungen für Schüler von Hauptschulklassen in ihrer außerschulischen Lebenswelt von Bedeutung sind. Im Mittelpunkt der Untersuchung sollen dabei die Interpretationen stehen, die die Schüler für ihre eigene Situation geben.... Es entsprach dem Selbstverständnis des Gesamtprojektes, das sich programmatisch als Handlungsforschungsprojektes verstand, die Untersuchungssituation und die Auswertung der Ergebnisse so anzulegen, dass diese möglichst weitgehend auf die praktische pädagogische Schularbeit zurückwirken" (s. Kapitel III.3).

Schachspielen in der Freizeit auf dem Jugendhof Dörnberg - hinten Imbke Behnken, rechts Peter Held

Imbke Behnken (rechts) zusammen mit Fritz Gürge (Mitte) und Peter Held in einer Szene aus dem „Lohnarbeit – Spiel“ auf dem Jugendhof Dörnberg, 1973

II.2.4 Motive für meine Teilnahme am Projekt

Für mich, die ehemalige Lehrerin, waren folgende Impulse entscheidend:
Arbeiten in Gruppen mit Wissenschaftlern, Lehrern und Schülern.
In der „Mittelpunktschule“ verschwand jede Lehrerin, jeder Lehrer hinter ihrer, seiner Klassentür. Wenn man sich unsicher fühlte oder Probleme hatte, war es schwierig das einzugestehen und in einer Gruppe zu diskutieren.
Lebenswelt der Beteiligten und Handlungsforschung als Basis für einen veränderten Unterricht zu nutzen.
Diese Programmatik war in der 1960er Jahren in der Schullandschaft nicht bekannt. Einzig die Orientierung an Projekten begann in Form von Unterrichtsprojekten, insbesondere im Heimatkundeunterricht, vorsichtig Fuß zu fassen.
Kinder, Jugendliche in ihrem Verhalten und Denken besser zu verstehen mithilfe von Gruppengesprächen und gemeinsamen Treffen nachmittags.
Offenheit im Austausch innerhalb der Gruppe.
Gemeinsam mit Schülern, Schülerinnen lebensweltnahe Projekte planen, z. B. Zigaretten und Alkohol, Sanierung im Wohngebiet, Buchprojekt „Über Jugendprobleme“.
Langfristig angelegte klassenübergreifende Unterrichtseinheiten planen und realisieren, z.B. Arbeitswelt, „Lohnarbeit – Spiel“ Planspiel Dörnberg.
Forschung mit Schülern, Schülerinnen gestalten im Sinne von Aktionsforschung.
Dieses Schulprojekt, die Lebensweltstudie, die Orientierung an der Handlungsforschung haben nicht allein mein wissenschaftliches und pädagogisches Denken in jenen Jahren geleitet, sondern nachhaltig mein Verständnis von sozialwissenschaftlicher Forschung geprägt. Anstelle von Forschung über Kinder und Jugendliche neue Wege zu erproben und zu entwickeln und Forschung mit Kindern und Jugendlichen umzusetzen.
Es ist mir ein Anliegen, nachfolgend Inhalte, Verlauf und die begleitenden Denk- und Diskussionsprozesse zu beschreiben.

Teil II

Das Schulprojekt: Demokratisierung von Schule

Verlauf und Inhalte

III Wissenschaftliche Grundlegung der Projektarbeit (Imbke Behnken, Peter Held)

Von der Schule in den Beruf – Wege eines Hauptschülerjahrganges							In der Mitte des Lebens
1972	1973	1974	1975	1976	1977	1978	2010/13
14 J.	15 J.	16 J.	17 J.	18 J.	19 J.		52/55 Jahre
8. Klasse Abgang		Lehre oder Berufsfachschule oder wechselnde Karrieren			Berufstätigkeit, wechselnde Arbeitsplätze		Berufstätigkeit Arbeitslosigkeit Frührente
9. Klasse Schulabschluss			Lehre oder Berufsfachschule oder wechselnde Karrieren			Berufstätigkeit, u.a.	Klassentreffen 2010: Uni Gießen: Maschke, Stecher, Theilen;
Träger und räumliche Verortung							Ehemalige:
Käthe-Kollwitz-Schule Bildungstechnologisches Zentrum		DFG 1. und 2. Bewilligungsphase „Jugendbüro" Land Hessen + Stadt Wiesbaden					Behnken, Gürge, Held
Untersuchungssituationen und pädagogische Arbeit							
Hauptschulprojekt: Handlungsforschung; Lebensweltanalyse: Schriftliche Befragung, Gruppendiskussion, Teilnehmende Beobachtung	Symposium Handlungsforschung	Lehrertagebuch Studie zu Lehrlingssozialisation: Gruppendiskussion, Einzelinterview Jugendarbeit in einem Altstadtgebiet: Jugendbüro Gesprächsprotokolle					2010/2013: Einzelinterview 2013: Held & Behnken

Quelle: Projektgruppe Jugendbüro und Hauptschülerarbeit (1976). Straßensozialisation – Lehrlingssozialisation. Zwischenbericht. (MS. Wiesbaden), S. 1. Bearbeitet und ergänzt von Imbke Behnken & Daniel Eul (Universität Siegen)

III.1 Vorbemerkungen

Die BTZ-Gruppe diskutierte Anfang der 1970er Jahre unterschiedliche Begrifflichkeiten (Handlungsforschung – action research – emanzipatorische Sozialforschung) und deren Verständnis. Die Gruppe entschied sich für die Neuprägung: „Aktivierende Schulforschung“[15]. In der vorliegenden Publikation verwenden wir aus Gründen der Vereinheitlichung allerdings den Begriff „Handlungsforschung“.

Schwerpunkte in den Kapiteln III.2 und III.3 sind Wiederabdrucke der 1973 bzw. 1975 formulierten Überlegungen zu „Aktivierende Schulforschung“ und zu „Untersuchung zur Lebenswelt von Hauptschülern“. Zu den Autoren und Autorinnen zählten in beiden Fällen die Wissenschaftler des Bildungstechnologischen Zentrums unter Leitung von Jürgen Zinnecker, die Gruppe der Lehrer und Lehrerinnen das Hauptschulprojektes sowie die Gruppe der assoziierten Studentinnen der Uni Frankfurt (s. Kap. I.1).
Die unterschiedliche Bezeichnung der Gruppe „Projektgruppe Hauptschule“ bzw. „Projektgruppe Jugendbüro“ ist der veränderten Anbindung geschuldet. Während der Verortung im Bildungstechnologischen Zentrum führte die Gruppe den Namen „Projektgruppe Hauptschule“, nach Auflösung des BTZ und der veränderten Förderung unter dem Stichwort „Jugendbüro“ wurden alle Publikationen als „Projektgruppe Jugendbüro und Hauptschülerarbeit“ bzw. „Projektgruppe Jugendbüro“ geführt.

III.2 Handlungsforschung: Erläuterungen zum Hauptschulprojekt[16]

Die Kapitel III.2 „Handlungsforschung“ und III.3 „Lebenswelt“ stützen sich auf intensive Auseinandersetzungen mit theoretischen Konzepten beider Forschungstraditionen.
Die gesamte Projektgruppe traf sich an Wochenenden in Bildungsstätten oder zu abendlichen Diskussionsrunden in privaten Wohnungen. Es war für alle Beteiligten - um die Arbeitsatmosphäre zu beschreiben - eine Stimmung des Aufbruchs, gepaart mit der Unsicher-

---

[15] Arbeitsgruppe Curriculum + Sozialwissenschaften (1972). S. 14-18.

[16] Projektgruppe Hauptschule (1973). S. 45-51.

heit, ob es gelingen würde, die eigenen Ansprüche umsetzen zu können. Getragen wurde das Engagement sicherlich auch vom gesellschaftspolitischen Zeitgeist dieser Jahre. Kontakte zu verwandten Projektgruppen gaben Mut, den eingeschlagenen Weg einer sozialwissenschaftlich begründeten Curriculumrevision zu erproben. Im Februar 1974 fand in Wiesbaden ein Symposium „Handlungsforschung“ statt, das von der Arbeitsgruppe Hauptschule vorbereitet und von der Stiftung Volkswagenwerk finanziert worden war. Dieses Symposium bündelte die in Westdeutschland geführten Diskussionen und erprobten Modelle von Handlungsforschung und kann als Höhepunkt dieser Forschungsrichtung verstanden werden.
Die in den beiden Kapiteln III.2 und III.3 wiedergegebenen Ausführungen sind in ihrer sprachlichen Gestaltung und inhaltlichen Ausrichtung ein Spiegelbild dieser Zeit. Die Darstellungen und Diskussionen der Theorie- und Forschungstraditionen, die einerseits dem Handlungsforschungsansatz und andererseits der Lebensweltanalyse zugrunde lagen, sind an dieser Stelle ausgespart.
Hier nun eine zusammenfassende Version aus den Publikationen zu Handlungsforschung und Lebenswelt:

„Im Folgenden wird versucht, eine kurze Beschreibung des Untersuchungsplanes und typischer Untersuchungstätigkeiten für das Teilprojekt „Hauptschule“ zu geben. Die Wahl des Ansatzes war nicht willkürlich, sondern Teil des allgemeinen theoretischen Ansatzes des Projektes

- der Handlungsforschung und
- des Lebensweltkonzeptes.

Gemäß dem Ansatz der Handlungsforschung steht im Mittelpunkt der Untersuchungstätigkeit dieses Projekts der praxisorientierte Diskurs. Das hat die methodologische Konsequenz, dass

- die Kommunikationsprozesse, die unter den Beteiligten stattfinden, und deren Zusammenhang mit relevanten Handlungssituationen (z. B. Unterrichtsverlauf oder Entwicklung und Verwendung von Unterrichtsmaterialien) gegeben ist, dokumentiert werden und

– diese Dokumentation des Diskurses den Kommunikationspartnern unmittelbar zugänglich gemacht wird. Die durch die Dokumentation möglich werdende Distanz und Objektivierung dient der Weiterführung des Diskurses und der Aufarbeitung im vorangegangenen Diskurs unerledigt gebliebener Problemkomplexe.

Die Priorität, die der Dokumentierung des praxisrelevanten Diskurses im Rahmen dieses Untersuchungsansatzes eingeräumt wird, ist noch aus einem weiteren Grunde gerechtfertigt. Handlungsforschung zielt (...) nicht nur auf die Initiierung von begründetem Handeln im jeweiligen Schulfeld."

Sie möchte darüber hinaus verallgemeinerbare, das heißt im hier gemeinten Sinne auf ähnlich gelagerte Praxisfelder übertragbare und dort antizipierbare Modelle für einen Diskurs entwickeln (siehe folgenden Exkurs).

Um diese Initiativfunktion in der bildungs- und schulpolitischen Öffentlichkeit wahrnehmen zu können, bedarf es eines Verfahrens der Reproduktion und Präsentation der individuellen Diskursprozesse, welches den Außenstehenden erlaubt, sich in die abgelaufenen Prozesse innerhalb des Einzelprojektes zu versetzen und für sich und die eigene Praxis vergleichbare Prozesse zu initiieren.

Exkurs: 1975 stellt die inzwischen aufgelöste BTZ-Gruppe in ihrer Publikation „Handlungsforschung im pädagogischen Feld" (Heinze, u.a.) ihre „programmatischen Überlegungen zu einer demokratischen und reformorientierten Wissenschaft im Ausbildungsbereich" (11) vor. Zielgruppe für die Überlegungen, so die Verfasser, könnten Hochschullehrer sein, die Formen projektorientierten Studiums anbieten, Studierende und Projektgruppen, die sich an Leitlinien von Handlungsforschung orientieren. Die Überlegungen, die die Autorengruppe in der Publikation bündelt, „können (...) allen Gruppen und Personen, die die Entwicklung der sozial- und erziehungswissenschaftlichen Forschung im Ausbildungsbereich beeinflussen wollen und die nach förderungswürdigen Alternativen zum bürokratisierten, technisch-naturwissenschaftlichen Untersuchungsmodell suchen; Lehrern und Erziehern, die mit pädagogischen Forschungsprojekten

zu tun haben, in solchen Projekten mitarbeiten oder selbständig Untersuchungen machen." (11)
Die BTZ-Gruppe hatte ihre Arbeit mit den Projektschulen auf drei Jahre hin geplant: Oktober 1971 bis September 1974 – „ein Jahr Vorbereitung, ein Jahr Schulpraxis und ein Jahr Auswertung" (Heinze u.a., S. 15). Eine Verlängerung war vorgesehen. Wegen der vorzeitigen Schließung des BTZ konnte die bereits konzipierte Auswertung des Schulprojektes und der Materialien, die gemeinsam mit der Lehrergruppe realisiert werden sollte, nicht erfolgen. Die hier genannte Buchpublikation „Handlungsforschung im pädagogischen Feld" bietet allen Interessierten einen guten Einblick auch in Fragen zum „Problem der Verallgemeinerung".
Prof. Dr. Wolfgang Klafki, wissenschaftlicher Berater der BTZ-Gruppe, verweist in seinem Vorwort zu der Buchpublikation auf den gravierende Einschnitt, den die Auflösung der BTZ-Gruppe insbesondere für das Hauptschulprojekt habe: „Sie [die Auflösung] bedeutet zum einen einen empfindlichen Verlust für die praktische und theoretisch-methodologische Weiterentwicklung der Handlungsforschungsproblematik, zum anderen wird sie eine weitgehende Reduktion des Hauptschul-Teilprojektes erzwingen, selbst wenn es dem Team gelingen sollte, die mit einer Lehrergruppe einer Wiesbadener Hauptschule begonnene Reformarbeit in einem der schwierigsten und weitgehend vernachlässigten pädagogischen Arbeitsfelder – eben der Hauptschuldidaktik – in irgendeiner Weise fortzuführen."

Für die Wahl von Untersuchungsmethoden im Hauptschulprojekt war des Weiteren das Leitkonzept der Lebensweltanalyse bedeutsam.
In der in diesem Projekt vertretenen Form verlangt dieses Konzept vom Untersuchenden, die subjektiven Bewusstseinsprozesse, in denen sich die gesellschaftliche Praxis einer jeweiligen Sozialgruppe widerspiegelt, als empirischen Gegenstand ernst zu nehmen und den Versuch einer adäquaten Rekonstruktion zu unternehmen.

Erläuterung der einzelnen Untersuchungsebenen und –methoden zur Lebensweltanalyse:
Nachfolgend wird versucht, die wesentlichen Ebenen und Methoden der Untersuchung zu skizzieren. Es lassen sich im Hauptschulprojekt drei Ebenen der Untersuchungstätigkeit voneinander abheben. Sie werden als

- Prozessevaluation
- Kontextevaluation
- Erfolgsevaluation

bezeichnet. Die Terminologie lehnt sich an eine in der angelsächsischen Evaluationsforschung übliche Unterscheidung an, verändert aber deren Sinn und die dort üblichen Schwerpunkte.

- Unter Prozessevaluation soll der Teil der Untersuchungstätigkeit verstanden werden, der sich auf die Dokumentation und Rekonstruktion der Prozesse in der schulischen Lebenswelt bezieht, die im Zusammenhang mit der aktivierenden Schulforschung stattfinden.
- Kontextevaluation umfasst alle Untersuchungsteile, die das weitere psychosoziale Umfeld erkunden, das lebensweltbestimmend ist, das aber nicht unmittelbar mit den durch die aktivierende Schulforschung thematisierten Bereichen zusammenhängt.
- Mit Erfolgsevaluation ist die systematische Untersuchung wesentlicher Wirkungen gemeint, die der unter dem Vorzeichen aktivierender Schulforschung stehende Unterricht bei Einzelschülern und Schülergruppen zeitigt.

(...) Die Projektgruppe diskutierte, die Lebenswelt der Schüler in die curriculare Planung einzubeziehen. Anlass war (...) die durchgehende Erfahrung, dass die Hauptschule mit ihren gegenwärtigen Lerninhalten sowie ihren Arbeits- und Sozialformen besonders den Kindern aus verschiedenen Schichten der Arbeiterklasse nicht gerecht zu werden vermag und dementsprechend auch diese Schülergruppe nicht der Schule und ihren Anforderungen. Eine Bedingung für das Defizit sah die Gruppe darin, dass städtische Kinder aus Arbeiterfamilien in der Schule mit einer Situation und mit Inhalten konfrontiert werden, die sie aus ihrem außerschulischen Lebensbereich nicht ohne weiteres kennen und deren spezifische Qualifikationskorrelate sie sich nicht — oder zumindest nur in einem ungleich geringeren Maß als Kinder anderer Sozialgruppen — aneignen können.
Die Kerngruppe suchte nach Antworten: Die pädagogisch angemessene Antwort auf diese Problematik sah das Hauptschulprojekt darin, Curricula zu entwickeln, die die Bedürfnisse und Erfahrungen dieser Schüler angemessen berücksichtigen. Dadurch hoffte man, die Distanz zwischen schulischer und außerschulischer Wirklichkeit zu verringern. Dabei war sich die Projektgruppe von Anfang an bewusst, dass die gleichzeitige, vielschichtige Arbeit innerhalb und

außerhalb der Schule die Arbeitsmöglichkeiten der wissenschaftlichen Mitarbeiter des Projekts und die der Lehrer überschritt. Die Kerngruppe bat die Studentinnen der Frankfurter Universität Imbke Behnken, Friedel Müller, Gisela Zinnecker-Koch, die Pädagogik studierten und ihre Diplomarbeit planten, um ihre Mitarbeit. Diese sog. assoziierte Gruppe „Lebensweltanalyse" hatte die Aufgabe, in Kooperation mit der Kerngruppe die Untersuchung zu planen und umzusetzen."

III.3 Untersuchung zur Lebenswelt von Hauptschülern

„Die Lebensweltuntersuchung – Ziel[17]

Das Schulprojekt gab der Lebensweltuntersuchung nicht nur den institutionellen Rahmen vor, sondern bestimmte auch dessen untersuchungsleitende Fragestellungen mit. Das gilt in erster Linie für das Problem der Schulentfremdung, das in praktischer wie in theoretischer Hinsicht im Mittelpunkt der Projektarbeit der Hauptschulgruppe stand. (...) Das für das Lebensweltprojekt formulierte Arbeitsprogramm lautete dahingehend, die speziellen Probleme, Bedürfnisse, Fähigkeiten und Defizite von Schülern der Hauptschuloberstufe anhand relevanter Lebenssituationen herauszufinden und aufzuzeigen, welche Einflüsse und Bedingungen für Schüler von Hauptschulklassen in ihrer außerschulischen Lebenswelt von Bedeutung sind.
Im Mittelpunkt der Untersuchung sollten dabei die Interpretationen stehen, die die Schüler für ihre eigene Situation geben. Diese Erklärungsmuster und Sinnhorizonte sollten in Verbindung gesetzt werden zu den objektiven Bedingungen ihrer Lebenswelt; die subjektive Selbstdefinition sollte also ergänzt werden durch eine Untersuchung der objektiven Lebensumstände und Sozialisationsbedingungen.
(…) Es entsprach dem Selbstverständnis des Gesamtprojektes, das sich programmatisch als Handlungsforschungsprojekt verstand, die Untersuchungssituation und die Auswertung der Ergebnisse so anzulegen, dass diese möglichst weitgehend auf die praktische pädagogische Schularbeit zurückwirken. Diese praktische Rückkoppelung der Ergebnisse kann in dem folgenden Untersuchungsbericht nicht weiter ausgeführt werden.

---

[17] Projektgruppe Jugendbüro und Hauptschülerarbeit (1975). S. 9 ff.

Der Anspruch von Handlungsforschung beinhaltete ferner, dass die Untersuchung so angelegt wurde, dass die Schüler dadurch möglichst weitgehend in die Lage versetzt wurden, sich Methoden der Selbstreflexion anzueignen. Auch in dieser Hinsicht hatte das Teilprojekt Rückwirkungen auf die pädagogische Arbeit in der Hauptschule. Die Bereitschaft und Fähigkeit von Schülern, im Rahmen des Unterrichts Probleme ihrer Lebenswelt zu thematisieren, entwickelte sich zunehmend."

„Lebensweltanalyse: Erläuterung des Untersuchungsprogramms[18]

Im Kontext dieser Publikation werden das Programm der Lebensweltanalyse sowie die Diskussion der Theorie- und Wissenschaftstraditionen kurz angedeutet. Eine ausführliche Darstellung ist in dem Band Projektgruppe Jugendbüro (1977), S. 161ff. zu finden. Das methodische Vorgehen ist ebenfalls kurz skizziert; die Beschreibung der Untersuchungspraxis hingegen haben wir an dieser Stelle ausführlich dokumentiert. Diese Beschreibung gibt einen guten Einblick in die Intensität und Vielfalt der Kontakte zwischen Schülern, Schülerinnen und der Wissenschaftler- sowie der assoziierten Gruppe und vermittelt ein anschauliches Bild von dem Lebensweltkonzept, das die Gruppe formuliert hatte.

Programm

Vorbild für das empirische Vorgehen in dieser Arbeit ist ein Untersuchungsmodell, das sich als Lebensweltanalyse bezeichnen lässt. Ein solches Paradigma empirischer Sozialforschung ist besonders im angelsächsischen Raum nicht traditionslos, in der Bundesrepublik aber wenig verbreitet. Deshalb soll dieser Ansatz hier kurz erläutert und sein Zusammenhang mit einer bestimmten sozialwissenschaftlichen Tradition aufgezeigt werden. Die Auseinandersetzung mit alternativen Paradigmen sozialwissenschaftlicher Theorie und Empirie, die konstituierend für die Entwicklung des Lebensweltansatzes war, kann in dieser Arbeit nicht geleistet werden. [19]

[18]Projektgruppe Jugendbüro (1977). S. 161 ff.

[19]Wer sich für diese Auseinandersetzung interessiert, den verweisen wir auf folgende Literatur: Becker 1970; Filmer 1972; Gouldner 1970; Wilson 1973.

Unter „Lebensweltanalyse“ verstehen wir ein bestimmtes Modell empirischer Untersuchung des gesellschaftlichen Alltags. In diesem Modell werden die folgenden zwei analytischen Schwerpunkte gesetzt:

- Interpretation des gesellschaftlichen Alltags durch die Beteiligten
- Zusammenhang dieser Interpretation (Alltagsbewusstsein) mit den Bedingungen und Strukturen des alltäglichen Handelns (Alltagspraxis)

Methodische Konsequenzen

Welche methodischen Konsequenzen haben wir aus den dargestellten theoretischen Grundannahmen und Forschungsinteressen gezogen?

- Die Situationsdefinitionen der Beteiligten, d. h. die in ihrer natürlichen Sprache gegebenen eigenen Interpretationen des Alltags, sind Ausgangspunkt und wesentlicher Bestandteil der Analyse. Die Parteilichkeit zu Gunsten der Untersuchten zeigt sich darin, dass diese die Gelegenheit zu einer angemessenen Selbstdarstellung erhalten.
- Die Forscher nehmen am alltäglichen Leben teil, um den dialektischen Zusammenhang zwischen Bewusstsein von Alltag und Handeln im Alltag (Praxis) erfahren zu können. Die Selbstinterpretation der Beteiligten wird hierbei erweitert um das Erfassen und Aufdecken der „Selbstverständlichkeiten" im Alltagsgeschehen, d. h. um die unreflektiert und unhinterfragt angewandten Regeln und Rezepte, die das alltägliche Zusammenleben mitkonstituieren.
- Die empirische Lebensweltuntersuchung wird als eine alltägliche Situation eigener Art und als ein komplexer Sozialprozess verstanden. Das impliziert eine Reihe von Konsequenzen, z.B.: Die Hypothesen im Feld werden nicht vor der Untersuchung endgültig formuliert, sondern entstehen in der Kommunikation mit den Beteiligten und unterliegen der Veränderung aufgrund neuer Erfahrungen und Einsichten in der Lebenswelt.
- Die hier formulierte Auffassung von Lebensweltanalyse führt zu einer neuen Gewichtung und teilweisen Modifikation des bisherigen Instrumentariums empirischer Sozialforschung. Oberster

Leitsatz ist die weitest mögliche Integration unterschiedlicher Methoden.

Während ein Trend in der gegenwärtigen empirischen Sozialforschung besteht, die empirische Lebensweltuntersuchung nur als explorative Instrumente für eine Voruntersuchung gelten zu lassen und die Hauptuntersuchung mit kommunikationsreduzierenden Instrumenten zu bestreiten, gibt die Lebensweltanalyse Methoden den Vorzug, die eine möglichst reichhaltige und erkenntnisoffene Gesprächssituation zulassen.

Fragebogenerhebungen werden systematisch in die qualitativen Interpretationen integriert. Eine andere Gewichtsverschiebung bezieht sich auf die Verwendung kommunikationsoffener Methoden. Die Lebensweltanalyse gibt jenen Methoden den Vorzug, die eine möglichst reichhaltige und erkenntnisoffene Gesprächssituation zulassen.

Beschreibung der Untersuchungspraxis (Prozessverlauf)

Erkundungen

Wir begannen die Lebenswelt-Untersuchung nicht bei den Hauptschülern selbst, sondern näherten uns ihrer Welt zunächst von außen. In der ersten Projektphase suchten wir uns Einblick in die Situation der Jugendarbeit in Wiesbaden und in die Einrichtungen, die die Stadt den Jugendlichen zur Verfügung stellt, zu verschaffen. Weiterhin unternahmen wir gezielte Erkundungen des Stadtteils, in dem die meisten der untersuchten Jugendlichen lebten.

a) Erkundung der Wohnregion und Gespräche mit „Experten der Jugendarbeit"

Auf amtlichen Vermessungskarten markierten wir die Wohnorte der Schüler. Wir informierten uns über die Bevölkerungs- und Wirtschaftsstruktur von Wiesbaden sowie über infrastrukturelle Einrichtungen der Wohngebiete (Grundschulen, Kindergärten usw.). So ausgerüstet, unternahmen wir die erste Besichtigung an Ort und Stelle und verschafften uns einen Eindruck vom äußeren Bild dieser Viertel und uns speziell interessierender Gebäude und Areale (Schulen, Stadtfriedhof, Wohnhäuser usw.).

War diese erste Ortsbegehung noch aus einem Nachholbedarf an Informationen entstanden, den wir als Nichteinheimische zwangsläu-

fig haben mussten, so gingen wir bald dazu über, das Kennenlernen des Stadtteils bis in seine informellen Kommunikationsbeziehungen hinein langfristiger und methodischer zu betreiben. Anders schien uns eine vertiefte Einsicht in die Struktur und Bewegung der jugendlichen Lebenswelt nicht erreichbar. In der Eröffnungsphase des Projekts (zwei Monate) entschieden wir uns für zwei Untersuchungsverfahren, die zeitweilig nebeneinander herliefen. Mit dem ersten Verfahren setzten wir unsere Stadtteilerkundung fort. Methodisch orientierten wir uns dabei an der nichtstandardisierten teilnehmenden Beobachtung (vgl. z. B. Friedrichs 1973; Friedrichs/Lüdtke 1973; Kluckhohn 1972; Mc Call/Simmons 1969), einem vor allem im Rahmen der angelsächsischen Kulturanthropologie entwickelten Vorgehen. Es verlangte von uns möglichst häufige Anwesenheit im Stadtteil, vor allem an Orten, wo „etwas los" war, das heißt, wo Kommunikation unter Bewohnern stattfand (Kirmes, Karneval, Würfelwettbewerb, Straßenecken, Läden, Gaststätten usw.). Dadurch, dass wir einem Teil unserer privaten Bedürfnisse und Aktivitäten im Stadtteil nachgingen, lernten wir — um eine Ebene herauszugreifen — die Lokale des Stadtteils kennen, trafen dort hin und wieder Schüler, bekamen ein Stammgastverhältnis zur Bedienung oder führten informative Gespräche mit dem einheimischen Wirt.
Diese Methode der Informationsgewinnung über die Lebenswelt unserer Schüler setzten wir während der gesamten Untersuchungsdauer fort.

Die zweite Methode, die die Anfangsphase bestimmte, waren offen strukturierte Gespräche mit „Experten" in den Bereichen Jugendarbeit und soziales Leben im Wohnquartier: Vertreter der Kirchen, des städtischen Jugend- und Sozialamtes, der Jugendfreizeithäuser, der Bürgerinitiativen und Vereine im Stadtteil, sowie Jugendgruppenleiter und langjährige Bewohner des Stadtteils. Dabei sprachen wir folgende Fragenbereiche an:

- Was tut Ihre Institution für und mit 13- bis 15jährigen (Ziele der Jugendarbeit, Art und Zahl der Veranstaltungen, Zukunftspläne)?
- Welche pädagogischen Probleme haben Sie mit dieser Altersgruppe?

– Können Sie uns Institutionen in der Stadt nennen, die außer der Ihren mit Jugendlichen dieses Alters arbeiten? Können Sie uns eine Kontaktperson vermitteln?
– Können Sie uns Besonderheiten oder historisch Interessantes über das Wohngebiet, die Schule, die Bewohner erzählen?
– Kennen Sie Plätze unter freiem Himmel im Wohngebiet, wo sich regelmäßig Jugendliche treffen?
– Kennen Sie Schüler der Käthe-Kollwitz-Schule persönlich?

b) Freizeitseminar Dörnberg, „beteiligte Beobachtung" und methodische Auswertung

Eine zehntägige Klassenreise der vier achten Klassen bot allen Mitarbeitern des Projektes die Möglichkeit, Kontakte zu den Schülern aufzunehmen bzw. diese zu intensivieren. Ziel dieses „Freizeitseminars" - so die offizielle Bezeichnung - war zum einen, die Schüler anzuregen, sich mit der Frage ihrer Berufswahl zu beschäftigen. Zum anderen erhoffte man sich, den Schülern einen bestimmten Freiraum zu schaffen, in dem sie Interessen entwickeln und Bedürfnissen nachgehen konnten, die in der städtischen Umgebung gehemmt wurden. Die Projektmitglieder übernahmen - wie die Lehrer - die Leitung berufsbezogener Arbeitsgruppen und die Betreuung der Schüler in der Freizeit.

Bestimmend für die Definition unserer Untersucherrolle in dieser Projektphase war der aus einem bestimmten Verständnis von Handlungs- und Feldforschung (teilnehmende Beobachtung) abgeleitete Anspruch der „beteiligten Beobachtung" (Fuchs 1970/71; Lessing 1969). Das heißt, wir folgten weniger den Grundsätzen des kontrolliert-distanzierten Beobachtens als vielmehr denen eines reflektierten Mithandelns. Nicht allein unsere Untersuchungsinteressen, sondern im gleichen Maße auch die aktuellen Interessen der Schüler und unsere eigenen pädagogischen Ansprüche bestimmten unser soziales Handeln während der Schülerfreizeit.
Die sozialen Kontakte erstreckten sich über den gesamten Tagesablauf und umfassten unterschiedliche Aktivitäten (Gruppenarbeit, Treffs auf den Fluren, Tanzen, intensive Gespräche usw.). Die Klassenreise legte den Grundstein für ein anhaltend gutes Verhältnis zwischen vielen Schülern und uns, was die weitere Untersuchungstä-

tigkeit qualitativ bestimmte. Darüber hinaus stellte sich die Teilnahme als ein Gewinn für die weitere Zusammenarbeit zwischen Lehrern und Projektmitgliedern heraus.

Unsere Beobachtungsperspektive während des Freizeitseminars lautete: Lassen sich Schülergruppen ausmachen, die man in eine relevante Beziehung zu den „schulfrommen" bzw. den „schulentfremdeten" bringen kann? Welche Verhaltensweisen legen diese unterschiedlichen Schülergruppen in der Freizeitsituation — vielleicht in Umkehrung zur Schulsituation — an den Tag? Um die Beobachtungen und Eindrücke möglichst lückenlos festzuhalten, führten wir „Feldtagebücher".

Die Auswertung unserer Leitfrage erfolgte kurz nach der Klassenreise in zwei methodisch unterschiedlichen Veranstaltungen:
Zum Einen versuchten wir in einem Gruppengespräch die von jedem einzeln vorgenommenen Typenbildungen miteinander zu vergleichen und deren Stichhaltigkeit anhand des gemeinsamen „Augenscheins" zu überprüfen. Zusätzlich sollten Hypothesen zur Bedeutung und Entstehungsgeschichte solcher unterschiedlicher Schülergruppen formuliert werden.
Zum Anderen betrachteten wir gemeinsam die während des Freizeitseminars aufgenommenen Farbdias, um die verschiedenen Schüler und Schülerinnen anhand der Aufnahmen zu identifizieren und einer oder mehreren der hypothetisch unterstellten Schülergruppen zuzuordnen. Das erwies sich schon deshalb als lohnend, weil nicht jedes Projektmitglied jeden der über 100 Schüler gleich gut kennen gelernt hatte oder sich bei der Nennung eines Namens auch den entsprechenden Schüler vorzustellen vermochte.

Die vom Schulalltag sich erheblich unterscheidende Situation während des Freizeitseminars begünstigte das Hervortreten der Verschiedenartigkeiten der Schüler: Weniger eingeengt durch äußere Bestimmungen, konnten sie einige ihrer Besonderheiten deutlich zum Ausdruck bringen. Wir kamen deshalb auf gut ein halbes Dutzend von Schüler-Typisierungen, die wir schrittweise auf zwei prägnante Kontrastgruppen reduzierten:

– Die eine Gruppe von Schülern zeigte sich in hohem Maße sensibilisiert gegenüber autoritärem Verhalten und reagierte sehr kritisch auf besondere Vorkommnisse, wobei sie zugleich in höherem Maße den Freiraum während des Aufenthaltes nutzte.

– Die zweite Gruppe zeichnete sich durch Anpassungswilligkeit und strikter Befolgung von Anweisungen aus. Einige versuchten, ihr sonstiges Alltagsleben fortzusetzen. Und es gab auch einige, die der ungewohnten Situation recht hilflos gegenüberstanden.

c) Begehungen von Schülertreffpunkten und teilnehmende Beobachtung

Weiterhin war es uns wichtig, eine möglichst anschauliche Vorstellung von den Freizeitorten der Schüler zu gewinnen. Wir bemühten uns herauszufinden, welche Orte die Schüler am liebsten und am häufigsten aufsuchten, welche Gründe sie für die Wahl des Ortes nannten, was sie dort im einzelnen taten, wie sie selbst die jeweiligen Verwendungsmöglichkeiten einschätzten, ob die Orte gleichmäßig von allen Schülern oder bevorzugt von einer der von uns beobachteten Gruppen besucht wurden und ob es gruppenspezifische Nutzungsformen gab.
Angeregt durch das Vorgehen von M. Muchow (1935), betrachteten wir zunächst jeden einzelnen Ort gesondert nach folgenden „objektiven" (äußeren) Gesichtspunkten: 1. sachliche Beschreibung der örtlichen Gegebenheiten und 2. offizielle Bestimmung und Nutzung des Ortes.
Darüber hinaus wollten wir den Ort als Erlebnisraum der Schüler, das heißt, die Situationsdefinition, die die Schüler dem Ort durch ihr Handeln und ihr ortsgebundenes Engagement gaben, kennen- und einschätzen lernen.
Als die Schüler uns später besser kannten, ließen sie sich durch unsere Anwesenheit an den Orten kaum stören, sondern gingen ihren Aktivitäten weiter nach bzw. bezogen uns mit ein. Wir versuchten die Frage zu beantworten, an welchen spezifischen Bedürfnissen der Schüler es lag, dass sie gerade diesen Ort als Freizeitort benutzten. Die Art der Nutzung, die häufig in keinem Zusammenhang mit der offiziellen Bestimmung der Orte stand und diese „zweckentfremdete", gab dabei häufig die entscheidenden Hinweise.

Unsere Dokumentation (Protokolle, Tonbandaufnahmen, Foto, Film) wurde in einer späteren Phase durch die Arbeit zweier Schüler-

Filmgruppen, die aus eigenem Interesse gelegentlich Lebensweltszenen und -orte in kurzen Super-8-Farbfilmen festhielten, ergänzt.

d) Elternbesuche und Stammtischgespräche mit Eltern

Zur Deutung unterschiedlicher Situationsdefinitionen der beiden Schülergruppen erschien es uns zusätzlich notwendig, uns Kenntnisse über die familiäre Interaktionssituation der Jugendlichen zu beschaffen. Wir entschieden uns daher, Gruppengespräche mit Eltern zu veranstalten. Unser Hauptinteresse dabei war, in Ergänzung zur Situationsdefinition der Schüler die Situationsdefinition der Eltern zu den Themen Schule, Freizeit und Familie in Erfahrung zu bringen. Wir planten, die Eltern einzuladen, deren Kinder an den Gruppendiskussionen teilgenommen hatten. Diese Kontaktaufnahme zu den Eltern lag gleichzeitig auch im Interesse der Lehrer und des Elternbeirates der vier achten Klassen. Es erging daher eine gemeinsame Einladung an die Eltern in eine regional geschätzte Gaststätte nahe der Schule. Der Einladungsbrief enthielt - neben Hinweisen auf den Teilnehmerkreis - die oben genannten Themen als Gesprächsvorschlag.

Da dieser ersten Einladung außer einem Mitglied des Elternbeirates keine weiteren Eltern folgten, beschlossen wir, künftige Einladungen mit einem persönlichen Besuch zu verbinden. Durch die Besuche — wir trafen 20 von 29 Familien an — erhielten wir einen Einblick in das häusliche Milieu der Schüler und führten je nach Interesse der Eltern Gespräche z. B. zu den Themen Schule, Freizeit, Berufsfragen und Beziehungen zwischen Eltern und Kindern. Da an diesen Besuchen auch die Klassenlehrer teilnahmen, wurde der Kontakt zwischen Schule und einigen Elternhäusern intensiviert. Zu den dann folgenden Gruppentreffen kamen etwa die Hälfte der eingeladenen Eltern (17 von 33).
Den Schwerpunkt der Diskussionen bildete das Thema Schule. Insbesondere wurden Meinungen ausgetauscht über Unterrichtsmethoden und -inhalte, Hausaufgaben, Möglichkeiten der elterlichen Hilfe, Lehrerwechsel, Unterrichtsausfall.
Als weitere Themen standen im Vordergrund:
– das Betriebspraktikum
– die Freizeitaktivitäten und -möglichkeiten der Kinder
– Information der Eltern über das Freizeitverhalten

- Wünsche in Bezug auf Freizeiteinrichtungen
- Berichte über die Aktivitäten ihrer Kinder
- Erziehungsgrundsätze wie z. B. Ausmaß der Elternkontrolle
- das Verhältnis zu den eigenen Kindern
- Freundschaften der Jugendlichen untereinander
- Taschengeld
- Mode
- Mithilfe der Kinder im Haushalt.

Neben den Gesprächen, die sich mit den eigenen Kindern bzw. den Jugendlichen ganz allgemein befassten, berichteten viele Eltern über ihre Situation in Bezug auf Beruf, Wohnung, Lebensstandard und Freizeitaktivitäten. Diese Gespräche mit den Eltern brachten in vielerlei Hinsicht Ergebnisse. Wir erfuhren Einstellungen und Situationsdefinitionen. Eltern und Lehrer wurden angeregt, Gedanken und Meinungen auszutauschen und somit das eigene Verhalten der anderen Seite verständlich zu machen. Die Eltern nahmen Einfluss auf das Unterrichtsgeschehen, indem sie ablehnende oder zustimmende Kritik äußerten, während des Meinungsaustausches konkrete Vorschläge entwickelten und sich zu einer spontanen Aktion zusammenschlossen, um ihre Forderungen zu verwirklichen. Uns dienten die Elterngespräche auch als Hintergrundmaterial für die Interpretation von Schüleräußerungen in den Gruppendiskussionen.

Gruppendiskussionen

Nachdem wir im Schulalltag und auf der Klassenfahrt den Eindruck gewonnen hatten, dass sich die Schüler zwei unterschiedlichen Orientierungstypen zuordnen ließen, wollten wir die subjektiven Unterschiede und deren Bedingungen herausfinden. Bei der Bedingungsanalyse griffen wir auf umfangreiche Befragungen der Schüler in der Klassensituation zurück. Selbstdeutungen, die die Schüler von ihrer Lebenslage gaben, untersuchten wir in einer Reihe von Gruppengesprächen, die sich methodisch am Konzept der Gruppendiskussion orientierten (Mangold 1960; Strzelewicz 1966; Mangold 1962).“

„Gruppendiskussion und Gruppenbefragung[20]

[20] Projektgruppe Jugendbüro und Hauptschülerarbeit. (1975). 13 f.

Die freien Selbstinterpretationen wurden in acht mehrstündigen Gruppendiskussionen gewonnen, die wir mit ausgewählten Repräsentanten der Subkultur (vier Gruppen mit insgesamt 22 Teilnehmern) und der Familienzentrierten (vier Gruppen, 19 Teilnehmer) führten. Die Tonbandumschriften der Diskussionen (800 Seiten Schreibmaschinenmanuskript) wurden einer eingehenden Inhaltsanalyse unterzogen und bilden das Quellenmaterial für die Schülerzitate in diesem Buch.
Neben den nicht standardisierten Gruppendiskussionen wurden mehrere Fragebögen und Tests von der Gesamtheit der Schüler ausgefüllt (Gruppenbefragung). Die schriftliche Befragung fand gruppenweise im Klassenverband statt. Es wurden unter anderem eingegeben: Schülerfragebögen zur Freizeitsituation, zur sozialen und persönlichen Lage, zur Schule und zum Elternhaus, mehrere Einstellungserhebungen, Interessen- und Persönlichkeitstests, soziometrische Tests.“

„Zur Gruppenbildung[21]

Die Projektgruppe sah sich seit geraumer Zeit mit dem didaktischen und pädagogischen Problem konfrontiert, dass es erhebliche Unterschiede zwischen einzelnen Schülergruppen gab. Nicht alle Hauptschüler waren der Institution Schule in gleicher Weise entfremdet. Während die einen mit Apathie oder Auflehnung auf Schulunterricht reagierten und damit anzeigten, dass und wie sehr sie unter der Schule litten, waren andere Jugendliche ohne Anzeichen größerer Konflikte bereit und imstande, sich mit den schulischen Leistungs- und Verhaltensanforderungen zu identifizieren. (…) Die Unterschiede traten für das Projektteam immer dann besonders plastisch hervor, wenn die Schüler sich mit didaktischen und curricularen Alternativen zum herkömmlichen Hauptschulunterricht konfrontiert sahen. Nicht alle Schüler konnten und wollten das als Chance begreifen, einen Neuanfang nach einer misslungenen Schulbiografie zu setzen. Nicht wenige reagierten verunsichert, als sie den Boden der traditionellen Lernformen verlassen sollten. Der überlieferte Schulunterricht entsprach im großen Ganzen durchaus ihren Vorstellungen sowie ihren

---

[21] Projektgruppe Jugendbüro und Hauptschülerarbeit. (1975). S. 11 ff.; s. hierzu die ausführlichen Darstellungen in Projektgruppe Jugendbüro und Hauptschülerarbeit (1975); Projektgruppe Jugendbüro (1977).

Persönlichkeits- und Lernmustern. Ähnliche Erfahrungen konnte das Projektteam bei dem Versuch sammeln, die Umgangsformen zwischen Lehrern und Schülern zu verändern. Eine Gruppe von Schülern, die sich als hochgradig sensibel gegenüber der Erwachsenenautorität erwiesen hatte, griff die Neudefinition der sozialen Verkehrsformen dankbar auf. Es gab aber auch Schüler, die den gewohnten Rahmen von sozialer Distanz, zur Schau getragener Überlegenheit und täglicher Verhaltensanweisung schmerzlich vermissten.
Uns, den Akteuren des Hauptschulprojekts, wurde dadurch deutlich, dass die geplanten curricularen und didaktischen Angebote und die Art und Weise ihrer Vermittlung an die Schüler differenziert werden mussten, um den unterschiedlichen Schülergruppen gerecht zu werden. Diese Differenzierung konnte nur, so meinten wir, verwirklicht werden, wenn das Team über genauere Kenntnisse darüber verfügte, worin die unterschiedlichen Erfahrungen und Dispositionen der Schüler im Einzelnen bestehen und wie es lebensgeschichtlich dazu gekommen war. Diese unterschiedlichen Schülergruppen wurden als „Jugendsubkultur", die Gegengruppe der Schüler, die sich mit der Institution Schule arrangierte, als „Familienzentrierte" bezeichnet.“

„Jugendsubkultur und Familienzentrierte

Wie die Namengebung der beiden Schülergruppen bereits verrät, sehen wir das Phänomen der Schulentfremdung im Kontext einer bestimmten Tradition der Jugendsoziologie und Sozialisationsforschung. Wir beschreiben zu diesem Zweck kurz die Instrumente, anhand derer wir die Gruppen bestimmt haben.

Zur Gruppe der Jugendsubkultur rechnen alle der 136 Schüler der vier achten Klassen der Käthe-Kollwitz-Schule, die folgende drei Kriterien erfüllen:

- Sie verfügen über eine — im Vergleich zur Gesamtgruppe - überdurchschnittliche (Median) „jugendzentrierte Einstellung". Die Einstellung der Schüler wurde anhand einer eigens konstruierten Einstellungsskala ermittelt (Likert-Skala), die sich auf folgende psychologische Dimensionen bezieht: Selbständigkeitsstreben, Entfremdungsgefühl, jugendlicher Hedonismus, Orientierung an Gleichaltrigen, Gefühl des Diskriminiertseins von Jugendlichen in der Gesellschaft.

- Sie sind überdurchschnittlich (Median) beliebt bei ihren Mitschülern. Die Beliebtheit jedes Schülers wurde aufgrund einer klasseninternen soziometrischen Sympathiefrage („kann ich gut leiden") ermittelt. Der Beliebtheitsstatus eines Schülers wurde aufgrund eines gängigen soziometrischen Index berechnet.
- Sie besuchen überdurchschnittlich viele (Median) Freizeittreffpunkte und bevorzugen die typischen Freizeitaktivitäten der gleichaltrigen Schülercliquen.
- Diese drei Kriterien erfüllten 35, also ca. ein Viertel aller Schüler.

Als Familienzentrierte wurden entsprechend alle Schüler definiert, die in der Zustimmung zu den Items einer Familienzentrismus-Skala zu den oberen 50 % gehörten. Die Einstellungssätze der Familienzentrismus-Skala drücken eine weitreichende Identifikation mit den Eltern als Personen und - darüber hinaus - mit der Institution Familie überhaupt aus und lassen sich in folgenden Dimensionen zusammenfassen:

- Identifikation mit den Eltern-Berufen
- Identifikation mit den Eltern als „Meinungsführer"
- Identifikation mit den Eltern als Bezugsgruppe für die Freizeit
- Identifikation mit dem Familienleben als künftigem Lebensinhalt

Das Kriterium „Familienzentrismus“ erfüllten 71, also ca. die Hälfte aller Schüler.“

Aus heutiger Perspektive (2014) erscheint uns der Anteil derjenigen Hauptschüler und -schülerinnen, die das Kriterium „Familienzentriert“ erfüllen, sehr hoch. Wir müssen uns jedoch die bildungspolitischen Entwicklungen in der Bundesrepublik vor Augen führen: 1950 besuchten 87,3 % der Schüler eine Hauptschule; 1969 waren es 78,5 % und 1971 sind es noch 71,2 %.[22] Anfang der 1970er Jahre galt vielen Eltern und Kindern die Hauptschule und der Hauptschulabschluss noch als angemessener Schulabschluss, der ihren Kindern einen erfolgreichen Start in den angestrebten Ausbildungsberuf ermöglichen würde.

---

22 Quelle: chroniknet. Newsletter FAQ. Bildungsexpansion und Schulreform in der Bundesrepublik 1970 bis 1979.

III.4 Faktoren, die unsere Arbeit geprägt haben

Ich (Peter Held) denke, wir alle und auch unsere „reformerische" Arbeit an der Käthe-Kollwitz-Schule, sowie unsere gesamte Projektarbeit zur Lebenswelt und sogar unsere Arbeit als Lehrergruppe waren stark durch die politische und gesellschaftspolitische Situation und ihre Strömungen von etwa 1968/1970 bis etwa 1980 geprägt.

III.4.1 Zum politischen und gesellschaftspolitischen Kontext

Ohne diesen gesellschaftspolitischen Kontext ist weder unsere Arbeit, noch die Handlungsforschung und ebenso wenig die Situation der damaligen Hauptschule zu verstehen.
Natürlich war diese Zeit zwischen 1868 und 1980 durch aufregende politische Ereignisse und Bewegungen gekennzeichnet, die nachfolgend stichwortartig – ohne Anspruch auf Vollständigkeit – aufgeführt werden, um den Kontext zu verdeutlichen:
Der Wechsel von der großen Koalition zur sozialliberalen Regierung in Bonn 1969 wird zwar einerseits von vielen als großer Bruch empfunden, andererseits fordert die Regierung Brandt aber Reformen zur weiteren Demokratisierung der Gesellschaft. Die innenpolitischen Auseinandersetzungen werden von der "Neuen Ostpolitik" überlagert, die die Öffnung gegenüber ehemaligen Feindstaaten bringt. In den nächsten Jahren entstehen viele neue soziale Bewegungen: Hippies, Friedensbewegung, Anti-Atomkraft-Bewegung, Demonstrationen z. B. beim Kernkraftwerk Brokdorf.
Herausragende Ereignisse waren:

- Willy Brand bittet mit dem Kniefall von Warschau 1970 Polen um Vergebung für deutsche Verbrechen
- 1971: Moskauer und Warschauer Verträge – Anerkennung der Oder-Neiße-Grenze durch die Bundesrepublik Deutschland
- 1973: Grundlagenvertrag mit der DDR
- 1974: Helmut Schmidt wird Kanzler - Volljährigkeit wird auf 18 Jahre gesenkt
- 1975: Prozess gegen Baader und Meinhof
- Ende des Vietnamkriegs 1975
- Rote Armee Fraktion: Deutscher Herbst (1977)
- NATO-Doppelbeschluss (1979)

- Ende der 1970er: Entstehung der Partei Die Grünen, der Umweltschutzbewegungen und verschiedener Atomausstiegsgruppen.

III.4.2 Pädagogische Strömungen der 1970er Jahre

Insbesondere die ersten Jahre waren von Aufbruchstimmung erfüllt, nicht nur im politischen, sondern auch im gesellschaftspolitischen und pädagogischen Bereich. Nachfolgend möchte ich einige der wichtigsten Faktoren benennen, die unser Denken und Handeln geprägt haben.

- Der "Strukturplan des Bildungswesens" des Deutschen Bildungsrates
- Demokratisierung der Schulen, Aktualisierung von Lerninhalten
- Frankfurter Schule – kritische Erziehungswissenschaft
- Emanzipation - der zentrale Begriff der bildungspolitischen Diskussion Ende der sechziger Jahre
- Antiautoritäre Erziehung (Neill - Summerhill)
- Die Forderung nach einer humanen Schule mit Betonung auf pädagogische Atmosphäre, positive soziale Beziehungsgeflechte, Wertschätzung, Solidarität und Rücksichtnahme
- Die Rahmenbedingungen waren Anfang der 70iger Jahre sogar dazu geeignet, Schulversuche (Gesamtschulen) und pädagogische Experimente zu starten.
- Carl Rogers: Schülerzentrierter Unterricht
- Ruth Cohn: Themenzentrierte Interaktion. Der Lehrer zeichnet sich durch lernfördernde Verhaltensmerkmale aus: Wertschätzung für die Schüler, Anerkennung der Schüler, Vertrauen und einfühlendes Verständnis
- Tausch/Tausch
- Die Pädagogik der Neuen Linken: die "Emanzipatorische Pädagogik" (linksliberal, gesellschaftsutopisch: Adorno, von Hentig, Klafki, Mollenhauer u. a.)
- Die "Sozialistische Pädagogik" (linksradikal, klassenkämpferisch: Preuss-Lausitz, Rolff u. a.)
- Die Antipädagogik: Die Erziehungsbedürftigkeit von Kindern wurde verneint.

III.4.3 Basisliteratur

Während unserer Projektarbeit mit den Wissenschaftlern und bei den eigenen Unterrichtsversuchen spielten folgende Autoren eine große Rolle. Im Team wurde auf der Grundlage ihrer Gedanken und Thesen diskutiert.

- Freinet: Reformpädagogik, selbst bestimmter Schülerunterricht, freie Entfaltung der Persönlichkeit, Selbstverantwortung des Kindes
- Freire: Pädagogik der Unterdrückten, Alphabetisierung, Bewusstseinsbildung durch generative Themen
- Makarenko Kollektiverziehung, verinnerlichte Disziplin, Resozialisierung, Disziplin durch hierarchisches System
- Oevermann und
- Bernstein: Spracherwerb – Sprachbarrieren – Sprache und soziale Herkunft – elaborierter und restringierter Sprachcode
- Schäffer/Lambrou: Selbstorganisation von Lernprozessen
- Galperin: Phasenmodell einer Lerntheorie
- Wellendorf: Schulische Sozialisation und Identität

Gerade die Thesen von Oevermann und Bernstein bezüglich der verschiedenen Sprachcodes haben mir bei meiner Arbeit einige neue Erkenntnisse gebracht. Nun konnte ich die auffallend restringierte Sprache meiner Schüler ein wenig einordnen. Außerdem ergaben sich so auch verschiedene neue Ansatzpunkte für den Deutschunterricht (siehe unten).

Weiterhin spielten die damals vielfach von den verschiedensten Lehrern herausgegebenen Lehrertagebücher eine große Rolle in unseren Diskussionen und Überlegungen, wie z.B.:

- Wünsche, Konrad: Die Wirklichkeit des Hauptschülers
- Kuhlmann, Henning: Klassengemeinschaft
- Klink, Job-Günter: Klasse H7E
- Ermer, Rudolf Georg: Hauptschultagebuch
- Menze, Frohmut: Schule in der Provinz.

Besonders Konrad Wünsche haben wir heftig diskutiert, besonders unter dem Gesichtspunkt seiner Ausführungen zur Sprache. Wünsche wendet sich stark gegen einen Deutschunterricht, der die Rechtschreibung immer wieder in den Mittelpunkt stellt und ist der Meinung, dass diese Didaktik direkt in die Sprachlosigkeit führt (vgl.

Wünsche 1974). Hier gab es im Lehrerteam immer wieder konträre Meinungen. Im Zusammenhang mit den Thesen von Oevermann und Bernstein versuchten wir die Schüler „dort abzuholen", wo sie sich sprachlich befinden und wo möglicherweise ihre Interessen liegen. Hierzu ein paar Beispiele aus unserem Lehrertagebuch:

„Obwohl ich von vornherein davon überzeugt war, dass mein Versuch fehlschlagen wird, gab ich im
letzten Teil der Stunde einen Impuls ein.
Wie wollen wir den Deutschunterricht machen?
Ich bot für einige Stunden folgende Lösungen an:

- Jeder bringt ein Buch, Heft mit zum Lesen, das ihm Spaß macht.
- Wir lesen zusammen ein Buch, das von Hauptschulkindern handelt.
- Die Schüler schlagen ein Buch vor, das wir lesen wollen.

Ich war erstaunt, dass zunächst diese Vorschläge aufgegriffen wurden und darüber auch gesprochen wurde. Es schälte sich folgende Lösung heraus:
Acht Schüler wollen sich selbst Lektüre mitbringen (ich vermute, wahrscheinlich auch Pornos), acht Schüler wollen mit mir zusammen das Buch über Hauptschüler lesen (Klink Klasse H7E). Drei Schüler wussten nicht, was sie machen wollen."[23]

Auch die von Konrad Wünsche als „Unterwerfungsrituale" bezeichneten Tätigkeiten, wie z.B. blank geputzte Tafel, Papier aufheben, keine Sachen unter dem Tisch legen u. a. wurden unter dem Aspekt der „Dressur zur Reinlichkeit" ebenso diskutiert wie die Themen Textmanipulationen, Sprache als Herrschaftswissen und das Lehrer-Schüler-Verhältnis. Ich bin davon überzeugt, dass gerade die Einlassungen zum Lehrer-Schüler-Verhältnis auch in unserer Gruppe weitere Lernprozesse ausgelöst haben. Unsere Versuche, allmählich auch Szenarien für selbst organisierte Lernprozesse herzustellen, basieren letztlich auf unserer behutsam neu entwickelten Lehrerolle.

Zwei Bücher spielten zumindest bei Fritz Gürge und mir eine herausragende Rolle:

- Rainer Kirsten – „Lehrerverhalten"
- Klaus Antons - „Praxis der Gruppendynamik".

Insbesondere im Deutsch- und im Sozialkundeunterricht wollten wir Lernprozesse über interaktionspädagogische Übungen initiieren.

---

23 Gürge, Held, Wollny (1978). S. 30.

„Interaktionsübungen sind Interventionen des Lehrers in die derzeitige Gruppensituation, welche die Aktivität aller Gruppenmitglieder durch spezifische Spielregeln für eine begrenzte Zeit strukturiert, damit ein bestimmtes Lernziel erreicht wird. Häufig reproduzieren Interaktionsübungen auf vereinfachende Weise die Struktur wirklicher Lebens-, Lern- und Gruppensituationen. Die vereinfachte Welt der Interaktionsübungen ermöglicht den Teilnehmern, Strukturen und strukturelle Zusammenhänge besser zu erfahren und zu verstehen. Die Jugendlichen können auf diese Weise wirksam und relativ risikofrei neue Verhaltensweisen lernen und mitgebrachte Einstellungen und Haltungen überprüfen."[24] Die Spiele in unseren Klassen sollten in erster Linie das soziale Verhalten und die Selbst- und Fremdeinschätzung thematisieren.
Diese Übungen hatten auch in meinem späteren Berufsleben eine zentrale Bedeutung (vgl. Schulprofil der IGS Kastellstraße, Wiesbaden: Psychosoziales Lernen als Unterrichtsfach „Wir über uns").

---

[24] Vopel (1976). S. 2.

IV Unterrichtsprojekte unter veränderten Organisationsstrukturen, Inhalten und Methoden (Peter Held)

Die folgenden Beispiele aus der unterrichtspraktischen Arbeit sollen zeigen, wie wir versucht haben, Ansatzpunkte für andere Lernprozesse zu finden. Wir wollten methodische Wege gehen, die motivierend sind und uns zugleich Aufschlüsse geben bzw. Erkenntnisse vermitteln, wie die Lehrer-Schüler-Beziehung z. T. neu oder anders definiert werden kann. Immer wieder haben wir versucht, die Ergebnisse zu reflektieren und Konsequenzen zu ziehen. Dabei wurden Organisationsstrukturen verändert und der herkömmliche Ablauf von Unterricht wurde problematisiert. Chancen für Selbstorganisation von Arbeit und Lernprozessen haben wir – wo es möglich war – genutzt.

IV.1 Arbeit mit generativen Themen: „Schlüsselszenen"

Besonders beschäftigte sich unsere Gruppe mit der Theorie von Paolo Freire und seinen generativen Themen. In Anlehnung an diese generativen Themen wurde der Versuch gemacht, Schlüsselszenen zu entwickeln, bei deren Besprechung die Schüler ihre eigenen Sprachsymbole einbringen können. In einem zweiten Schritt wurde die Verbindung zwischen den Symbolen und den ihnen zugrunde liegenden situativen Zusammenhängen hergestellt. Dies führt nach Freire zu einer Bewusstseinserweiterung. Daraus folgt eine Erweiterung des Repertoires und des Verwendungszusammenhanges von relevanten Begriffen. Der dritte Schritt ist eine wechselseitige Erweiterung von Bewusstsein und Sprache bzw. Sprache und Bewusstsein anhand neuer Themenbereiche.

Die Schlüsselszenen wurden durch Gruppenbefragungen (Interviews), Fragebögen und teilnehmende Beobachtung erarbeitet. Die Befragung erfolgte unter den Aspekten: In welchem Zusammenhang und von wem wird dieses Thema angesprochen? Welche und wie viele Schüler beteiligen sich? Wie lange verweilt die Gruppe bei dem Thema?

Die folgenden drei Schlüsselszenen wurden didaktisch-methodisch in unsere Arbeit einbezogen:

1. Freundschaften und Sexualität
2. Schlägereien und Gewalt
3. Konflikte mit Erwachsenen.

Aufgrund des enorm hohen Arbeitsaufwandes bei der Herstellung von Schlüsselszenen (Schlüsselszenenbank) wurde dieser Versuch nach einigen Wochen abgebrochen.
Ein Beispiel der Arbeit mit Schlüsselszenen zum Bereich Konflikte mit Erwachsenen (hier: „Im Schwimmbad") möchte ich kurz näher beschreiben:
„Im GL-Unterricht wurde von mir das Thema „Im Schwimmbad" eingegeben. Nachdem jeder sein Arbeitsblatt mit einer alltäglichen Szene aus dem Schwimmbad vor sich hatte, wurde spontan von einigen Schülern das Bild näher beschrieben. Die Schüler stellten zunächst Vergleiche zwischen verschiedenen Bademeistern des Kleinfeldchens[25] an und ermittelten verschiedene „Schlüsselwörter" für den Bademeister. Dazu gehörten: Arsch, Idiot, Latte, dufter Typ. Anschließend thematisierten sie ihre Konflikte mit den Bademeistern. Sie erzählten, dass sie schon mehrmals aus dem Schwimmbad geflogen seien, wenn sie z.B. jemanden nass gespritzt, eine alte Frau mit Cola beschüttet, vor dem Bademeister gespuckt, eine Frau mit Lockenwicklern erschreckt, keine Badekappe aufgesetzt hatten usw. Dann wurde der Vergleich der Bademeister der verschiedenen Wiesbadener Schwimmbäder diskutiert. Es war allgemeiner Konsens, dass die „liberalsten" Bademeister im Kleinfeldchen sind (Anmerkung von mir: Vermutlich war das Bad deshalb auch so beliebt bei den Jugendlichen).
Nachfolgend wurde die Problematik des verschmutzten Wassers thematisiert. Das Wasser im Kleinfeldchen sei nicht sonderlich sauber. Das liege aber auch daran, dass man Typen wie die Schwertfegers[26] gar nicht ins Schwimmbad lassen darf. Die machen alles dreckig.
Ich regte an, Konfliktszenen mit Bademeistern im Rollenspiel zu spielen und festzustellen, welche Lösungsmöglichkeiten es dabei gebe. Sofort meldeten sich verschiedene Schüler. Nach Festlegung der Rollen und Beobachtungsaufgaben ging es los.
Erstes Rollenspiel: Die beiden Schüler griffen sich gegenseitig in die Geschlechtsteile. Daraufhin griff der Bademeister ein. Er herrschte sie recht autoritär an, das sein zu lassen. Die beiden Schüler wehrten

---

[25] Beliebtes Freibad in Wiesbaden, von unseren Schülern im Sommer gerne besucht.

[26] Name wurde aus Datenschutzgründen geändert.

sich und legten sich mit dem Badmeister an. Es entstand eine Prügelei. Das Spiel wurde abgebrochen.
Nachdem in einem zweiten Spiel ebenfalls eine Prügelei stattfand, stellte die Klasse fest, dass die Situation unrealistisch sei. Prügeln mit dem Bademeister sei nicht möglich. Ein drittes Rollenspiel wurde so vorstrukturiert, dass eine Schlägerei ausgeschlossen wurde. In der Ausgangssituation hatten die Schüler einen Konflikt mit einer älteren Dame. Der Bademeister sah das und wollte sie zur Rechenschaft ziehen. Zwar wurde jetzt nur noch verbal argumentiert, aber das Ganze wurde mit groben Schimpfwörtern „garniert". Der Schwimmmeister holte einen Kollegen und gemeinsam warfen sie die Schüler aus dem Bad. Ich griff die Behauptung, dass alle Bademeister zusammenhalten, auf und fragte nach Lösungen. Es fiel das Stichwort „Solidarisierung". Nach der inhaltlichen Klärung kamen die Schüler überein, dass Bademeister immer solidarisch handeln müssen, weil sie gleiche Interessen vertreten und weil sie für einen Arbeitgeber arbeiten und Geld verdienen.
Können sich denn nicht auch Badegäste solidarisch verhalten? Nach diesem Impuls wurde ein weiteres Rollenspiel vorbereitet. Viele Schüler sitzen auf dem Rasen und geraten beim Kartenspielen in Streit. Einer fällt dem Bademeister besonders auf und er versucht, ihn aus der Gruppe zu isolieren.
Arbeitsfrage: Wie reagiert die übrige Gruppe?
Die anschließenden Spiele entsprachen wieder nicht der Realität, weil versucht wurde, den Schüler mit Gewalt aus der Gruppe zu zerren. Im letzten Spiel wurde erstmals nur auf der verbalen Ebene argumentiert. Die Schüler forderten eine stichhaltige Begründung für den Rauswurf und wollten ihre Eltern einschalten. Nachdem es dem Bademeister nicht gelungen war, den Schüler zu isolieren, brach ich an dieser Stelle ab"[27]
Die Arbeit mit generativen Themen führte – wie man sieht - zumindest zum Aufbrechen der Sprachlosigkeit bei den Jugendlichen.

---

27 Gürge, Held, Wollny (1978). S. 17f.

IV.2 Lernziel Solidarität: „Rosa“[28]

Solidarität ist ein Grundprinzip des menschlichen Zusammenlebens. Dieses Grundprinzip basiert auf dem individuellen und/oder gemeinsamen Gefühl, zusammen zu gehören. Man hilft sich gegenseitig und tritt für andere Menschen ein. Dieses Eintreten füreinander wird auch als Solidarität des Handelns bezeichnet.
Bei diesem Beispiel geht es zunächst einmal um Konflikte von Jugendlichen mit Erwachsenen. Insbesondere die Jugendlichen der Subkultur geraten immer wieder mit Erwachsenen aneinander. Sie haben sich weitgehend den Normen und Wertvorstellungen ihrer Eltern entzogen und identifizieren sich mit den Gleichaltrigen, mit ihren Normen und Verhaltensweisen. Sie lehnen Erwachsene generell und als Träger von Funktionsrollen ab. Deren Normen werden als illegitime Übergriffe gegenüber Jugendlichen aufgefasst.
„Erwachsene werden ausschließlich als Personen geschildert, mit denen die Schüler konkrete Konflikte hatten oder Konflikte antizipieren. Ausgangspunkt der Konflikte ist stets der Versuch der Erwachsenen, Kontrolle über die Schüler auszuüben, zum Teil als Privatpersonen und Passanten, zum Teil aus ihrer Berufsrolle.“[29]
Wenn wir genau hinschauen, handelt es sich hier um zwei fast existenzielle generative Themen der Jugendlichen (vgl. Freire), nämlich „Konflikte mit Erwachsenen“ und „Solidarität“.
In der Untersuchung werden sie auch als Schlüsselbereiche der Lebenswelt bezeichnet.
Wir haben immer wieder versucht, solche generativen Themen zu erspüren und für den Unterricht nutzbar zu machen.
Generative Themen beinhalten – weil sie eben häufig „existenziell“ sind – kognitive Dissonanzen, d.h. als unangenehm empfundene Gefühle. So „Fühlende“ versuchen, eine Vereinbarkeit der Gefühlszustände zu erreichen durch unterschiedliche Strategien. Das kann – so die Hoffnung der Pädagogen - zu nachhaltigen Lernprozessen führen.

---

[28] Der Name wurde aus Datenschutzgründen geändert.

[29] Projektgruppe Jugendbüro und Hauptschülerarbeit (1975). S.194.

Zunächst versuche ich, die Lebensweltsituation der Schüler zu beschreiben, damit der Kontext der pädagogischen Arbeit und die damit verbundenen Arbeitsschwierigkeiten in der Schule klarer werden. „Die Schule, an der ich unterrichte, liegt in einem Sanierungsgebiet der Wiesbadener Altstadt. Die Schüler stammen im Wesentlichen aus dem Bergkirchen- und dem Westendgebiet. Beide Einzugsgebiete sind Bereiche mit unterdurchschnittlichen Wohn- und Lebensbedingungen. Die Fluktuation der Bevölkerung ist hier sehr hoch. Familien mit mittleren Einkommen siedeln in die Satellitenstadtviertel Wiesbadens um. Bereits 1/5 der Schüler dieser Schule wohnt nicht mehr im Einzugsbereich. Die frei werdenden Wohnungen werden von Ausländern und Familien mit niedrigem Einkommen bezogen. Hieraus ergeben sich Veränderungen der Wohn- und Lebensbedingungen des Altstadtgebietes. Daraus wiederum resultieren laufend Populationsveränderungen in der Schule. Der Anteil ausländischer Schüler liegt heute bei etwa 50%.
Die Lebensbedingungen der Familien in diesem Gebiet sind durch folgende Faktoren gekennzeichnet: beengte und qualitativ unzureichende Wohnverhältnisse, niedriges und häufig unsicheres Einkommen, Familien mit überdurchschnittlicher Kinderzahl, Erwerbstätigkeit beider Elternteile oder Arbeitslosigkeit, unbefriedigende Arbeitsplatzsituation, unvollständige Familien und gestörte Beziehungen innerhalb der noch vollständigen Familien.
Das eben beschriebene Milieu begünstigt Delinquenz und Jugendkriminalität. Eine schulinterne Untersuchung hat ergeben, dass fast 2/3 der Schüler nach ihren eigenen Aussagen Eigentumsdelikte begangen und bereits 1/3 Konflikte mit der Polizei gehabt haben.“[30]
Bei den Teilnehmern am Lernzielprojekt „Solidarität“ handelt es sich um eine 8. Klasse, bestehend aus 14 Jungen und 13 Mädchen. Die Situation in der Klasse ist durch folgende Faktoren gekennzeichnet: wachsender Anteil von Schülern, die dem Unterricht fernbleiben, massive Störungen des Unterrichtes, steigende Aggressivität, Prügeleien, Zerstörungen, nicht aufgearbeitete, existenzielle Probleme der Schüler, offene Verweigerung im Unterricht, Scheitern des traditionellen Unterrichtes und verschiedene Lernstörungen. Die außerschulische Situation lässt sich wie folgt beschreiben: Misshandlungen durch Erziehungsberechtigte, Eigentumsdelikte, Konsum leichter

[30] Peter Held (1978). S. 4f.

Rauschgifte, Kontakte zu kriminellen Gruppen, Waffengebrauch, beginnende Jugendkriminalität.

Bei dem Beispiel Lernziel Solidarität „Rosa " handelt es sich um einen Konflikt von Rosa mit ihren Eltern (hier insbesondere der Vater), bei dem die Klasse versucht, Rosa vermittelnd zu helfen.
„Schülerinnen erzählten mir eines Tages aufgeregt und empört, dass Rosa von ihrem Vater schwer misshandelt werde.
Man muss dazu wissen, dass Rosa seit 3 ½ Jahren in Deutschland lebt. Zuhause herrscht eine stark ausgebildete spanische Tradition mit eindeutig patriarchalischen Strukturen. Der Vater ist sehr dominant und gesteht seiner Tochter keine eigenen Entscheidungen zu. Rosa ist stark isoliert und hat keine deutschen Freunde. Zudem ist sie sehr repressiv und sexualfeindlich erzogen.
Nun war folgendes geschehen. Rosa hat sich bei ihrem heimlichen Freund aufgehalten, der – auch Schüler dieser Klasse – es seit Tagen vorzieht, dem Unterricht fernzubleiben und im Wald zu zelten. Der Vater stellte Rosa vor dem Zelt, erniedrigte sie in Anwesenheit anderer Klassenkameradinnen und zwang sie, den Oberkörper zu entblößen. Dann wurde sie von ihm furchtbar geschlagen und getreten. Rosa schrie laut. Immer wieder rief sie ihrem Vater zu: "Wenn du mich umbringen willst, brauchst du das nicht erst zu Hause zu tun. Das kannst du ja gleich hier erledigen."
Endlich ließ er von ihr ab und einigen Mädchen gelang es, den Vater zu dem Versprechen zu drängen, seine Tochter nicht mehr zu schlagen. Sie drohten ihm: "Wenn Rosa morgen bis 9.00 Uhr nicht in der Schule ist, rufen wir die Polizei an." Widerwillig gab er dieses Versprechen und nahm Rosa dann mit.
Die Schülerinnen hatten das große Bedürfnis, diesen Vorfall zu besprechen. Ich fragte sie, ob wir das jetzt gleich – statt Mathematik – im Unterricht tun sollten. Allgemeines spontanes Interesse! Herkömmlicher Unterricht wäre an dieser Stelle gescheitert, da ein solcher Fall emotional hoch besetzt ist und andere Lernprozesse blockieren würde. Wir waren uns einig, dass wir zuerst Informationen über den jetzigen Gesundheitszustand von Rosa bekommen müssten. Aus diesem Grunde fuhren drei Schülerinnen mit einer Praktikantin zu dem Mädchen. (Hier wurde Unterricht zur Einholung von Informationen aus der Schule getragen, lebensnah und nicht mit hoch ritualisierten Unterrichtssequenzen zu vergleichen.) Nach ihrer

Rückkehr wurde in der Klasse mit Spannung ihre Schilderung erwartet. Rosa war zu Hause offensichtlich wieder geschlagen worden, was an ihrem Körper sichtbare Spuren hinterlassen hatte. Empörung!!!!

An dieser Stelle äußerten die Schüler starkes Interesse, etwas zu unternehmen. Sie hatten jetzt ein konkretes, praktisch umzusetzendes Handlungsziel vor Augen. Unter der Zielperspektive: „Rosa wird geholfen“ begannen sie, sich zu solidarisieren. Kurze, aber inhaltlich sehr differenzierte Gespräche folgten. Die Schüler wollten die Eltern von Rosa zu einem Gespräch in die Klasse einladen. Sollte das nicht klappen, wollte man einen Brief schreiben. Das erwartete Gespräch wurde in Rollenspielen vorbereitet. Die Schüler erarbeiteten die Argumente im Sinne eines Probehandelns. Eine Gruppe besorgte sich in der Bibliothek entsprechende Bücher und setzte sich sogar mit den spanischen Traditionen und Werten auseinander, um die Eltern besser verstehen und um angemessener reagieren zu können. (Hier findet kognitives Lernen unter einem gemeinsamen, einsichtsvollen Handlungsziel statt; ein Lernen, das emotionalisiert, motiviert und dessen Ergebnisse sicher nicht vergessen werden.)
Wenige Tage später kamen die Eltern – nicht in die Klasse, sondern zum Schulleiter. Enttäuschung!!! Nach dem Gespräch berichtete ich der Klasse, dass Rosa von der Schule genommen werden sollte. Die Empörung war groß!! Der frühere Impuls, einen Brief zu schreiben, wurde spontan erneut eingebracht. Die Klasse begab sich in selbst organisierte Gruppen, besorgte sich Schreibmaschinen aus den Dachbodenräumen und begann mit den Formulierungen. Einige brauchten erst `mal eine gewisse Zeit, um die Funktionen der einzelnen Tasten zu erproben. In dieser Phase war eine inhaltliche Arbeit am Text noch nicht möglich. Ich ließ sie gewähren. Obwohl einige Legastheniker dabei waren und manche Schüler noch nie an einer Schreibmaschine gesessen hatten, war ein stark motivierender Schreibanlass vorhanden, der viele Schüler trotz großer Mühen lange Zeit bei der Arbeit hielt. Das von allen Schülern getragene Arbeiten und Handeln half, Schreib- und Formulierungsschwierigkeiten zu überwinden.
Nach etwa 2 1/2 Stunden hatten sie vier Briefe fertig. Es wurde sofort eine Entscheidung darüber verlangt, welcher Brief an die Eltern von Rosa geschickt werden soll. Selten haben diese Schüler so spontan, emotional und inhaltlich diskutiert. Man erwog verschiedene

Formulierungen, die nie den Bezug zum Adressaten verloren und sich inhaltlich von scharfen Angriffen hin zu einem ausgleichenden, auf Verständnis beruhenden Text veränderten.
Dabei lernten die Schüler das Äußere eines Briefes und den Briefkopf zu gestalten.....und das im 8. Schuljahr! Die Klasse einigte sich auf die folgende Formulierung:

„Sehr geehrter Herr und Frau R.
Die Vorfälle, die sich in den letzten Tagen ereignet haben, haben uns völlig aus der Fassung gebracht. Sicher sieht die Sache von Ihrer Seite schlimmer aus, als sie wirklich ist. Der Vorfall im Zelt hat Sie sicher am meisten beunruhigt. Vielleicht hätten Sie nicht so reagiert, wenn es Ihre Landsleute gewesen wären, die mit Rosa im Zelt anwesend waren. Da dieser Vorfall nicht mehr rückgängig zu machen ist, bitten wir Sie eindringlich, über diese Sache hinwegzusehen. Aber einen Punkt möchten wir noch ansprechen. Rosa sollte von zu Hause aus mehr Freizeit bekommen. Wir alle hoffen, dass Rosa bei uns an der Schule bleiben darf.
Mit freundlichen Grüßen
Klasse 8d"

Welch eine Leistung war dieser Brief für die Schüler, wie viel Mühe hat es gekostet, sich einmal zu artikulieren!
Von meiner Schilderung des Gespräches mit den Eltern bis zur endgültigen Formulierung des Briefes verging ein Schultag, ein Schultag ohne Disziplinprobleme, an dem die Schüler keine Pause wollten, an dem die 45-Minuten-Stunden aufgehoben waren, an dem sie hoch motiviert waren – ohne trickreiche Unterrichtstechnologie, ohne wechselnde Unterrichtsphasen und ohne pädagogische Zutaten.
Drei Tage später kam Rosa wieder in die Schule. Der Erfolg wurde gefeiert. Es ist unmöglich, den Stolz, das Glück, das Selbstbewusstsein, die Stärke dieser Schüler und Schülerinnen zu beschreiben."[31]

[31] Vgl. Hessischer Rundfunk (1976).

IV.3 Planspiel Dörnberg: „Firma Schillecker“

In diesem Planspiel sollten die Jugendlichen durch Simulation einer Praxissituation („Firma Schillecker - Wirtschaftsspiel“) einen möglichst realistischen und praxisbezogenen Einblick in Probleme und Zusammenhänge der Berufswelt gewinnen, eigene Entscheidungen treffen und Konsequenzen ihres Handelns erfahren. Die Zusammenhänge der Berufswelt beschränkten sich hier auf die abhängige Lohnarbeit. Die Komplexität der Lohnarbeit wurde reduziert auf wenige Berufe, in die sich die Jugendlichen zu Beginn des Spiels einwählen mussten.

Das Planspiel sollte möglichst realistisch mit Arbeitsleben konfrontieren. Dabei sollten auch Möglichkeiten zum selbst organisierten Handeln in Bezug auf konkrete Probleme und deren Lösung gegeben sein.

Die Teilnehmer sollten lernen, Verantwortung für das eigene Handeln zu übernehmen und Mitverantwortung für die Gruppe. Schließlich sollte auch die Kommunikationsfähigkeit verbessert werden.

Dieses Planspiel war ein Rollenspiel mit klaren Interessengegensätzen und relativ hohem Entscheidungsdruck. Wenn man selbst etwas tut, ist der Lernerfolg besonders nachhaltig. Diese Erkenntnis spricht für das Planspiel. Außerdem lässt sich häufig eine höhere Lernmotivation beobachten. Schüler machen im Planspiel Erfahrungen, die sonst nicht so intensiv gemacht werden könnten. Sie können im Verlauf des Planspiels Qualifikationen einüben, die ihre Kompetenz deutlich erweitern können (Konflikte austragen, Interessen erkennen, Probleme definieren, Ziele formulieren, Entscheidungen treffen, Verhandeln, Diskutieren, Analysieren, Recherchieren etc.).

Das Projekt „Arbeitswelt“ wurde für ein halbes Jahr geplant. Am Ende stand ein dreiwöchiges Betriebspraktikum aller Schüler. Das Freizeitseminar im Jugendhof Dörnberg war als Beginn des Projektes gedacht. Zentrales Ziel war es, das Interesse der Schüler für die im Verlauf des 9. Schuljahres anstehende Ausbildungs- und Berufswahl zu wecken. Im Rahmen des Projektes war das Freizeitseminar die Phase der Motivation.[32] Das Planspiel hatte zum Ziel, dass die Jugendlichen in selbst gewählten Berufen arbeiten, Arbeitsabläufe

---

[32] Vgl. Projektgruppe Hauptschule (1973).

kennen lernen, Geld verdienen, Konflikte mit Arbeitskollegen und Vorgesetzten aushalten und konstruktiv lösen, usw.

Die Vorbereitungsphase war gefüllt mit Materialien zum Wirtschaftsraum und Arbeitsmarkt Wiesbaden, Materialien zum Berufsprofil vom Arbeitsamt, Berufsinterviews der Eltern, Fragebögen und Tests zur Berufswahl, Kontakten zum Arbeitsamt und zum Schulamt und Dokumentationsmaterial.

Vorbereitungsgruppen hatten den Auftrag, sich um die Zimmerverteilung, Freizeitaktivitäten und Materialzusammenstellung zu kümmern.[33]

Das Seminar wurde auf der Basis von ständigen, die Woche überdauernden Kleingruppen organisiert. Die sächliche Ausstattung vor Ort war gut: Schreibmaschinen, Umdrucker, Matrizen, Fotoapparate, Dekorationsmaterial, viele Gruppenräume für die verschiedenen Berufe innerhalb der Firma, Video-Recorder sowie Tonbandgeräte waren vorhanden, so dass die Gruppen die eingehenden Aufträge auch realistisch und ernsthaft ausführen konnten. In der Vorbereitung wurde die Struktur und Produktionsaufgabe des Betriebes festgelegt. Sein Name war „Schillecker". Auf dem folgenden Schaubild ist diese Betriebsstruktur abgebildet:

[33] Ebd.

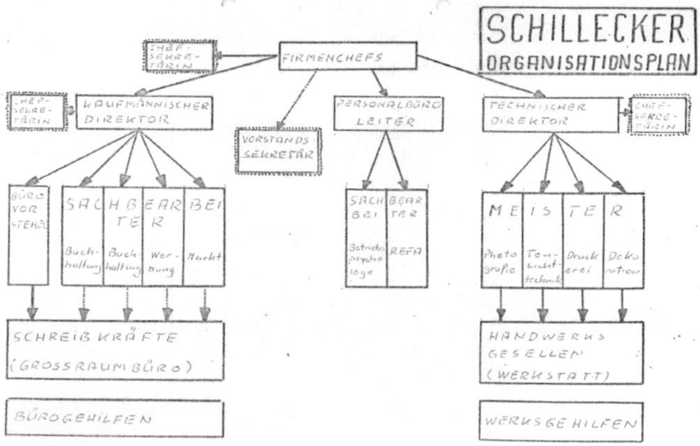

34

In der Vorbereitung und den vielen Teamsitzungen wurde geklärt, dass die Berufe, Arbeiten oder Arbeitsprodukte so auszuwählen sind, dass dafür auch innerhalb der Freizeit Bedarf bestand. Alles wurde letztlich dem Abschlussfest des Freizeitseminars untergeordnet, d.h. in den Abteilungen wurden in der Regel Produkte für das Abschlussfest hergestellt. Natürlich war eine Währung wichtig (DöM = Dörnberg-Mark) und es wurde ein entsprechendes Gehalt ausgezahlt, das am Abschlusstag in Getränke, Essen und Süßwaren umgetauscht werden konnte. Der reale Umrechnungskurs in DM sollte 1:1000 betragen. Als Spieleinlage legten die Teamer 190,00 DM, also 190.000,00 DöM fest. Ein Verteilungsschlüssel für die verschiedenen Abteilungen und die evtl. neu zu gründenden Betriebe wurde festgelegt.

[34] Vgl. Projektgruppe Jugendbüro und Hauptschülerarbeit (1973). S. 15.

Teamsitzung zur Vorbereitung des Freizeitseminars

Zu Beginn des ersten Tages mussten sich alle Schüler diverse Stellenangebote (Pin-Wände im Speisesaal: Das Personalbüro stellt ein) anschauen und sich entscheiden, auf welche der angebotenen Stellen sie sich bewerben wollen (Beispiel: Gesucht werden 10 Schreibkräfte – Bedingungen: saubere Handschrift und Fleiß – Gehalt: 1000 DöM oder: Gesucht wird ein Meister für Dekoration – Tätigkeit: Vorbereitung der Party – Voraussetzungen: Führungsqualität und Ideenreichtum – Gehalt: 1200 DöM).

Im Laufe des ersten Tages wurden so alle Schüler in Abteilungen untergebracht. Die Abteilungen entsprachen wichtigen Ausbildungsberufen der Schüler mit etwa gleicher Gruppenstärke: Bauhandwerk (1), Schlosser und Mechaniker (1), elektrotechnische Berufe (3), kaufmännische und Büroberufe (2), Gesundheitswesen (1), gestaltende Dienstleistungen (3).

Die Produktionsabteilungen richteten sich in den verschiedenen Häusern und Zimmern des Jugendhofes ein und begannen mit ihren Aufgaben. Die Abteilungsleiter (Teamer und Lehrer) sorgten von Beginn an für Effizienz und Druck. Zwischen den Abteilungen herrschte ein reger Akten- und Schriftverkehr. Aufgrund von Interessen und Konkurrenzsituationen wurden am zweiten Tag spontan Kleinfirmen gegründet (Firma Bongo & Co), die Dekor-Material für das Abschlussfest herstellte, sich aber nur schwer gegen den „Konzern

Schillecker" behaupten konnte (u. a. Räumungsklage der Firma Schillecker, da die Firmenmitglieder der Firma Bongo& Co Arbeitsräume des „Konzerns" belegt hatten). Im Laufe dieses Tages wurden wichtige Fragen aufgeworfen und diskutiert, wie z.B.: Überlegungen zum Warenpreis, zum Tauschwert des Geldes, zum Chefprofit oder zur Frage des gerechten Lohnes.
Gemäß der Spielidee, die Schüler hierarchische Strukturen im Betrieb und ungleiche Entlohnung erfahren zu lassen, wurden die Arbeitsverträge entsprechend „manipuliert". Daraus ergaben sich heftige Streitgespräche („Das ist ein Sauerei, so wenig Geld! - 100 DöM finde ich lächerlich!").
Mit der Firma „Telekraft" wurde am zweiten Tag eine weitere Firma gegründet, die ihre Mitarbeiter aus den Abteilungen „elektrotechnische Berufe" bzw. „Schlosser und Mechaniker" des Konzerns rekrutierte.
Um einer möglichen Arbeitsverweigerung zuvorzukommen, wurde festgelegt, nur die Schüler an dem Abschlussfest teilnehmen zu lassen, die über eine Mindestsumme des Spielgeldes verfügten.
Dieses Geld war nur über eine geregelte Arbeitstätigkeit zu bekommen. Trotzdem musste Vorsorge getroffen werden, die Arbeitslosen, Demotivierten oder Arbeitsunfähigen „aufzufangen". Für diesen Fall wurden das Gesundheitsamt und das Arbeitsamt gegründet. Das Arbeitsamt sollte anwerben, vermitteln und Arbeitslosengeld/Krankengeld auszahlen. Das Gesundheitsamt sollte die Kontrolle über den Gesundheitszustand der Kranken übernehmen und zugleich eine Beratungsstelle für „psychisch Gescheiterte" aufbauen. In den nächsten Tagen setzte ein Ansturm auf das Gesundheitsamt ein. Es handelte sich um Arbeitslose, die vom Arbeitsamt geschickt wurden. Meist waren es „Simulanten", die unerbittlich zum Arbeitsamt zurück überwiesen wurden. Vor diesem bildeten sich immer wieder Schlangen zur Arbeitsvermittlung.
Aufgrund der „manipulierten" Arbeitsverträge wurde am dritten Tag auch eine Gewerkschaft gegründet. Die Gründung ging zurück auf die Lohn- und Geschäftspolitik, die in der Firma Telekraft praktiziert wurde. Der Konzern zahlte allerdings von nun an seine Löhne pünktlich aus, um Seriosität zu signalisieren und der Gewerkschaft den Wind aus den Segeln zu nehmen. Im Laufe der Zeit wurde die Gewerkschaft und ihre Arbeit in allen Firmen und Abteilungen bekannt. Ihre gute Arbeit (Unterstützung bei Ungerechtigkeiten) fand An-

klang. Viele wollten in die Gewerkschaft eintreten. Dies geschah, ohne dass Teamer darauf aufmerksam machten. Es wurden Gewerkschaftssekretäre eingestellt, um die Arbeit zu bewältigen.
Im Laufe der Zeit entwickelten sich weitere Probleme (Da gab es Abwerbungsversuche, Regelung der zu langen Arbeitszeiten, notwendige Neueinstellungen, Konflikte um Lohnauszahlungen, Zahlungsunfähigkeit der Firma Bongo & Co, Fragen der Gesellen- und Meisterprüfungen.).
Unruhe breitete sich allmählich in allen Firmen und Abteilungen aus. Der Konzern „Schillecker" versuchte, gezielte Agitationen gegen die Gewerkschaft einzuleiten. Ungerechtigkeiten und Benachteiligungen der verschiedensten Art wurden von Angestellten der verschiedenen Firmen im Gewerkschaftsbüro zur Sprache gebracht. Das Gewerkschaftsbüro rückte nun ins Zentrum des Spielgeschehens. Es wurde eine Demonstration vorbereitet, die anschließend durch verschiedene Räume und auch durch den Speisesaal führte. Der Konzern organisierte ad hoc eine Gegenkampagne. Phasenweise drohte ein Chaos. Zweifellos steckte das Planspiel in einer Krisensituation.
Lehrer und Teamer diskutierten in der abendlichen Sitzung die Frage, ob das Spiel am nächsten Tag zu Ende gehen soll. Eine weitere Eskalation wäre nicht zu steuern. Da aber manche Firmen gut liefen, eine Firma sogar in Arbeiterselbstverwaltung, versuchte man eine De-Eskalationsstrategie. Die Gruppe einigte sich darauf, funktionierende Betriebe ihre Arbeit weiterführen zu lassen, das Festkomitee sollte mit der Vorbereitung des Festes beginnen, das Arbeitsamt war mit der Zahlung von Arbeitslosengeld für die durch Streikaktionen entlassenen Arbeiter zu beauftragen und der Konzern erhielt die Anweisung, sich durch interne Veränderungen besser zu strukturieren.
Das Problem der ungleichen Bezahlung und somit des ungleichen Geldbetrages für das Abschlussfest wurde kontrovers diskutiert.
Nachdem die Veränderungen umgesetzt worden waren, verlief die Arbeit am nächsten Tag überraschenderweise zunächst überall ohne Störungen. Gehaltserhöhungen trugen im Konzern dazu bei, dass eine ruhige Arbeitsatmosphäre herrschte.
Erstaunliches geschah in der Firma Bongo & Co, die - in Arbeiterselbstverwaltung - sich zunächst einen Betriebsrat „gab" und anschließend in erfolgreiche Auftragsverhandlungen mit anderen Firmen trat.

Das Abschlussfest stand vor der Tür – alle wollten dafür produzieren, alle wollten dafür Geld verdienen. Verschiedene arbeitslose Mädchen gründeten unter Mithilfe einer Teamerin einen Friseursalon, der – wegen des anstehenden Abschlussfestes - permanent überlaufen war. Alle wollten sich für das Fest schön machen. Das Ziel „Wir feiern ein Abschlussfest“ führte erstaunlicherweise zu einem sehr hohen Ernstcharakter in den Handlungen fast aller Beteiligten.
Die Gewerkschaft war in der Zwischenzeit allerdings nicht untätig. Sie rief zu einer Streikversammlung auf und mobilisierte die Arbeiter in den Betrieben. Schließlich wurden alle Arbeiter aufgefordert, die Arbeit niederzulegen und sich nach einem Marsch in den Konzern direkt mit der Konzernleitung auseinanderzusetzen. Der Streikzug umfasste über 30 Personen. Es wurde gegenüber den Vertretern des Konzerns vor allem die gleichmäßige Verteilung der Konzerngelder an alle Arbeiter gefordert. Während des anschließenden Stimmengewirrs und chaotischen Gedrängels wurde die Firmenkasse entdeckt, allen gezeigt und „beschlagnahmt“. Dieser gelungene Coup war das Zeichen für die Konzernchefs, das Spiel verloren zu geben. Das Gewerkschaftsbüro verteilte von sich aus den Rest des Spielgeldes gleichmäßig an die Streikenden. Der Gewerkschaftssekretär führte Buch. Die Streikenden standen diszipliniert Schlange.

Das Abschlussfest musste so organisiert werden, dass die in den Firmen angefertigten Produkte sinnvoll integriert werden konnten. Ferner musste ein angemessenes Warenäquivalent für das erworbene Spielgeld bereitgestellt werden. Einzelne Schüler aus den verschiedenen Betrieben arbeiteten außerhalb des Spielplanes am Nachmittag an der äußeren Festgestaltung. Andere Gruppen probten ihre Beteiligung an den vorgesehenen Spielen: Friseurwettbewerb, Preistanz, Schminkwettbewerb u. a. Das Fest war letztendlich ein erfolgreicher und gelungener Abschluss des Freizeitseminars.[35]
Die Aufarbeitung der Veranstaltung erfolgte in einer zweitägigen Nachbereitung in der Schule. Die Ergebnisse waren beeindruckend.
Durch das Planspiel wurde nicht nur eine Sensibilisierung für die anstehende Berufswahl und das damit verbundene Berufsleben erreicht, sondern viele Jugendliche kümmerten sich von diesem Zeitpunkt an eigenständig um Praktikumsplätze, um Informationen vom

---

[35] Vgl. Projektgruppe Jugendbüro und Hauptschülerarbeit (1973).

Arbeitsamt oder um den Erwerb von Kenntnissen zum Wirtschaftsleben. Manche machten Berufsinteressentests, die eine neue Berufsausrichtung initiieren sollten, da sich der ursprünglich gewünschte Beruf im Planspiel als nicht wünschenswert herausgestellt hatte. Der Gang zum Arbeitsamt wurde für viele ab jetzt eine regelmäßige Selbstverständlichkeit.

Vorbereitung des Abschlussfestes – Probleme mit den Medien, links: Peter Held, 2. von links: Jürgen Zinnecker

IV.4 Hauptschulspezifische Unterrichtsmethoden

An verschiedenen Stellen wurde schon aufgezeigt, mit welchen Schwierigkeiten wir konfrontiert waren und welche Probleme die Jugendlichen mit in die Schule brachten. Insbesondere im Bereich der Sprache hatten die Hauptschüler eine Reihe von „Defiziten", die es ihnen schwer machten, sich adäquat zu artikulieren und in der Schule zu bestehen.

Die gängigen Muster der vorherrschenden Sprachdidaktik, wie sie etwa in den eingesetzten Sprachbüchern angeboten wurde, konnten den Problemen von Arbeiterkindern in städtischen Hauptschulen nur ungenügend gerecht werden. Das führte in der Gruppe zu einer gemeinsamen Auseinandersetzung mit den Konzepten von Spracherwerb und Funktionen von Sprache, wie sie dem üblichen Sprachunterricht zugrunde liegen.

Die Suche nach angemessenen Alternativen führte zu folgenden Überlegungen: Die Vorherrschaft der Schul- und Normsprache im Unterricht sollte relativiert werden, d.h. wir wollten uns vorrangig an Methoden des Sprachunterrichtes orientieren, die den Schülern einen größeren Spielraum für den Gebrauch der Primärsprache gestatten. Außerdem muss sich der Sprachunterricht am inhaltlichen Erfahrungshorizont der Schüler ausrichten, wenn er schülernahe Sprechanlässe schaffen und kompetentes Sprechverhalten fördern will. Die Situation von Arbeiterkindern schlägt sich in einer spezifischen Sprachlosigkeit gegenüber Lehrern, Unterricht und gesellschaftlichen Problemen nieder.[36]

All dies veranlasste uns dazu, eine „hauptschulspezifische Methodik" zu entwickeln und einzusetzen, die noch aus der Sicht weiterer, im Folgenden beschriebenen Aspekte ihre zwingende Berechtigung hatte.

Herkömmlicher Unterricht war nur unter äußerst großen Anstrengungen und unter Überwindung von teils massiven Widerständen möglich. Immer wieder sind wir dabei an unsere Grenzen gestoßen.

Wie geht man mit Jugendlichen um, die ein großes Konfliktpotential mitbringen und die bisher fast ausschließlich Misserfolgserlebnisse hatten? Wie motiviert man Jugendliche, deren Gedanken fast aus-

---

[36] Vgl. Projektgruppe Hauptschule (1974).

schließlich bei ihren „existentiellen“ Problemen sind, wie z.B. Konflikte mit Erwachsenen, Sexualität, Schlägereien und Gewalt?
Wie wenig Schule in der Lebenswelt der meisten Jugendlichen eine Rolle spielt, wird in den Tagebuchaufzeichnungen der Karin Q[37] deutlich. Dieses Mädchen aus der Hauptschule beschreibt über einen Zeitraum von einem Jahr ihr Leben, ihre Gedanken, Gefühle, Auseinandersetzungen, Liebeleien und Träume. Dabei spielt Schule so gut wie überhaupt keine Rolle.
„Einmal habe ich mein Päckchen schon gepackt. Ich bin aber am nächsten Tag wieder heimgegangen. Nun bin ich bald wieder so weit, aber dann werde ich nicht wiederkommen. Ich will endlich leben. So leben, wie ich es will. In einer Welt nach meiner eigenen Idee. Gestern Nacht habe ich gelebt. Ich war glücklich. Bin um halb drei nach Hause gekommen. Jetzt habe ich Hausarrest, 14 Tage. Ja, es ist so einfach, Strafen zu verteilen. Ihr vernünftigen, gerechten Erwachsenen. Ihr glaubt alles zu wissen. Aber ihr wisst nichts, nichts, nein, ihr seid ja so dumm. Man möchte glauben, Ihr habt kein Herz. Ihr wollt nicht verstehen, denn ihr habt Angst vor dem Verzeihen.“[38]
Wie komme ich als Lehrer an dieses Mädchen heran? Wie kann ich es für „Bildung“ gewinnen? In zwei Schuljahren habe ich versucht, dieses Mädchen mit allen möglichen Mitteln für Schule zu interessieren. An keiner Stelle des Tagebuches geht Karin auf den Schulunterricht ein – erwähnenswert findet sie allenfalls, wenn sie an einem Tag einmal der Schule fernbleibt. Immer wieder habe ich hervorgehoben, wie wichtig es sei, dass die Mädchen beruflich und persönlich gegenüber männlichen Partnern eine gewisse Selbstständigkeit gewinnen. Das Tagebuch ist die Variation eines einzigen Themas: die Abhängigkeit des jungen Mädchens von den männlichen Freunden und dem geliebten Mann.
Im Mittelpunkt des letzten Schuljahres stand das Projekt „Lehrstellensuche“, das in enger Zusammenarbeit mit dem Arbeitsamt durchgeführt wurde und von der lokalen Presse stark beachtet wurde. Was hat Karin davon gehabt? Die einzige Stelle im Tagebuch, wo sie auf die Frage der Lehrstellensuche eingeht, ist für mich niederschmetternd:“ Das stinkt mir alles so mit der Arbeit, das glaubt keiner“![39]

---

[37] Projektgruppe Jugendbüro (1978).

[38] Projektgruppe Jugendbüro (1978). S. 13.

[39] Projektgruppe Jugendbüro (1978). S. 81.

Im Bewusstsein dieses Problems experimentierte unsere Gruppe im Laufe der Zeit mit unterschiedlichen Methoden, um eine länger anhaltende Motivation und auch ein grundsätzliches Interesse für schulische Fragen und Inhalte zu entwickeln. Dabei wurden auch wissenschaftliche Erkenntnisse in die Überlegungen einbezogen, Erkenntnisse zu den Bereichen Behaltensleistungen und Zusammenhang von Sprachentwicklung, Denken und Handeln.
Wir gingen davon aus, dass Hören, Sehen, Fein- und Grobmotorik eng miteinander verbunden sind und unmittelbare Beziehungen zur Sprachentwicklung aufweisen.
Wir stellten auch fest, dass das Tun eine zentrale Bedeutung hat, nicht nur bezüglich des Behaltens, sondern auch bezüglich der Weiterentwicklung von Sprache und der Entwicklung von Motivation für eine Sache.
Wo Schüler etwas montieren, produzieren, untersuchen, ausprobieren oder darstellen, wächst das Interesse und die Motivation, wird durch das Anstreben und Erreichen konkreter Produkte und Ziele die Einsatzbereitschaft enorm gesteigert.
Das war eine weitere Begründung dafür, uns langsam an eine spezifische „Methodik für Hauptschüler“ heranzutasten.
Folgende Methoden wurden im Laufe der Zusammenarbeit mit der Projektgruppe vom Lehrerteam mehr oder weniger erfolgreich eingesetzt und weiterentwickelt:
Rollenspiel – Planspiel – Soziodrama – Provokationsspiel - Schülerzeitung – Stadtteilzeitung – Filmherstellung – Hörspielherstellung – Erkundungstechniken der Umwelt - Besichtigungen – Lehrgänge – Theaterarbeit – Interaktionsübungen - Fotogeschichten
Diese Methoden korrespondierten häufig mit alternativen Formen der Unterrichtsorganisation, wie z.B.: Lernen außerhalb des Schulraums - wechselnde Sozialformen - beweglicher Stundenplan - Aufhebung des 45-Minuten-Taktes – Teamteaching – Freizeitseminare - Wochenendseminare.

BIOGRAPHISCHE PORTRAITS

SCHÜLER-REPORT

PEACE

letzte Ausgabe der 9b

Schüler 10 Pfg
Erwachsene 30 Pfg

INHALTSVERZEICHNIS
Stellungnahmen von Schülern zur Nr. 2
Wir brauchen eine neue Schule
Informationen zur Sexualkunde
Stehlen in der Schule
Kriminalität von Jugendlichen

Leserbriefe
Witze des Monats u.a.
Wohnverhältnisse der Ausländer

Inhaltsverzeichnis:
Unterrichtsmethoden der Lehrer
ist Zwangserziehung richtig?
Erziehungsvorstellungen
Baut eure Vorurteile gegen Ausländer ab!
Witze
Annoncen
Top-Pop-Liste
Gekritzel in der Toilette –
– Aufgestaute Aggressionen –

216

Titelseite der von Schülern selbstständig produzierten Schülerzeitung Nr. 1/1974

Nach der vorangegangenen Beschreibung des Planspiels werden im Folgenden zwei weitere Methoden exemplarisch herausgegriffen, um die Arbeit mit den Schülern genauer zu beschreiben.

IV.5 Rollenspiele: „Konflikte in der Familie"

Es war durch Gruppenbefragungen gelungen, wesentliche Schlüsselbereiche der Lebenswelt unserer Hauptschüler festzustellen. Zu diesen Schlüsselbereichen gehörte der Bereich: Konflikte mit Erwachsenen – hier: Konflikte mit der Familie.
Wir versuchten nun, durch Rollenspiele aus diesen Schlüsselbereichen das Konflikthafte herauszuarbeiten und mit den Jugendlichen Lösungsmöglichkeiten zu entwickeln. Sie sollten durch diese Spiele ihre eigenen Verhaltensweisen bewusst erleben, sowie Beobachtungsfähigkeit und die Fähigkeit zur sozialen Wahrnehmung entwickeln. Die Konflikte in der Familie und in anderen Lebensbereichen können so dargestellt, besprochen und neue Verhaltensweisen eingeübt werden. Im günstigsten Fall kann das Rollenspiel Einstellungsänderungen bewirken.
Das folgende Protokoll zeigt eine Alltagssituation in Familien auf, deren Mitglieder unterschiedliche Fernsehinteressen haben. Dabei kommt es in der Regel zu Konflikten.

Donnerstag, der 3. Okt. 1974 - Konflikte in der Familie
Die zweite Stunde übernahm der Praktikant W. Er führte eine GL-Stunde vor. Er wollte In Rollenspielen Konflikte in der Familie thematisieren. Um die Rollenspiele möglichst provokativ zu gestalten, wurde stimulierendes Material mitgebracht: Bügelbrett, Bügeleisen, eine Hose zum Bügeln. Tischtuch, Fernsehzeitung, drei Flaschen Malzbier, Flaschenöffner, Fernsehgerät.
W. gab ein Arbeitsblatt ein, das zunächst die Situation beschreibt:
Samstag. 20.15 Uhr, Vater trinkt Bier, Mutter bügelt, zwei Kinder kommen und wollen den Fernseher einschalten. Sie möchten den Wildwestfilm "Der Mann aus Kentucky" sehen, die Eltern aber das Theaterstück "Der Bürgermeister". Es kommt zum Streit.
Diese Situation soll in mehreren Rollenspielen gezeigt werden. Aufgabe: Die Klasse soll Folgendes beobachten und soll für zwei Fragen die richtige Lösung finden:
Wie wird der Konflikt gelöst?

Durch Betteln, Überreden, Überzeugen, etwas versprechen, sich auf seine Macht berufen, den anderen herabsetzen, an etwas appellieren...
Welcher Satz ist zur Lösung des Konfliktes am wichtigsten?

Zuerst werden die Rollen festgelegt:

Andreas	Vater
Birgit	Mutter
Ronald und Wolfgang	Kinder.

Dann begann das erste Spiel:
Zunächst einmal konzentrierte sich alles auf das Bier. „Wenn das Bier nicht da ist, spiel ich nicht“ „ Wo ist das Bier?“ „Trink nicht so viel vom Bier!“ „ Lass mich auch mal ran!“ „Du spinnst wohl, soviel zu saufen!“
In diesem ersten Spiel wurden bestimmte Normen und Einstellungen, die von den Eltern in irgendeiner Form übernommen wurden, sehr deutlich. Es handelte sich in diesem Spiel um einen sehr, sehr schwachen, aber laut polternden Vater. Jegliche Entscheidung delegierte er an die Mutter. „ Ich halt mich da raus! Geh zur Mutter und frag die, die will ja schließlich gucken!“ Er wirkte ausgesprochen autoritär. „Du gehst jetzt ins Bett! Das Fernsehen wird jetzt ausgemacht, wir gehen jetzt ins Bett!“
Als die Kinder heimlich an der Bierflasche trinken wollten und dabei den Vater zum Fernsehgerät lockten mit der Bemerkung: "Guck mal nach, das Bild ist verzerrt!" ging der Vater hin und merkte, dass die Kinder ihn überlistet hatten. Er kam zurück und sagte zu seinem Jungen: „Bub, lass das Bier, Bier macht dumm!"
Der Konflikt wurde praktisch dahingehend gelöst, dass der Vater letztlich dann darüber verfügte, dass die Familie ins Bett ging.
In diesem Spiel war eine ausgesprochen große Situationskomik, die von den Spielern ungewollt eingebracht wurde. Wie man merkte, hatten sie sich ausgesprochen stark mit ihrer Rolle identifiziert und nicht zuletzt trug hierzu der stimulierende Background bei. Außerdem war ihre Sprache ungeheuer reich an Ausdrücken und Symbolkraft. Hier konnte man mal wieder sehr deutlich feststellen, wie vielfältig die Sprache dieser Sprache dieser Kinder ist. Hier kamen Ad-

jektive in Hülle und Fülle, die in der Stunde am Tage zuvor, als Britta[40] eine Sprachlehrestunde zum Thema Adjektive gab, nicht kamen.
Auch das zweite Rollenspiel lief ähnlich ab. Vater war Karl-Heinz, Mutter war Angelika und die Kinder waren dieselben wie vorher. Dieses Spiel war dadurch etwas anders, dass die Mutter hier einen besonderen Stellenwert hatte. Sie kam von der Arbeit und war sehr enttäuscht darüber, dass der Vater soff. Sie brachte ihre besondere Position auch immer wieder ein. Interessant war, dass erstmals die Fernsehzeitung, die schon im vorigen Spiel auslag, als Handlungsebene mit eingebracht wurde. Im zweiten Spiel handelte es sich auch nicht mehr um ein Theaterstück, sondern um eine Operette. Die Kinder versuchten hier, auf der Ebene des Bettelns ihre Fernsehsendung zu bekommen. Die Mutter nutzte das radikal aus, indem sie von den Kindern dafür Gegenleistungen erwartete. Die Kinder erkannten das zwar als Erpressung, nahmen es aber hin. Interessant hier die Argumentation des Vaters, der klar eine Projektionsgruppe einbrachte, nämlich die Obdachlosensiedlung am Vorderberg. Als eins seiner Kinder die Schuhe nicht ausgezogen hatte, sondern im Wohnzimmer mit Schuhen umherlief, sagte er: „ Was sind denn das für Zustände? Wir wohnen doch nicht auf dem … [Name eines sozialen Brennpunktes].“ Die Mutter beklagte sich wieder sehr häufig über das Saufen. Sie sagte: „Ich hol`s Geld“. Daraufhin der Vater schlagfertig: „Und ich gebe es aus!“ Der Vater war aufgrund der starken Stellung der Mutter letztlich derart frustriert und verzweifelt, dass er sagte: „Da kann man ja nur noch zur Flasche greifen!“
Auch dieses Spiel war unglaublich interessant, aufschlussreich und regte uns häufig alle zum Lachen an. Die Schüler waren derart beschäftigt mit dem Spielen und auch wir Beobachter kamen kaum dazu, Notizen zu machen, so waren wir von diesem Spiel gefesselt. Im Nachhinein habe ich es sehr bedauert, dass wir die Spiele nicht auf Tonband aufgezeichnet haben. Ich habe das beim dritten Spiel gemacht, bin mir aber nicht darüber im Klaren, inwieweit die Tonqualität zu einem Umsprechen ausreicht.
Schwierigkeiten gab es bei beiden Spielen auf der Verbalisierungsebene. Bei der Besprechung waren die Schüler nicht mehr dazu in der Lage und wollten hierzu auch keine differenzierten Aussagen machen.

---

[40] Name der Lehrerin wurde geändert.

Im anschließenden Abschlussgespräch ergab sich die Frage, ob das überhaupt sinnvoll und notwendig ist. Laufen nicht auch schon während des Rollenspieles Lernprozesse ab?

In der 3. Stunde sollte ein drittes Spiel gespielt werden. Die Schüler bestimmten, dass sie jetzt mal eine antiautoritäre Familie spielen wollten. Der Andrang, zu den Rollen zu gelangen, war groß. Einmal war die Scheu gefallen, zum Zweiten lockten natürlich nach wie vor die Malzbierflaschen, die auf dem Tisch standen. Dieses dritte Spiel war auch ausgesprochen interessant. Es ging überhaupt nicht um den Fernsehstreit. Die Kinder kamen `rein, klopften dem Vater auf die Schulter, setzten sich zu ihm, tranken aus seiner Flasche und unterhielten sich. Plötzlich holte Karl-Heinz eine Zigarettenschachtel heraus. Er nahm eine Zigarette und steckte sie sich wie selbstverständlich an. Im Nu kreiste diese Zigarette. Man überlegte, was zu tun sei. Schließlich spielte man Karten. Hierbei wurde die Mutter vollkommen zur Seite gedrängt. Sie konnte sich nicht von ihrer Rolle lösen. Sie spielte die Mutter so, wie sie es gewöhnt war. Der Vater wirkte ausgesprochen locker und leger. Lediglich gegen Schluss stand er plötzlich spontan auf und sagte: „So, jetzt gucken wir den Sexfilm“ Ein Teil der Familienmitglieder war noch anwesend. Es waren nur die Männer, die Frauen waren entweder ins Bett oder auf eine Party gegangen und jetzt fielen deftige sexuelle Ausdrucke: „Die bringt`s! Mann, hat die Brüste!“ „ Da hat man was in der Hand!“ „Da kann sich unser Alter `mal was abgucken!“ „ Die machen`s ja sowieso gleich im Bett!“[41]
Man konnte an diesem Spiel deutlich sehen, dass die Schlüsselthemen „Rauchen, Trinken und Sexualität“ auch dieses Spiel sehr klar dominierten. In den anschließenden Besprechungen wurde von den Akteuren im Wesentlichen die jeweils eigene Rolle hinterfragt. Kritisch wurde vermerkt, dass nicht alle Situationen Realsituationen sind und dass die Lösungen selten zielführend waren. Die Ohnmacht gegenüber den Eltern wurde als großes Hindernis gesehen, deshalb auch der Wunsch nach einem alternativen Spiel (antiautoritär entspricht im Sinne der Jugendlichen „machtlose Eltern“).
Mir ist aufgefallen, dass eine gewisse sprachliche Vielfalt mit Sicherheit durch diese Methode zum Tragen gekommen ist.

---

[41] Peter Held (1978). S. 58 – 61.

IV.6 Fotogeschichte: „Außenseiter"

Ein Methodenprojekt auf dem Jugendhof Dörnberg[42]
Zu diesem Zweck veranstaltete ich mit meiner Klasse (25 Schüler, davon 13 ausländische) und mit vier Studenten ein einwöchiges Seminar auf dem Jugendhof Dörnberg bei Kassel.
Bereits in der Vorbereitung auf das Seminar beschäftigten wir uns mit der Frage, welche Inhalte aus der Lebenswelt der Jugendlichen bearbeitet werden könnten. Klar war, dass dazu ein Schlüsselbereich ihres Lebens (vgl. Paolo Freire) ausgewählt werden sollte. Unsere langfristigen Beobachtungen fokussierten sich auf den Bereich „Konflikte mit Jugendlichen", die sich häufig in verbalen Beschimpfungen, Schlägereien, Demütigungen, Ausgrenzungen und Stigmatisierungen ausdrückten. Besonderes Augenmerk wollten wir – wenn möglich - auch auf die Peers und ihre informellen Leader richten.

Die allgemeine Zielformulierung für den Lehrgang lautete demzufolge:
Die Schüler sollen lernen, über ihre Konflikte mit anderen Jugendlichen und deren Hintergründe nachzudenken und zu reden.
Nach längeren Diskussionen haben wir uns für die Herstellung einer Fotogeschichte entschieden.
Unsere methodischen Überlegungen mussten folgende Rahmenbedingungen berücksichtigen:

- Keine überlangen Verbalisierungsphasen und keine Schreibarbeiten (negative Besetzung)
- Klar strukturierte Arbeit auf der Handlungsebene (vgl. Freinet, u. a.)
- Festlegung eines konkreten, einsehbaren Handlungsziels (reales Endprodukt)

[42] Peter Held (1979). Das Projekt ist ausführlich beschrieben im Magazin für Erziehung, Wissenschaft und Politik: päd. extra.

Als Arbeits- und Sozialformen wählten wir:

- Kleingruppen, um die Selbstorganisation von Lernprozessen zu ermöglichen, die Effizienz der Arbeit zu steigern und das Konfliktpotential zu minimieren,
- das Plenum, um die Teilergebnisse zusammenzuführen, zu diskutieren und die weitere Vorgehensweise zu besprechen.

In der Schule mussten hierzu einige Vorarbeiten geleistet werden. Die Jugendlichen brachten Fotoapparate mit, lernten – soweit notwendig - die Handhabung der Geräte und die technischen Aspekte kennen, fotografierten (nach gemeinsamer Vorabsprache und Festlegung) insbesondere Motive aus dem Schul- und Freizeitbereich wie Freizeitorte, Freizeitaktivitäten, Konfliktsituationen, Rempeleien, Schlägereien, isolierte oder einsame Schüler, offensichtliche Außenseiter u. a. Die Fotos wurden von den Teamern noch in Wiesbaden entwickelt und besonders solche, auf denen Konfliktsituationen dargestellt sind, vergrößert.

Am ersten Tag des Seminars wurde in jeder Kleingruppe (insgesamt fünf Kleingruppen) ein Foto mit einem dargestellten Konflikt vorgelegt, um zu einem Gespräch zu animieren. Nach einer längeren „Anwärmphase" sprachen die Schüler darüber, worum es sich handelt und wie der dargestellte Konflikt wohl entstanden sein könnte. Auf diese Weise entwickelten sich verschiedene Geschichten, die im Plenum vorgetragen wurden. Die Klasse entschied sich für die Bearbeitung eines Konfliktes, in dem es um die Außenseiterproblematik ging. Thematisiert wurde die Geschichte eines Konfliktes zwischen einem spanischen Schüler namens Francesco und Teilen seiner Klasse. Das große Interesse der Schüler und ihre lebhafte Phantasie führten wir darauf zurück, dass es in ihrer Lebenswelt offensichtlich eine solche Realsituation gab.

Am nächsten Tag wurde die Geschichte entwickelt und szenisch präzisiert. Unter den Fragestellungen (Wer will fotografieren? Wer will die Szenen schauspielerisch darstellen? Wer übernimmt dabei welche Rolle? Wer ist für Requisiten, wer ist für Kulissen zuständig?) wurden Personen und Namen festgelegt, Rollen verteilt, weitere handelnde Personen erfunden und einbezogen und Requisiten zusammengetragen und/oder selbst hergestellt.

Zum Inhalt der fiktiven Geschichte:
Eine spanische Familie kommt nach Deutschland. Niemand kann Deutsch. Die Familie wohnt in beengten Verhältnissen. Francesco kommt in eine Hauptschulklasse, setzt sich stumm auf den ihm zugewiesenen Platz. Der Lehrer informiert die Klasse über Francesco und bittet, den Jungen in die Klassengemeinschaft aufzunehmen. Andere spanische Mitschüler helfen Francesco. Sie übersetzen, treffen sich mit ihm und machen mit ihm Hausaufgaben. Francesco muss am Nachmittag zunehmend häufig seine kleine Schwester Maria mitnehmen, da beide Eltern berufstätig sind. Die Freunde beschweren sich bei Francesco, dass er immer Maria mitbringt. Nie können sie mit ihm etwas alleine machen. Das fällt allen schließlich so auf den Wecker, dass die Schüler dem „Peer-Boss" der Klasse erzählen, dass mit Francesco nichts mehr anzufangen ist wegen seiner kleinen Schwester. Der Boss gibt für alle das Zeichen, Francesco zu meiden, also zu isolieren. Die Situation eskaliert. Die Klasse fängt an, Francesco zu necken, zu provozieren, schlägt ihn schließlich. Es gibt laufend Streit. Sie mäkeln an seiner Kleidung herum, bringen ihn zum Weinen und schließlich erscheint er nicht mehr auf dem Spielplatz. Er schwänzt die Schule, schlägt Schwächere und gibt letztlich allein seiner Schwester Maria für seine Situation die Schuld. Er lehnt sie ab.
Soweit die Geschichte.

Die diesbezügliche Textarbeit an der Wandzeitung übernahmen die Studenten.
Ich war sehr überrascht von der Spontaneität, mit der die Schüler diese Geschichte entwickelt haben. Sie war konkret, entsprach ihren Lebenserfahrungen und hatte ein klares Handlungsziel: „Wir stellen eine Fotogeschichte zu dieser Geschichte her".

Am dritten Tag wurden die Szenen der Story genau festgelegt, nachgespielt und fotografiert. Dafür wurde die Standbildmethode eingeführt. Nun wurden die vorher festgelegten Orte aufgesucht, die Requisiten verteilt und die Szenarien schauspielerisch dargestellt. Die Fotografiergruppe machte viele Fotos aus den verschiedensten Perspektiven. Selten waren diese Schüler so motiviert, spontan und so kreativ. Ich möchte das am Beispiel der ersten Szenen darstellen:

Ankunft der Familie aus Spanien am Bahnhof: Die Schüler holten Koffer, Mäntel, Jacken, Kopftücher, zogen sich um, schminkten sich etwas und arrangierten den Hintergrund (einige zeichneten auf Wandzeitungspapier einen Zug, andere einen Bahnhofsschalter) und rückten das Mobiliar so, dass es einem Bahnsteig entsprach. Mit der Idee eines Aufklebers auf dem Koffer konnte eindeutig festgelegt werden, woher die Familie kommt. Unter meiner Anleitung wurden für die Szenen einige mimische und gestische Verbesserungen vorgenommen, um die Eindeutigkeit des Bildmaterials zu gewährleisten. Dann wurde fotografiert, entwickelt (mit Hilfe der Studenten), ausgelegt, verglichen, diskutiert und schließlich endgültig entschieden. Exemplarisch dazu die ersten beiden Bilder:

1. Eine spanische Familie kommt nach Deutschland
2. Vater, Mutter, Francesco und seine Schwester Maria sind von der langen Fahrt müde

1. Eine spanische Familie kommt nach Deutschland

43

2. Vater, Mutter, Francesco und seine Schwester Maria sind von der langen Fahrt müde.

44

---

[43] Peter Held (1979). S. 44.

[44] Peter Held (1979). S. 44.

Auf diese Art und Weise wurden alle 22 Szenen an zwei Tagen gestellt, fotografiert (Außenaufnahmen bei Tag – Innenaufnahmen am Abend(!)), entwickelt, verglichen, bewertet und ausgewählt. Dabei wurde immer wieder über Francesco gesprochen und über die Situation und Ursachen seiner Außenseiterrolle diskutiert. Das Ganze geschah quasi handelnd, wie nebenher. Viele Schüler verzichteten auf ihre Freizeit. Im Fotolabor gab es sechs Arbeitsplätze zum Entwickeln und späteren Vergrößern, so dass viele Schüler am Arbeitsprozess beteiligt waren. Ich hatte nie vorher Hauptschüler bis zu fünf Stunden in einem Stück und dazu in einem dunklen Raum arbeiten gesehen. Eine Gruppe organisierte das Abendessen und holte es aus der Kantine ins Fotolabor. Eine andere Gruppe diskutierte die Bilder und legte eine Vorauswahl (unter technischen Gesichtspunkten) fest und gemeinsam vergrößerte man die Fotos nach der endgültigen Entscheidung auf DIN-A2-Größe.
Am letzten Tag wurden die Bilder mit Texten versehen und anschließend im Plenum vorgestellt, auf Wandzeitungen geklebt und besprochen. Dabei wurde nochmals differenziert und genau die Lebensgeschichte des Francesco dargestellt, sowie die Hintergründe seiner Außenseiterrolle vorgetragen. Leider hat die Zeit im Seminar nicht mehr gereicht, sich differenziert mit möglichen Alternativen zu beschäftigen bzw. zu thematisieren, wie dieser „Teufelskreis" durchbrochen werden könnte. Während der Arbeit wurden aber immer wieder Ansätze eines besseren Umgangs mit der Situation oder eines alternativen Handelns intuitiv, wie „nebenbei" besprochen.
Zwei Randbemerkungen:
Es kann Zufall sein – aber in dieser einen Woche auf dem Dörnberg ist nichts beschädigt oder zerstört worden – eine Tatsache, die mir auf Freizeitseminaren bisher noch nie vorgekommen ist. In Wiesbaden wurden im Werk-Unterricht Rahmen für die Bilder hergestellt. Nach einer Ausstellung im Schulgebäude sollten die Bilder auf Wunsch der Schüler im Klassenraum aufgehängt werden. Dafür verzichteten sie auf ihre Starposter bzw. entfernten sie von den Wänden. Auch Zufall? Sicher nicht![45] Da die Darstellung aller 22 Fotos den Rahmen dieses Beitrages sprengen würde, hier noch exemplarisch vier Fotos aus der „Außenseitergeschichte":

[45] Vgl. Peter Held (1979).

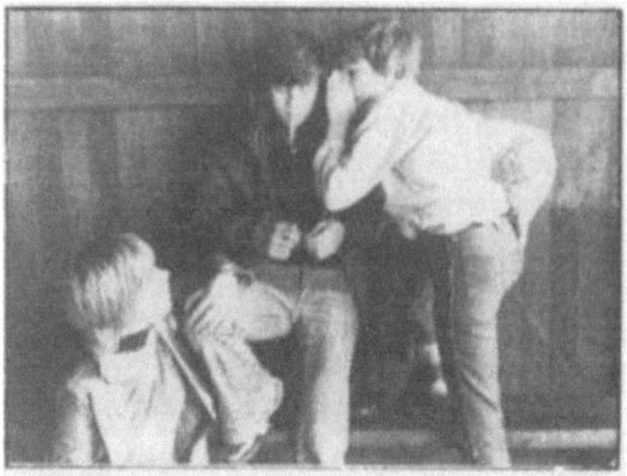

14. Der Spanier kommt hinzu und erzählt dem 'Boss der Klasse' wie komisch der neue Schüler (Francesco) immer ist. Der hat immer seine kleine Schwester mit.

46

Foto 14

Der spanische Klassenkamerad erzählt dem Boss der Peers, wie komisch der neue Schüler ist. „Der hat immer seine kleine Schwester mit".

47

17. Sie fangen an, ihn zu argern .

Foto 17

Sie fangen an, ihn zu ärgern……..

[46] Ebd. S. 45.

[47] Ebd. S. 46.

[48]

Foto 18

....zu schlagen und zu treten.

[49]

Foto 22

Schließlich fällt Francesco ein, dass ja letztlich seine Schwester Maria Schuld hat, weil die ja immer mit dabei ist. Er behandelt sie brutal.

---

[48] Ebd. S. 46.

[49] Ebd. S. 46.

IV.7 Simulationsspiel: „Fließbandarbeit“

Im Laufe der Zusammenarbeit zwischen der Wissenschaftlergruppe und dem Lehrerteam ging es auch um die Frage, wie Schüler in den Abschlussklassen angemessen auf ihre spätere Situation im Arbeitsleben vorbereitet werden können. Die Gruppe entwickelte gemeinsam ein kleines Curriculum.
Im Deutschunterricht z.B. dienten literarische Berichte aus der Arbeitswelt als vorbereitende Grundlage. Damit wurde didaktisch ein Zugang zur Arbeitswelt geschaffen, aber auch eine Empathie für Einzelschicksale im Berufsleben hergestellt.
In dem von uns entwickelten Buch „Betriebspraktikum – aber wie?“[50] heißt es:
„Daneben rückte mit der Behandlung des Berufsdaseins der aktuelle Bezug zu Berufswünschen und – vorstellungen, die zunächst unartikuliert waren und sich auf die Erfahrungswelt der Schüler bezogen, ins Blickfeld. In der anschließenden Betrachtung der Wirtschafts- und Arbeitsformen im historischen Wandel gelangte der Unterricht zur Behandlung der verschiedenen Sozialformen der Arbeit und mündete in einer Erkundung des heimatlichen Wirtschaftsraumes mit der Einbeziehung der sozialen Bedingungen hinsichtlich Berufschancen und Daseinsmöglichkeiten.
In diesen Komplex gehören einerseits die gewählten Arbeitsformen im Projekt wie die Durchführung einer vorbereitenden Schülerfreizeit mit dem Thema „Mein Beruf“, das Arbeiten mit Collagen in Form der visuell-verbalen Kommunikation mit Schülern, das Erarbeiten von Interviewtechniken zur Selbständigen Beschaffung von Informationen durch Schüler, das Rollenspiel zur kritischen Darstellung von Lebenssituationen und die Simulation von schulfremden Situationen, zum Beispiel der Arbeitssituation am Fließband.
Um den Schülern die Arbeitssituation bei einer monotonen Tätigkeit, die dabei auftretenden Stresssituationen, Anforderungen und Bedingungen nahe zu bringen, wurde in meiner Klasse eine Fließbandarbeit simuliert. Dieses Vorhaben konnte nur (unter Vorbehalt verschiedener organisatorischer Bedingungen) in mehr spielerischer denn realistischer Form durchgeführt werden, sollte aber der Realität möglichst nahe kommen.

---

[50] Bildungstechnologisches Zentrum Wiesbaden GmbH (Hrsg.) (1974). Betriebspraktikum – aber wie? Redaktion Harald Vockerodt. Eigendruck. Wiesbaden.

Um ein Produkt zu finden, dessen Verwendungszweck den Schülern auch einleuchtet und als sinnvoll erscheint, wurde ein Arbeitsblatt für den Unterricht in den Klassen verwendet. Dieses Blatt in der Art eines Zahlenbildes wurde ohne Zahleneintragungen vervielfältigt. Die Schüler bekamen dann nach Schaffung der organisatorischen Voraussetzungen im Klassenraum die Aufgabe, die notwendigen Zahlen in Fließbandarbeit einzutragen.

Das Blatt hatte (im fertigen Zustand) das folgende Aussehen:

Einkommensverteilung in der BRD (Anteile in Prozent)

	Arbeiter	Angestellte	Beamte	Selbständige
über 1800 DM	0,1	10,8	14,7	33,1
1200 - 1800 DM	3,6	27,9	31,2	24,1
800 - 1200 DM	39,1	39,6	40,5	24,8
600 - 800 DM	39,3	12,1	10,4	10,6
unter 600 DM	17,8	9,6	2,9	7,3

Arbeits- bzw. Hinweisblatt für die Schüler: [51]

Wir wollen für alle Klassen der Schule Arbeitsblätter herstellen. Dazu werden wir ein Verfahren anwenden, das in der Wirtschaft vielfach benutzt wird: die Fließbandarbeit. Unsere „Produkte" sind vorgedruckte Bogen zum Thema „Einkommensverteilung", in die jeder „Arbeiter" eine Zahl einzutragen hat. Da die Arbeitsblätter für den Unterricht in anderen Klassen verwendet werden sollen, ist es wichtig, exakte und saubere Eintragungen vorzunehmen. Um im Klassenraum „am Fließband" arbeiten zu können, müssen wir einige Veränderungen vornehmen. Die Sitzordnung muss völlig umgestaltet werden. Das sieht dann so aus:

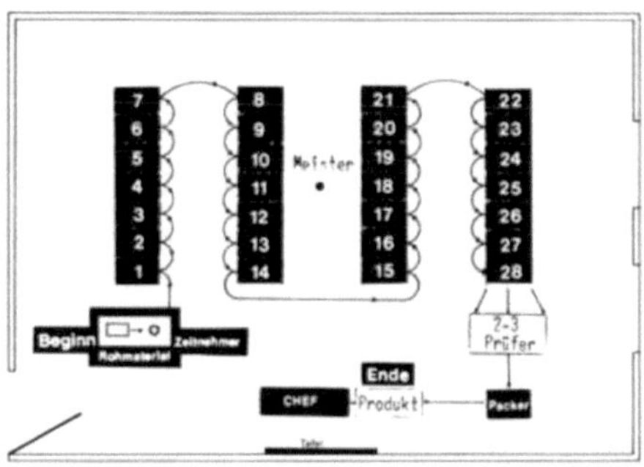

Vom Zeitnehmer wird der noch unfertige Bogen („Rohmaterial") in regelmäßigen Zeitabständen an „Arbeiter" Nr. 1 gegeben. Jeder Schüler hat nun eine bestimmte Aufgabe an jedem Bogen zu erfüllen, der an ihm vorbeiläuft. Erschwerend für die Arbeit ist die Tatsache, dass die Geschwindigkeit, in der gearbeitet wird, durch die Zeit bestimmt wird. Vor Nr.1 sitzt ein Schüler und gibt alle 5 Sekunden, später in kürzeren Zeitabständen, einen Bogen ein. Für jeden fertigen Bogen – sofern er fehlerfrei ist – gibt es einen Punkt. Ist ein Bogen fehlerhaft, so werden 2 Punkte abgezogen. Um das feststellen zu können, benötigen wir auch zwei bis drei Prüfer, die eine Qualitätskontrolle vornehmen und fehlerhafte Bogen aussortieren.

[51] Vgl. Bildungstechnologisches Zentrum Wiesbaden (1974) S. 61-63.

Abschließend muss ein „Packer“ die Bogen zu 40 Stück abzählen und gestapelt dem „Chef“ vorlegen.
Was jeder „Arbeiter“ in den Bogen einzutragen hat, entnimmt er dem Tafeltext. Ferner benötigen wir noch einen „Meister“, der die „Arbeiter“ kontrolliert, indem er mit prüfendem Blick zwischen den „Fließbändern“ umherläuft.
Hinweise:
Die Arbeit am Fließband darf nicht verlassen werden, es sei denn, ein „Arbeitskollege“ übernimmt während des Ausfalls die Arbeit zusätzlich. Arbeitsausfälle technischer Art (z.B. abgebrochener Bleistift) sind sofort dem Meister zu melden. Fehlerhaft angekommene Bogen sind nicht weiter zu bearbeiten und dem Meister zu geben.

„Verlauf und Ergebnisdarstellung der Fließbandarbeit
Nach anfänglichen Schwierigkeiten (Bleistift abgebrochen, Schüler wissen z .T. nicht genau, was zu tun ist, befinden sich noch nicht auf den angegebenen Plätzen usw.) macht sich allmählich eine Art von Begeisterung bemerkbar. Man unterhält sich, schaut in der „Fabrik“ umher, lacht, lässt zum Spaß das Arbeitsmaterial stocken usw. Erst allmählich wird es im Arbeitsraum ruhiger. Hierzu führt - neben einer allmählichen Konzentration auf die Arbeit - die Verringerung der Zeitabstände, in denen das Rohmaterial zu bearbeiten ist. Nach einem längeren Zeitraum, in dem ausgesprochen intensiv gearbeitet wird, äußern sich die ersten Schüler missfällig über die Arbeit (es ist langweilig, immer dasselbe, die Hand tut weh, die Augen sind müde, der Nachbar macht `was Interessanteres usw.), was zu zeitweiligen Stockungen führen kann. Angetrieben durch den „Meister“, nehmen die Schüler die Arbeit meist nur widerwillig auf. Schließlich wirft der erste „Arbeiter“ demonstrativ seinen Bleistift auf den Tisch und weigert sich, weiter zu arbeiten.
An dieser Stelle wäre es für die Auswertung sinnvoll, sofort einen Ersatzmann auf seinen Platz zu schicken oder die Arbeit von einem anderen Schüler mit übernehmen zu lassen, damit der „streikende Arbeiter“ umgehend unter dem Eindruck des Geschehenen nach den Gründen der Arbeitsverweigerung befragt werden kann. Sämtliche Störungen des Arbeitsprozesses sollten von einem Beobachter im Sinne einer Kurzdokumentation protokolliert werden. Auf diese Weise gewinnt man neben den allgemeinen Schuleindrücken umfang-

reiches Material für die sich unmittelbar anschließende Diskussion bzw.
Problematisierung der Fließbandarbeit.
Ausgesprochen schwer erweist sich die Arbeit für die „Prüfer", die schon nach wenigen Minuten unter einem Wust von Endprodukten ersticken und sich schließlich nur noch auf gelegentliche Stichproben beschränken.
Interessant erscheint die Rolle des „Meisters", der seine durch Zufall erhaltene Autorität voll ausnutzt und mit rigiden Mitteln (Drohen, Schlagen, Strafversetzen usw.) die „Arbeiter" „bei der Stange hält".
Trotz der scheinbar leichten Arbeit war das Zahlenverhältnis von verwendbaren zu fehlerhaften Endprodukten etwa 2:1. Grundsätzlich aber ist die Erstellung von Produkten, die anderen Klassen als Unterrichtsmaterial dienen kann, vorteilhaft.
Nach Abschluss der Produktion wird der Arbeitsablauf nochmals thematisiert. Hier bringen Schüler und Beobachter ihre unmittelbaren Erfahrungen ein und problematisieren auf diese Weise den Arbeitsprozess bzw. das Verfahren. So haben sich hier folgende Erfahrungen herauskristallisiert:

- Starke Ermüdungserscheinungen
- Einseitige, punktuelle Belastungen von Körperteilen
- Abstumpfung und Desinteresse nach längerer Zeit
- Angstentwicklung durch Anpassung an das vorgegebene Tempo
- Keine Kenntnisnahme vom „Endprodukt"
- Verhinderung von Kommunikation am Arbeitsplatz.

In der weiteren Diskussion werden diese Erfahrungen und die Folgeerscheinungen für die Fließbandarbeiter in allgemeine Aussagen über die Lebensqualität (z.B. Probleme im privaten Bereich durch Ermüdung usw.) umgewandelt."[52]
Zum Abschluss dieses Kapitels soll noch darauf verwiesen werden, dass Erfahrungen und Eindrücke der Fließbandarbeit bei den Gesprächen mit den Schülern noch vertieft und untermauert werden können durch eindrucksvolle Literaturbeiträge z.B. Günter Wallraffs „Industriereportagen" oder durch Ereignisse in „Tintenfisch" (3. Jahrbuch für Literatur) von Thomas Bernhard.

---

[52] Vgl. Bildungstechnologisches Zentrum Wiesbaden (1974) S. 64.

Bei all` unseren Aktivitäten im Schulprojekt waren wesentliche Bestandteile Soziales Lernen und Interaktionspädagogik.
In nachfolgendem Artikel soll verdeutlicht werden, wie beide Prinzipien innerhalb unserer Arbeit ihren Platz fanden.

IV.8 Soziales Lernen und Interaktionspädagogik

In der Sozialpädagogik versteht man unter Sozialem Lernen den Prozess des Erwerbs sozialer und emotionaler Kompetenzen. Es geht dabei folglich um die Entwicklung von Kompetenzen wie Wahrnehmungsfähigkeit, Kontakt- und Kommunikationsfähigkeit, Empathie sowie Kooperations- und Konfliktfähigkeit. Als ein wesentliches Ziel des Sozialen Lernens gilt die Fähigkeit zur sozialen Antizipation. Hierunter versteht man die Vorwegnahme oder Erwartung eines zukünftigen Verhaltens.
Als „Vorstufen“ der Beschäftigung mit dem Sozialen Lernen sahen wir in der Käthe-Kollwitz-Schule u. a. soziometrische Tests und Soziogramme an. Dabei geht es um die Messung bzw. Darstellung der sozialen Distanz und der Beliebtheit aufgrund eines soziometrischen Tests (Befragung von Personen, mit welchen Mitgliedern der Gruppe sie gerne oder ungern in bestimmten Situationen zusammen sein möchten), wobei deren Ergebnisse in Soziogrammen (graphischen Darstellungen der Verbindung) aufgezeichnet und dargestellt werden.
Unsere ersten Versuche in dieser Richtung bezogen sich auf die Beziehungs- und Gruppenstrukturen in den Klassen. Da die Beziehungssituationen in den Klassen häufig angespannt und uns manchmal auch nicht ganz erklärlich waren, versuchten Fritz Gürge und ich schon früh die Gruppenstrukturen in den Klassen durch entsprechende Methoden transparenter zu machen und in der Folge mögliche Konsequenzen zu diskutieren und umzusetzen. Sensibilisiert durch die Teilnahme an verschiedenen gruppendynamischen Seminaren und Supervisionssitzungen erkannten wir, wie wichtig für uns Lehrer aber auch für das Lernen harmonische und befriedigende Beziehungsstrukturen in den Klassen sind. Das ist besonders wichtig bei größeren gemeinsamen Aktivitäten wie Projekten oder Klassenfahrten.
Zusammen mit den Wissenschaftlern versuchten wir zunächst bei entsprechenden Gelegenheiten mit soziometrischen Verfahren zu arbeiten. Meine ersten Versuche mit einem Soziogramm sind im

Folgenden kurz beschrieben. In meinen Tagebuchaufzeichnungen heißt es dazu:
„Wir unterhielten uns im Unterricht über Klassenstrukturen, Sitzordnung usw. Ich machte den Vorschlag, mit einem Soziogramm die innere Klassenstruktur, d.h. die zurzeit vorhandenen latenten Beziehungen zwischen Schülern aufzudecken und daraus möglicherweise Konsequenzen zu ziehen. Ich stellte den Schülern zwei einfache Fragen:

- Neben wem möchtest du am liebsten sitzen?
- Neben wem möchtest du auf gar keinen Fall sitzen?

Die Schüler schrieben die Antworten auf Zettel und gaben diese nach vorne. Ich fertigte eine relativ ungeordnete Grafik an der Tafel an, wobei ich den Schülern die Symbole für positive Wahl und negative Wahl erläuterte. Im Folgenden möchte ich das Ergebnis kurz skizzieren.
Insgesamt erschien mir die Struktur derart heterogen, dass im ersten Augenblick dazu noch gar nicht viel zu sagen war.
Anschließend begann ich, das Ergebnis mit den Schülern zu besprechen. Dabei kamen folgende Ergebnisse heraus:

- Jungen und Mädchen wählen sich kaum gegenseitig
- Es gibt fünf gegenseitige Wahlen unter Jungen und Mädchen
- W. erhält viele negative Wahlen
- T. erhält viele negative Wahlen
- H. erhält viele positive Wahlen
- W. erhält viele positive Wahlen

Wir versuchten hier, die Ergebnisse nicht bis ins Detail zu interpretieren, weil bei den Schülern aufgrund der Ergebnisse ein spontaner Gedanke formuliert wurde, nämlich Jungen und Mädchen an einen Tisch zu setzen, um die Blockbildung zwischen den Geschlechtern aufzuheben.
Ich griff den Gedanken auf und wir versuchten, für sechs Tische jeweils zwei Jungen und zwei Mädchen zu bekommen. Bei den ersten Tischen klappte es recht gut, bei den letzten beiden Tischen kam es zu erheblichen Schwierigkeiten.

Ich wusste schon gar nicht mehr, was ich machen sollte, da erklärten sich letztlich die Schüler doch bereit, zunächst einmal in einer Probezeit zusammen sitzen zu wollen".[53]

Weitere soziometrische Tests wurden vor Klassenfahrten durchgeführt. Insbesondere beim Dörnberg - Projekt wurde diese Methode angewendet. Eruiert wurde die mögliche Zimmerbelegung. Durch zwei einfache Fragestellungen wurden die „geheimen" Wünsche transparent gemacht (Mit wem möchtest du in einem Zimmer schlafen? Mit wem möchtest du in keinem Falle in einem Zimmer schlafen?). Es versteht sich von selbst, dass die Ergebnisse nur in einer vertrauensvollen Atmosphäre besprochen werden können. Das erfordert vom Lehrer ein hohes Maß an Sensibilität, besonders für die Schüler, die durch die Erhebung mehrheitlich abgelehnt werden. Hier sind unbedingt die Ablehnungsanteile der Klasse zu thematisieren.

Eine schöne Methode, um die Sympathien und Antipathien im Klassenraum festzustellen, ist das sog. Stuhlsoziogramm. Alle Tische werden im Klassenraum an die Wand gestellt. Jeder Schüler nimmt seinen Stuhl und geht damit vor den Klassenraum. Nun darf jede/r einzeln eintreten und sich mit seinem Stuhl dahin setzen, wo er/sie sich wohl fühlt. Nach jeder neuen Positionierung eines Schülers dürfen die anderen ihre Sitzposition verändern. Oberstes Ziel ist, sich in seiner Sitzposition wohl zu fühlen. Wenn alle sitzen und letztes Näher- oder Weiterrücken geschehen ist, soll sich die Klasse das entstandene Beziehungsgefüge anschauen und erste Interpretationen liefern.

Auch hier gilt es wieder, einzelne - von der Gruppe weit entfernte - Schüler (möglicherweise Außenseiter) zu stützen und zu stärken. Das geschieht am besten dadurch, dass die Anteile der Klasse an dieser Situation thematisiert werden (Was hat jeder einzelne Schüler in der Klasse dazu beigetragen, dass X sich in dieser „Außenseiterposition" befindet?). Auch das setzt eine vertrauensvolle Atmosphäre voraus. Nach möglichen Einlassungen von Schülern können Ideen entwickelt werden, wie X wieder einbezogen werden kann.

In dieser Zeit unserer Versuche mit Soziogrammen und soziometrischen Tests entwickelte sich allmählich eine neue pädagogische Lernkultur. Impuls gebend hierfür war die Weiterentwicklung der Erlebnispädagogik. Die Erlebnispädagogik nutzt Gruppen - Erfah-

[53] Peter Held (1974-1975). S.10ff.

rungen, um Schülerpersönlichkeiten und soziale Kompetenzen zu entwickeln.
Soziale Kompetenzen meint hier auch psychosoziale Kompetenzen, wie Auseinandersetzung mit dem eigenen Erleben und Empfinden, Vertiefung der Verantwortlichkeit für die eigene Person, Anbahnung von Empathiefähigkeit, Hilfen zur Entwicklung von Ich-Stärke oder Verbesserung der Selbstachtung und Aufbau von Toleranz gegenüber anderen, um nur einige zu nennen. Diese Erfahrungen werden durch besondere methodische Elemente angeleitet, die aus der Abenteuer- und Spielpädagogik, der Gruppendynamik und der Sozialpädagogik kommen. „Es handelt sich um sog. interaktionspädagogische Übungen. Diese Übungen stehen im Mittelpunkt einer Stunde. Da die anschließende Auswertung grundsätzlich eine enorme Bedeutung hat, habe ich immer Wert auf den Begriff „Übung" gelegt. Er signalisiert den Jugendlichen einen größeren Ernstcharakter als der Begriff „Spiel". Interaktionsübungen reproduzieren in einer einfachen, überschaubaren Art die Struktur wirklicher Gruppen- oder Lebenssituationen. Die Einfachheit der Übungen ermöglicht den Jugendlichen, Einsichten in die eigene Person zu gewinnen, sich selbst zu erfahren und zu verstehen. Sie können auf diese Weise wirksam und risikofrei Verhaltensweisen lernen und mitgebrachte Einstellungen und Haltungen überprüfen".[54]
Wichtige Ideen- und Ratgeber waren für uns Klaus Antons mit seinem Werk „Praxis der Gruppendynamik" und später Klaus W. Vopel mit seinem Buch " Interaktionsspiele für Kinder".
Jahre später habe ich aufgrund der Erfahrungen, die ich mit diesen Übungen in der Hauptschule gemacht habe, in der IGS Kastellstraße in Wiesbaden ein Curriculum für Soziales und Psychosoziales Lernen entwickelt (vgl. Kapitel VI.1.2 Meine berufliche Weiterentwicklung).
Die folgenden Bilder sollen Einblicke in die Arbeit, das Wesen der Übung und die Atmosphäre geben und einzelne Ziele veranschaulichen.

[54] Peter Held (1998). S. 12.

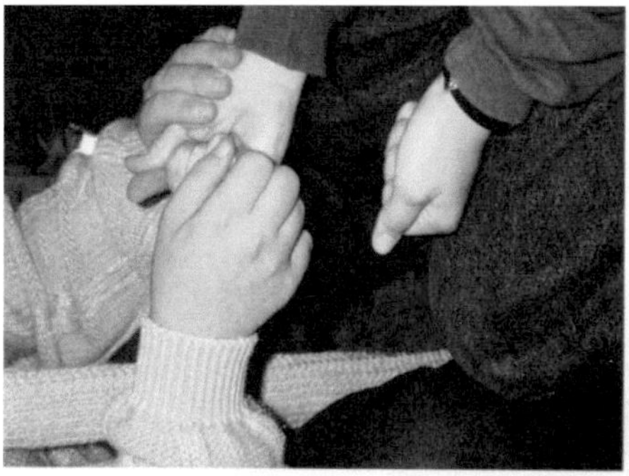

Faust öffnen. Versuch, nicht mit Gewalt die Faust des Partners zu öffnen. Vertrauen, Einfühlung

Wollknäuelspiel: „Wir sind eine Gruppe, es ist zu sehen."

[55]

In Bild 1 ist es die Aufgabe zu versuchen, die Faust eines Mitschülers ohne Gewalt zu öffnen. Dabei haben die Schüler immer wieder das Erlebnis gehabt, dass sie zwar ihre Faust meist geschlossen halten konnten, aber durch das Streicheln die Spannung in Arm und Faust verloren.

Die Übung in Bild 2 verdeutlicht das Beziehungsgefüge in der Klasse und macht klar, dass alle mit allen zu tun haben. Eine schöne Momentaufnahme der „Gruppe". Dabei wird ein Wollknäuel

---

[55] Ebd. S. 13 und 15.

abgewickelt und zu dem Schüler geworfen, von dem man etwas wissen möchte (Hobby, Freunde u. a.). Dieser wirft das Knäuel nach der Beantwortung der Frage weiter und formuliert seinerseits eine Frage.

Heißer Stuhl

56

Der „Heiße Stuhl“ ist eine „Feedback-Übung“, die die Jugendlichen zunächst nur stärken soll. In jeder Stunde setzt sich ein anderer Freiwilliger auf einen Stuhl im Kreis, rückt von Person zu Person, möglichst ganz eng, um einen guten Kontakt - auch Augenkontakt - herzustellen und gibt dabei den Erzählstein weiter. Der Teilnehmer erfährt von jedem Jugendlichen nun, was er an ihm mag oder lieb hat. Die Aussagen werden in der Regel mit dem Satzanfang „Mir gefällt an dir….“ eingeleitet. Manche machen sich jetzt das erste Mal Gedanken über ihre Mitschüler. Deshalb antworten manche zögerlich oder holpernd. Nach der Runde (positive Gefühlsdusche)

---

56 Peter Held (1998). S. 14.

kann die Person auf dem Heißen Stuhl ausdrücken, wie sie sich jetzt fühlt, welche Aussagen warum überrascht haben und auch welche warum für unehrlich gehalten werden.
Während dieser Aussagen ist zunächst keine Stellungnahme erlaubt. Das geschieht später. Die Kinder lieben diese Übung. Natürlich wird später auch ein erstes vorsichtiges negatives Feedback eingeführt und mit der Selbstwahrnehmung abgeglichen.

In dieser Übung werden die Kooperationsfähigkeit und das Einfühlungsvermögen in den anderen Schüler eingeübt. Gemeinsam balancieren zwei Schüler – ohne miteinander zu sprechen – eine Salzstange durch das Schulgebäude ohne die Salzstange zu verlieren. Anschließend findet immer eine Reflexion statt. (Wie habe ich mich während der Übung gefühlt? Warum? Was war schwer? Was war leicht? Wie konnte ich mit den Anforderungen umgehen? Was bedeuten die Erkenntnisse für mich? usw.) Die Motivation und die Begeisterung sind immer wieder in den Gesichtern abzulesen.

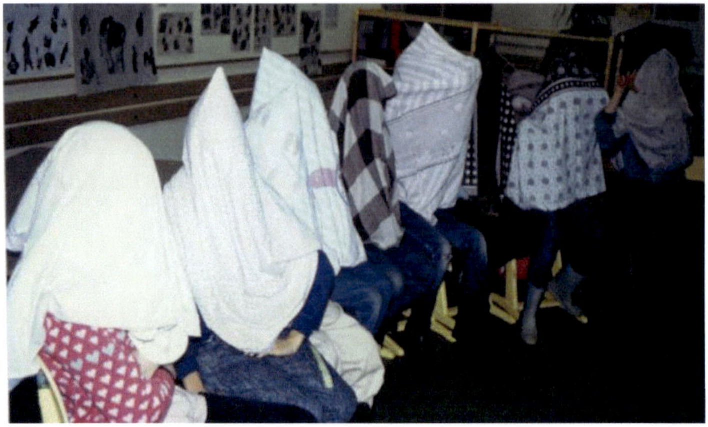

Diese Übung ist eine abgewandelte Form des bekannten Spiels „Stille Post". Nach dem sich jeder Schüler einen Kopfkissenbezug über das Gesicht gezogen hat, flüstere ich dem ersten Schüler in der Reihe einen Satz in Ohr. Dieser Satz muss von Schüler zu Schüler weiter ins Ohr geflüstert werden. Nie kommt am Ende der richtige Satz an. Mit den Schülern wird der Grund erarbeitet. Wir nehmen auch mit den Augen wahr und interpretieren sprachliche Situationen. Wenn die Augen ausfallen, ist es ungleich schwerer, Sprache „wahrzunehmen". Das ist eine erkenntnisreiche Übung zur Entwicklung von Wahrnehmungsfähigkeit.

„Ich habe in den Jahren mit den Interaktionsübungen viel gelernt und zwar über die Jugendlichen und über mich. Mit jeder Übung beschäftigte ich mich schon in der Vorbereitung und überlegte dabei spontan, wie ich in so einer Situation reagiere, was ich dabei denke und fühle. Vielleicht war sogar „mein Lernzuwachs" am größten. Immer waren diese Stunden spannend, lebhaft und hoch motivierend. Manchmal habe ich direkt gespürt, wie jemand nach einer Übung „gewachsen" ist. Das vermittelte auch das Feedback eines Jungen zu einer Übung: „Als ich dem Mädchen etwas gesagt habe – ich kam mit meinem ganzen Mut heraus und ich war nicht mehr schüchtern, ich wusste, dass ich es schaffen kann!".[57]

---

[57] Peter Held (1998). S. 16.

IV.9 Exkurs: Zusammenarbeit mit der Goethe-Universität in Frankfurt

Unsere Lehrergruppe hatte sich zum Ziel gesetzt, Praktikanten von der Uni Frankfurt für ihr Praktikum an der Käthe-Kollwitz-Schule zu gewinnen. Wir hatten unterschiedliche Kontakte zu diversen Fakultäten und schließlich gelang es uns im September 1974, Prof. Dr. N. (Didaktik der Sozialkunde) mit seinen Praktikanten für die Arbeit bei uns zu gewinnen.
Es war uns wichtig, die Lebenswelt von städtischen Hauptschülern und die Schulrealität einer städtischen Hauptschule einem breiteren Kreise „vorzuführen" und anschließend mit Studenten und Dozenten über mögliche Gründe der schwierigen Situation und mögliche Änderungen des Unterrichts zu reflektieren bzw. unsere bisherigen Erfahrungen und Ideen für „neuen Unterricht" einzubringen. So hofften wir, dass sich auch im universitären Bereich dringend notwendige praxisorientierte Änderungen in der Lehrerausbildung anbahnen lassen würden.

Zunächst kam Prof. N. zu einer Zusammenkunft zwischen Mentoren und Praktikanten in die Schule, um die zukünftige Arbeit im Praktikum abzusprechen. Dabei ergab sich eine Diskussion über unsere Forderung, dass ein Dozent der Universität im Grunde genommen seine theoretische Arbeit laufend in der Praxis überprüfen müsse. Wir bedauerten außerdem, dass der Praxisbezug im Studium absolut nicht hergestellt wird. Ich bot Herrn N. an, in drei Wochen eine Stunde in meiner Klasse zu halten. Nach langem Zögern, langem Nachdenken und langem Hin und Her erklärte er sich schließlich bereit, eine Stunde zu halten. Sogleich schwächte er sich dahingehend ab, dass er sagte: „Wenn ich einbreche, kann man halt nichts machen."
Wir erklärten uns dafür bereit, die Aufarbeitung des gesamten Praktikums in unserer Freizeit am Nachmittag zu machen, da Herr N. vormittags an der Uni gebunden war.
Nach einigen Wochen hatte sich Prof. N zu Hospitationen angesagt. Nach der Mathematikstunde (geometrische Formen und Flächen), die recht alltagsrealistisch, sehr unruhig und mit vielen derben Ausdrücken belastet war, äußerte sich der Professor sehr vorsichtig. Er war stark verunsichert. Derartige Verhaltensweisen kannte er offensichtlich bisher nicht. Aus der Sicht des Schulleiters „verstieg er sich"

allerdings zu der Bemerkung, dass bei derart schwierigen Voraussetzungen Unterricht anders gestaltet werden muss, als wir es gewohnt sind. Man muss einfach neue Unterrichtsformen und -verfahren entwickeln.
Wir diskutierten anschließend noch über Fragen der Sozialisationsbedingungen, Klassenstrukturen, echte Lernprozesse, Lebenswelt der Schüler und ganz allgemein über Hauptschulproblematik. Auch das Theorie- und Praxisverhältnis im Studium wurde von uns wieder thematisiert. Insgesamt hatten wir den Eindruck, dass Herr N. einen gewissen Grad an Offenheit und Flexibilität hatte, sich aber an keiner Stelle richtig festlegen wollte, besonders nicht bezüglich der Hospitationsstunden.
Dann kam der Tag, an dem der Professor aus Frankfurt eine Stunde in meiner Klasse hielt. Er erschien in Anzug und Krawatte, recht ungewöhnlich für einen „Lehrer“ an der Hauptschule.
„ In der Pause bemerkte ich, dass Herr N. ziemlich nervös war. Ihm stand die dritte Stunde bevor. Er bat sich von mir den Schlüssel aus, um zur Toilette zu gehen. Dann gingen wir gemeinsam in die Klasse. Herr N. schrieb seinen Vor- und Nachnamen an die Tafel. Jetzt fielen Äußerungen wie: „Den können wir ja duzen, ei gude, Volker.“
Dann teilte er Arbeitsblätter zur Lösung von Familienkonflikten aus. Zwischenzeitlich bewarfen sich Schüler gegenseitig mit feuchten Tempo-Taschentüchern. Die Taschentücher klatschten an Fenster und Decke. Es war unbeschreiblich laut. Die Schüler gingen über Tische und Stühle. Herr N. reagierte kaum. Er fasste einen Schüler am Arm und bat ihn das Taschentuch wegzulegen. Daneben spielte eine Schülergruppe ungerührt Skat. Nach 20 Minuten schaffte es Herr N., Schüler zu finden, die ein Rollenspiel vorführen sollten. Zu diesem gespielten Konflikt sollte anschließend Lösungen gesucht werden. Dabei wuchs die Unruhe. Eine Mädchengruppe fing an zu singen. Herr N. wurde gefragt, ob er immer so einen langweiligen Unterricht machen würde. Der Lärm und das Durcheinander wurden immer größer. Herr N. verständigte sich mit mir und brach den Unterricht ab.
Nachdem die Vertretung geregelt war, gingen wir ins Amtszimmer. Wir machten Herrn N. klar, dass es sich um eine Realsituation gehandelt habe, der wir täglich gegenüberstehen. Die Bemerkung des Schulleiters:

"Ein Lehrer, der das zweite Lehramt hat, darf nicht ratlos sein" erregte allerseits stürmische Proteste.
Herr N. stellte für sich fest, dass hier der Lehrer stellvertretend für eine Sache oder eine Situation „Prügel" beziehe. Wir kamen schnell von dieser speziellen Situation zurück zur Hauptschulproblematik im Allgemeinen, um Prof. N. nicht weiter unter Druck zu setzen. Fritz Gürge und ich stellten Herrn N. unsere Ansätze einer schülerorientierten Arbeit vor. Neben der Solidarisierung mit den Schülern und der Verlegung von Lernprozessen auf Bereiche außerhalb der Schule wurde auch P. Freire und seine generativen Themen angesprochen. Herr N. sagte eindeutig - aber vielleicht auch der Situation geschuldet - dass je mehr Unterricht außerhalb der Schule stattfinde, desto problemloser dürften Kommunikation und Lernprozesse möglich sein.
Mir persönlich war klar, dass Herr N. dazugelernt hatte. Ich sehe es auch im Nachhinein als eine gute Möglichkeit bezüglich notwendiger Veränderungen an, wenn Leute, die entscheidende Schlüsselpositionen in der Lehrerausbildung besetzten, bei uns Unterricht halten. Die Beratung wird dann ehrlicher.
Das heutige Gespräch war sehr gut und selbst der Schulleiter musste erkennen, dass sich etwas getan hatte. Wir verabredeten mit Herrn N. nun die letzten Hospitationstermine und die Termine für die Nachbereitung des gesamten Praktikums"[58]
Wochen später haben wir uns auch in seiner Taunussteiner Wohnung zu einer gründlichen Aufarbeitung des Praktikums getroffen. Trotzdem blieb bei uns allen ein fader Beigeschmack zurück. Die Diskrepanz zwischen dem Schulalltag an einer städtischen Hauptschule und dem Praxisbezug der universitären Ausbildung war so groß, dass wir keine Möglichkeiten sahen, hieran etwas zu ändern. Wir Lehrer konnten in unserer „Realität" nur versuchen, unsere schulpraktische Arbeit innovativ voranzubringen. Aber um den angehenden Lehrern und Lehrerinnen einen Einblick in die Hauptschulrealität geben zu können, verstärkten wir unsere Bemühungen, Schulpraktika an unserer Schule durchzuführen. Im Laufe der nächsten Jahre haben wir noch viele Praktikanten an die Käthe-Kollwitz-Schule bekommen.
Die Frankfurter Universität ist seither jedes Jahr mit der Bitte an uns herangetreten, Lehramtspraktikanten an unserer Schule aufzunehmen.

[58] Peter Held (1974-1975).

Unsere Arbeit hatte sich wohl herumgesprochen. Gründliche Vorbereitung des Praktikums, Kennenlernen der Lebenswelt der Hauptschüler, intensive Betreuung während des Praktikums, hoher Anteil eigenständigen Unterrichtes, Kennenlernen alternativer, hauptschulspezifischer Methoden, gründliche Nachbereitung der Stunden und des Praktikums - das waren offensichtlich attraktive Gesichtspunkte. Die Praktikanten, die ja auch Praktikumsberichte schreiben mussten, waren in der Regel von der Arbeit an der Schule sehr angetan.

Teil III

Fortsetzung der Arbeit nach offiziellem Ende

V Exkurs: Beendigung des Projektes nach Auflösung des BTZ

Eine Dokumentation (Imbke Behnken)

Als das Projekt in Gefahr stand, aus politischen Gründen beendet zu werden, versuchten Wissenschaftler, Schulpädagogen und Eltern, unsere Arbeit zu retten. Stellvertretend für die Vielzahl der Zuschriften seien hier die Schreiben von Prof. Dr. Horst Rumpf – Gutachter des Projektes -, des zuständigen Schulrates, Ernst Jungmann, sowie des Schulelternbeirates der Käthe-Kollwitz-Schule dokumentiert.

INSTITUT FÜR ERZIEHUNGSWISSENSCHAFT
DER UNIVERSITÄT INSSBRUCK

A 6020 INNSBRUCK; am 02.10.1973
Innrain 30
Tel.: 22701
Stelle 951

VORSTÄNDE: PROF: DR: RUDOLF WEISS;
PROF: DR: HORST RUMPF

Prof. Dr. Horst Rumpf

Gutachtliche Äußerung über die Arbeit des Projekts I im BTZ

Seit geraumer Zeit verfolge ich mit großer Aufmerksamkeit die Arbeit am Projekt 1 des Bildungstechnologischen Zentrums in Wiesbaden.
Dieses Projekt ist eine der ganz wenigen Aktivitäten in der BRD in denen praktische Konsequenzen aus Einsichten gezogen werden, die auf internationaler Diskussionsebene schon kaum mehr bestritten

werden - Einsichten in die praktische Unwirksamkeit schulfern produzierter Unterrichtshilfen und Curricula, Einsichten in die Unfruchtbarkeit empirisch-analytischer Unterrichtsforschung bei der Zielsetzung substantieller Schulreformen, Einsichten in die Notwendigkeit handlungsorientierter Kooperation zwischen Lehrern, Schülern, Sozialwissenschaftlern bei der Erkundung und Erprobung von Lernmöglichkeiten, bei der Analyse von Schwierigkeiten und Hemmnissen.

Als Mitglied des Ausschusses "Strategie der Curriculumentwicklung des Deutschen Bildungsrates“ (dessen Gutachten zur Sache als Empfehlung in den nächsten Wochen erscheinen dürfte) fühle ich mich zu dem Urteil berechtigt, dass die Aktivitäten schulnaher Curriculumentwicklung, wie sie in dem genannten Projekt praktiziert werden, als Pionierarbeit sowohl in wissenschaftlicher wie in schulreformerischer Hinsicht anzusehen sind. Die Veröffentlichungen der Gruppe gewinnen zunehmend an Resonanz; was sich hier Bahn gebrochen hat, verdient meines Erachtens nachhaltige weitere Unterstützung. In diesem Projekt sind dem Programm Taten gefolgt, und das ist nicht alltäglich.

Wiesbaden, 26.6.1973

Offener Brief der Klassenelternbeiräte der achten Klassen der Käthe-Kollwitz-Schule an:

die Schulelternbeiräte der Wiesbadener Hauptschulen
die Eltern der achten Klassen der Käthe-Kollwitz-Schule die Wiesbadener Presse
die Mitglieder des kulturpolitischen und sozialpolitischen Ausschusses der Stadtverordnetenversammlung
die Schulleitungen der Wiesbadener Hauptschulen
die Oberschulräte in Wiesbaden
den Kulturdezernenten der Stadt Wiesbaden
den Herrn Regierungspräsidenten in Darmstadt
die Hauptschulreferenten im Hessischen Kultusministerium
die Mitglieder des Aufsichtsrats, des Wissenschaftlichen Rats und die Geschäftsführung des BTZ, Bildungstechnologisches Zentrum

Wir Elternbeiräte der achten Klassen der Käthe-Kollwitz-Schule begleiten schon seit längerer Zeit die Arbeit in diesen vier Klassen mit Interesse und Aufmerksamkeit. Nicht zuletzt deshalb, weil die vier Klassenlehrer unserer Jugendlichen und das Bildungstechnologische Zentrum, Wiesbaden, nunmehr seit einem Jahr zusammenarbeiten mit dem Ziel, unter wissenschaftlicher Begleitung neue Möglichkeiten des Lehrens und Lernens zu erproben.
Wir wenden uns an die Öffentlichkeit, weil wir meinen, dass solche und ähnliche Versuche ein Modell für die künftige Arbeit an Hauptschulen abgeben könnten. Wir möchten diesen von uns begrüßten und unterstützten Versuch zum Anlaß nehmen, darauf hinzuweisen, dass die Hauptschule nach wie vor - obwohl in der BRD die Mehrheit der Heranwachsenden diese Schulform, besucht - in der Bildungsreform entschieden vernachlässigt. wurde und wird. Im Vergleich zum Gymnasium bzw. zur Gesamtschule ist die Hauptschule immer noch schlechter ausgestattet und hat, im Verhältnis zu den Schülerzahlen, weniger Lehrer.
Gerade aber für Hauptschulen wie die Käthe-Kollwitz-Schule scheinen uns folgende Neuerungen erforderlich:

- die Einführung des Betriebspraktikums, wie es sich in den Abschlußklassen (8./9.Klasse) einiger Schulen bewährt hat, in allen Wiesbadener Hauptschulen;

- eine Entwicklung und Verbesserung der bisher üblichen Formen des Betriebspraktikums. Hierzu möchten wir insbesondere die folgenden Anregungen geben:
- verbesserte Vor- und Nachbereitung des Betriebspraktikums durch Beteiligung von Berufs- und Berufsschulfachleuten über Lehraufträge am Unterricht der achten und neunten Klassen
- zeitliche Ausweitung des Betriebspraktikums, wobei - aufgrund der Erfahrungen - ein Praktikum in zwei unterschiedlichen Betrieben (Branchen) anzustreben ist;
- damit zusammenhängend die Förderung von Arbeitslehre/Polytechnik an allen Hauptschulen und die Bereitstellung der hierfür nötigen Geldmittel;
- ein verstärktes Angebot an berufsvorbereitenden Kursen wie zum Beispiel technisches Werken, Stenografie und Schreibmaschineschreiben;
- ein verstärktes Angebot von Freizeitgruppen am Nachmittag. Vor allem müßte hierdurch auch versucht werden, die Kooperation zwischen schulischen und außerschulischen Einrichtungen zu verbessern;
- eine konsequente Erneuerung der schulischen Inhalte besonders für die Jugendlichen der Hauptschule, welche sie angemessen auf den Beruf und ihr zukünftiges Leben vorbereiten. Eine gute Möglichkeit hierfür scheinen uns die Rahmenrichtlinien des Hessischen Kultusministers zu sein, welche gerade die Lernmöglichkeiten und Lernschwierigkeiten der überwiegenden Zahl der Schüler beachten;
- die Erweiterung und Verbesserung der Möglichkeiten von Hauptschülern für eine weiterführende Ausbildung. In diesem Zusammenhang sind nach unserer Meinung die Voraussetzungen zu schaffen, dass mehr Schüler als bisher die Wiesbadener Berufsfachschulen besuchen können. Außerdem sollte in Erwägung gezogen werden, für die Hauptschüler der Altstadt in diesem Gebiet ein integriertes Gesamtschulsystem zu schaffen, welches erst die Voraussetzung für eine gründliche Chancengleichheit aller Jugendlichen bieten würde.

Die genannten notwendigen Ziele einer Verbesserung der Situation an den städtischen Hauptschulen können nur verwirklicht werden, wenn die Personalpolitik für Hauptschulen entsprechend betrieben wird. Der Arbeitsplatz des Hauptschullehrers muß für engagierte

Lehrer wieder attraktiv werden. Durch Ausbildung und Auswahl der Lehrkräfte sollte sichergestellt werden, dass diese Verständnis und Interesse für die besonderen Probleme städtischer Wohnbereiche in ihre Arbeit einbringen können.
Unter diesem Aspekt ist die Arbeit, die in der Käthe-Kollwitz-Schule begonnen wurde, ein bescheidener, aber zukunftsweisender Anfang. Wir fordern, dass Versuche ähnlicher Art an Wiesbadener Schulen verstärkt gefördert werden.
Wir als Klassenelternbeiräte würden es begrüßen, wenn dieser Brief ein Anlaß für das Gespräch über diese Probleme mit den Elternbeiräten aller Wiesbadener Hauptschulen sowie mit den zuständigen Verantwortlichen werden könnte.

(Schlosser, 8c); (Schnell, 8c); (Weber, 8d); (Faulstich, 8d); (Wolf, 8a); (Neumann, 8b); (Schlinke, 8b); (Marufke, 8a)

Die staatlich beauftragten Schulaufsichtsbeamten für Grund-, Haupt-, Real- und Sonderschulen im Schulaufsichtsbereich der Landeshauptstadt Wiesbaden

6200 Wiesbaden
Marktstr. 10
Zimmer 103
Fernsprecher: 31_2204
Fernschreiber: 186 698
Postcheckkonto: Stadtkasse
Wiesbaden Nr. 2680

An die Leitung der Käthe-Kollwitz-Schule W i e s b a d e n

Liebe Schüler, verehrte Kolleginnen und Kollegen, verehrte Mitarbeiter des BTZ Wiesbaden,

im Rückblick auf meine Teilnahme an der Diskussion und auf meinen Besuch der Ausstellung darf ich Ihnen zunächst sehr herzlich danken. Dieser Dank gilt allen Beteiligten: den Schülern, den Lehrkräften, der Schulleitung, den wissenschaftlichen Mitarbeitern des BTZ und dem Geschäftsführer, Herrn Schmidt. Aber er gilt auch den Damen und Herren aus Ämtern und Betrieben, die das Betriebspraktikum 'angenommen' und an der Diskussion teilgenommen haben. Ich würdige mit diesem Dank das Engagement aller, die immense Mehrarbeit in den Phasen der Planung, Vorbereitung, Durchführung und Nacharbeit. Ich darf schon an dieser Stelle anmerken und gebührend herausstellen, dass es die Absicht aller Beteiligten war und ist, ihr Projekt nicht im engen Raum einer Schule stehen zu lassen, sondern nach Möglichkeiten zu suchen, es als eine Möglichkeit für andere darzustellen.
Ich habe mich über das 'Dabeisein' der Schüler gefreut, über die vielen Anzeichen dafür, dass sie dieses Projekt als ihre Sache angenommen und so viele Zeugnisse mündlich, schriftlich, visuell und werklich der Öffentlichkeit vorgestellt haben. In diesem Zusammenhang haben mir die Arbeitsergebnisse einiger Kinder ausländischer Arbeitnehmer besondere Freude bereitet, zeigen sie doch, dass diese Jugendlichen einerseits in die Lerngruppen integriert worden sind, andererseits dabei ihre Fähigkeiten und Fertigkeiten unter erschwerten Bedingungen, aber überzeugend, unter Beweis stellen konnten. Die Öffentlichkeit mag zur Kenntnis nehmen, dass es hohe Zeit ist, hinsichtlich der Schulschicksale von 'Gastarbeiterkindern‘ nicht immer nur Negativformulierungen zu gebrauchen, Stereotypen zu verwenden und die vorhandene Bereitschaft der ‘Gastgeber‘ zum Gebrauch Vorurteilen zu durchstoßen.

Ich selbst wurde in hohem Maße an meine eigene Klassenarbeit in der Volksschuloberstufe der vierziger und fünfziger Jahre erinnert (unser Klassenraum war damals immer so etwas wie ein Laboratorium), und ich habe durch den Besuch der Ausstellung wieder dazugelernt. So sehe ich nach Abschluß der Ausstellung eine gute Möglichkeit für die Schule, sich ein Szenarium zu schaffen, das die Kulisse für Rollenspiele abzugeben vermag. Ein solches Szenarium wäre durchaus in der Lage, vermehrt und besser zu sprachlich flüssigeren und richtigeren Äußerungen zu führen und insbesondere auch den Wortschatz gezielter zu aktivieren.

Zurück aber zum Eigentlichen! Noch immer ist die 'Arbeitswelt' im ganzen - man möchte fast sagen - ein Schreckensruf für unsere Schule, auch für Gesamtschulen; noch immer sind Bildung und Ausbildung nahezu feindliche Begriffe, und offenbar hat unsere heutige Gesellschaft es versäumt, der Schule diejenigen Bildungsgehalte und Normen zu setzen, die sie benötigt, um ihre Absolventen auf die Anforderungen der sog. industriellen Gesellschaft und der sog. industriellen Professionalisierung als der neuen Form beruflicher Aktivierung vorzubereiten. 'Bildung contra Ausbildung' ist falsch, sie sind nur komplementär zu verstehen und führen nur zusammen zur Entfaltung und Selbstverwirklichung. Daher kommt es heute entscheidend auf eine Kurskorrektur an. Die Bildungspolitik zielt den neuen Kurs zwar an, die Umsetzung ist jedoch sehr viel schwieriger. Kommt es doch m.E. darauf an, ein 'Bildungsprogramm' dafür aufzustellen, das sich in Projekten konkret darstellt, neue Normen und Werte - unter Einbeziehung weiterer gesellschaftlicher Faktoren - zu formulieren, bestehende zu verändern, organisatorische Maßnahmen zu ergreifen, Umstellungen in der Schulorganisation und in der Organisierung von Lernen zu berücksichtigen, Konsequenzen durchzusimulieren und zu Lösungen zu gelangen, die keine Rezeptur darstellen dürfen, wohl aber Orientierungsmarken für andere sein können. Was nach meinen Vorstellungen zu tun bleibt, wäre u. a. dies:

- Aufbereitung des Materials (etwa als Loseblatt-Sammlung) mit Zielsetzungen – Lernzielkatalog -,Darstellung der einzelnen Phasen im Sinne einer Handreichung für andere(immer gebunden an konkrete Sachverhalte).
- Raffung des situativen Hintergrunds - etwa durch Herstellung einer Tonbildschau, in der sowohl die Grobskizzierung durch das Lehrerteam als auch die Detaillierung durch Darstellung der Schüler anderen gezeigt werden kann. Eine solche Tonbildschau könnte in einer bestimmten 'Stückzahl' hergestellt werden und wäre dann ausleihbar an Bildstellen, Schulen, Betriebe.
- Soweit dies nicht in den zu erwartenden Rahmenrichtlinien über Polytechnik niedergelegt sein sollte, wäre das 'Teilstück' Betriebspraktikum curricular einzugrenzen.
- Eine curriculare Fassung könnte für eine Neubearbeitung eines Erlasses mitverwendet werden.
- Schwierig, aber notwendig erscheint mir eine 'Sensibilisierung' der 'Ausbilder' in den Betrieben und Ämtern zu sein. Ideal wäre

die Bildung einer Arbeitsgruppe aus beiden 'Lagern'. Dabei sollte man sich zunächst an diejenigen wenden, die bereits eine positive Haltung dem BP gegenüber besitzen.

– Aus der Gesamtarbeit könnte ein System von Hilfen entstehen, das sowohl Lehrer wie Schüler in den Stand versetzt, zu erkennen, welche Fähigkeiten und Fertigkeit im Ablauf eines Projekts notwendig sind, um bestimmte Aufgaben zu lösen (Informationsentnahme aus Texten, Erlernen der Fragetechnik, Interviewtechnik, Fragebogentechnik, Fertigkeiten, ein Tagebuch zu führen und...). Ein solches Instrumentarium könnte an unterschiedlichen Stellen des Projekts im Sinne eines Kurzlehrgangs eingebaut werden.

Das sind nur einige Überlegungen, die mir in der Rückschau aufgekommen sind, und ich gestehe auch ein, dass das Team vom Arbeitsaufwand und der Zeit her überfordert sein könnte. Aber vielleicht läßt sich das eine oder andere doch verwirklichen; denn das, was ich gesehen habe, sollte nicht in Vergessenheit geraten, sondern multipliziert werden.

Mit freundlichen Grüßen

Jungmann

Trotz einer breiten Unterstützung, die auch in Fachzeitschriften veröffentlicht wurde, musste die Projektgruppe am BTZ im Jahre 1974 ihre Arbeit beenden.

Übertragung und Weiterführung der Ideen

VI Es geht trotzdem weiter

VI.1 Lernprozesse und die Umsetzung der Projektideen in einer Integrierten Gesamtschule und in der Lehrerausbildung (Peter Held)

VI.1.1 Persönliche Lernprozesse

Wie ich bereits an anderer Stelle geschrieben habe, bin ich mit einem ausgesprochen konservativen Rollenverständnis an die Käthe-Kollwitz-Schule gekommen.
Während des Studiums habe ich mir keine Zeit genommen, mich von den politischen Ereignissen der 68iger Studentenrevolte „politisieren" zu lassen, da ich Familie hatte und schnell Geld verdienen musste. Zudem steckte ich im Frühsommer 1968 mitten in den Prüfungsvorbereitungen zur 1. Staatsprüfung.
Noch einmal möchte ich kurz skizzieren, welchen „Stallgeruch" ich zu Beginn meiner Lehrerzeit hatte:

- Tradierte Wert- und Moralvorstellungen
- Konservatives Verständnis von Schule
- A-politische Einstellung zum Berufsleben
- Gewissenhafter Beamter
- Scheinbare Sicherheit in meiner Lehrerrolle
- Hauptschule als Restschule
- Überlegenheitsgefühl gegenüber Schülern und Eltern

Mit der neu konstituierten Lehrergruppe begann bei mir langsam ein Prozess der Verunsicherung. Wir besuchten uns gegenseitig im Unterricht und verloren langsam die Scheu voreinander. Jeder stellte fest, dass es bei dem anderen auch nicht so klappte, wie wir uns das vorgestellt hatten. Wir thematisierten Schwierigkeiten und Ängste. Das nahm einerseits den Druck des „Sich-beweisen-müssens" aus der Gruppe, führte aber andererseits zu einer ersten Verunsicherung, weil das Zugeben von Schwierigkeiten, das Zeigen von Gefühlen und Ängsten in der Gruppe für mich fremd waren.

Wie in der Fortsetzung meiner Notizen deutlich wird, begann an dieser Stelle die Sensibilisierung für die Jugendlichen, ihre sozialen Probleme und ihre Lebenswelt.
„Die Handlungsforschungsgruppe bewegte sich in den ersten Wochen stark auf der Ebene der teilnehmenden Beobachtung. In den anschließenden Gesprächen wurden häufig Ebenen thematisiert, für die ich als Lehrer bisher keinen Blick gehabt hatte, wie „Heimlicher Lehrplan" u. a. Meine Identifikation mit den Wissenschaftlern war so groß, dass ich diese Anregungen begierig aufgenommen habe. In den nächsten Wochen und Monaten wurde mein Beobachtungsvermögen geschult. Mit Erstaunen bemerkte ich Phänomene im Unterricht, die mir vorher nie aufgefallen waren: Unlust, Apathie, Gerangel um Führungspositionen, Sprachschwierigkeiten u. ä.
In der Lehrergruppe wurden diese Phänomene lebhaft diskutiert. Wir fragten nach den Ursachen und wendeten uns vermehrt der Lebenswelt dieser Schüler zu. Was tun sie? Wie leben sie? Welche Probleme haben sie? Warum ist Unterricht so schwierig? Im Kontext dieser „persönlichen Lebenswelterforschung" begann ich, Elternbesuche durchzuführen, was mich zunächst doch einige Überwindung kostete. Dabei habe ich auch ausländische Familien in unvorstellbar beengten und ärmlichen Lebens- und Wohnsituationen kennen gelernt. Zugleich aber signalisierten diese Familien eine enorme Gastfreundschaft und Hilfsbereitschaft. Ich war tief betroffen. Weitere Elternbesuche bestätigten meine Eindrücke und Beobachtungen. Mir wurde klar, wie schwer Schüler unter diesen Voraussetzungen arbeiten können, wie wenig sinnvolles und anregendes Lernmaterial ihnen bereitgestellt werden kann. Die Gesetzmäßigkeiten unter denen sich ihr Leben vollzieht überlagern alle von uns methodisch gebotenen Anregungen, da sie in keiner Weise in ihre Lebenswelt passen. Ich begann, für die Schüler Sympathien zu entwickeln.
In dieser Zeit brachte ein Freizeitseminar mit vier Klassen auf dem Jugendhof Dörnberg bei Kassel weitere Unsicherheiten und Erkenntnisse für mich. Im Rahmen eines Simulationsspiels - Unsere Wirtschaftswelt - bezog ich eine aktive kämpferische Position für die Schüler, indem ich den Vorsitzenden einer Gewerkschaftsgruppe spielte. Im Freizeitbereich begann ich, meine Ängste abzubauen. Ich wagte, mit den Schülern zu tanzen, sie zu trösten, ihnen Mut zuzusprechen, mit ihnen persönliche Probleme zu diskutieren.

Auf rationaler Ebene wurden diese Sensibilisierungstendenzen durch die Beschäftigung mit einschlägiger Literatur bestätigt. Bei der Lektüre insbesondere von Oevermann und Bernstein (elaborierter und restringierter Sprachcode) wurde mir klar, dass ich ähnliche Sprachverhaltensweisen im Unterricht kenne. Sofort vorgenommene Aufsatzanalysen bestätigten der Lehrergruppe die wissenschaftstheoretischen Argumentationen. Mein uneingeschränktes Interesse galt von nun an nicht nur der Literatur, die sich mit politischen und psychosozialen Problemen von Arbeiterkindern beschäftigt, sondern auch mit deren Lebenswelt. Ich versuchte, das Leben und den Wertekontext der Jugendlichen genauer kennen zu lernen. In den nächsten Monaten bewegte ich mich viel an den Freizeitorten der Schüler, auf Plätzen, in Diskotheken, Kneipen, Kinos usw. In dieser Zeit etwa konzentrierte sich auch das Forschungsfeld der Projektgruppe auf die Lebenswelt dieser Schüler. In intensiven Gruppengesprächen arbeiteten wir unsere Erfahrungen auf. Dabei hatte ich insofern Schwierigkeiten, als ich mich emotional kaum von meinen Eindrücken lösen konnte. Der Umgang mit anderen Jugendlichen, „Pennern", kriminalisierten Jugendlichen und Erwachsenen, Spielern, Prostituierten u. a. stürzte mich in eine schwere Krise. Diese Welt kannte ich nicht - sie unterschied sich zu stark von meiner Welt.

Hier half die Lehrergruppe, die sich zwischenzeitlich umstrukturiert hatte, sehr nachhaltig, die Probleme aufzufangen. Hilfreich war außerdem auch die von uns installierte Supervision mit einem Fachmann. So konnte ich meine persönliche Krise konstruktiv angehen und langfristig bewältigen.

Von nun an engagierte ich mich stark für die Unterprivilegierten.

Da die Projektgruppe inzwischen in eine Legitimationskrise gekommen war, musste auf den verschiedensten Ebenen um die Fortführung des Projektes gekämpft werden. Ich engagierte mich stark und versuchte, mit den Lehrern der Gruppe weniger für das Projekt als vielmehr für die Hauptschüler zu kämpfen. Mit den Schülern wurden im Unterricht Statements für bildungspolitische Veranstaltungen erarbeitet. Die Schüler vertraten ihre Ansichten mit Bravour. Das führte zu einer starken Kampagne verschiedener konservativer Kräfte gegen die Käthe-Kollwitz-Schule. Dabei wurden uns aber auch viele Bestätigungen und Verstärkungen zuteil. Wir bekamen Kontakt zu anderen Handlungsforschungsgruppen, Autoren (Wünsche u. a.) und Kollegen und tauschten unsere Erfahrungen aus.

Im Unterricht wurde nun das Duzen eingeführt. Ich habe es nicht eingesehen, bei diesen engen Kontakten weiter auf einer formalen Ebene stehen zu bleiben. Das führte ab jetzt zu schweren Kämpfen und Auseinandersetzungen im Kollegium. Das Kollegium war total gespalten. Leider unterlag unsere Gruppe in jeder Abstimmung, da wir zu wenige waren.
Zeitgleich begann eine intensive pädagogische Arbeit. Wir entwickelten neue Unterrichtsformen, wie Soziodramen, Rollenspiele, Planspiele, Simulationsspiele und Wochenendseminare. Auch letztere wurden mit Schülern durchgeführt.
Immer wieder traten wir mit Forderungen an das Kollegium: Verzicht auf traditionelle Unterrichtsinhalte, Einbeziehung neuer, schülerbezogener Inhalte und Methoden, Verzicht auf die 45-Minuten-Stunden, Förderung vorhandener Kompetenzen, Einbeziehung von Sozialpädagogen, Arbeit in Kleingruppen, außerschulische Alternativen, therapeutische Individualhilfen u. ä.
In dieser Zeit schrieb ich das Tagebuch über meine neue Klasse. Die Monate und Wochen waren sehr anstrengend; Schwierigkeiten in der neuen Klasse, Konfliktkurs im Kollegium, häufige Gruppensitzungen und Strategieberatungen, Probleme im privaten Bereich und Arbeit an Veröffentlichungen. Hier hat wiederum unsere Gruppe eine enorme Auffangrolle gespielt. Sie war zu dieser Zeit sehr stark, weil sie aufgrund der vielen Angriffe eng zusammenhalten musste.
Monate später hatte die Gruppe der Wissenschaftler ihre Aufgabe beendet. Wir trennten uns von ihnen, weil wir glaubten, stark genug zu sein, die Arbeit alleine weiterführen zu können.“[59]

Mein Verständnis für die Schüler und ihre Lage war inzwischen so groß, dass ich mich teilweise mit ihnen identifizierte. In Konferenzen, öffentlichen Veranstaltungen, politischen Foren, Parteiveranstaltungen, Rahmenrichtliniendiskussionen, Verlagskonferenzen, dem AMS u. v. a. setzte ich mich engagiert für „meine“ Hauptschüler ein.

[59] Peter Held (1978). S. 65ff.

In dieser Zeit lernte ich privat das Gitarrespielen und textete zu verschiedenen populären Songs. U. a. entstanden zu Peter Paul & Mary – „Puff the Magic Dragon“ die folgenden Zeilen:

Luigi

Luigi der neue Schüler
kommt weit vom Süden her
die Eltern wohnen Tiefparterre
fehlt Raum und Licht dort sehr
Den Jungen mag kaum einer
weil er kein Wort Deutsch kann
die Straße ist sein Leben
sein erstes Wort ist „ man „

Der Lehrer sagt: „Luigi,
nun halte dich mal ran“
Doch der zuckt mit der Schulter
und sagt enttäuscht „Nix kann„
Die Wochen die vergehen
Luigi bleibt allein
er setzt sich durch mit Schlägen
und manchem Tritt ans Bein

Die Schule macht ihn fertig
schafft die Versetzung nicht
die Klasse meint: „ Der hat`s verdient,
weil der so schrecklich riecht!“

Aus der Zelle nach Crotone
treibt ihn die Sehnsucht hin
da kann er so schön spielen
`s geht ihm nicht aus dem Sinn!

Nach Monaten in Deutschland
kann er so manches Wort
wie „Fresse, Scheiße und Halt`s Maul"
er möchte` so gern jetzt fort!

Nach Crotone bei Reggio
treibt ihn die Sehnsucht hin
da kann er so schön spielen
versteht ihn jedes Kind!

Nach manchen kleinen Brüchen
schnappt ihn die Polizei
und weil ihm niemand helfen will
ist`s mit Luigi bald vorbei

Dieser Song zeigt vielleicht auf andere Weise die relativ bedingungslose Identifizierung mit den Jugendlichen. Das war natürlich auch gefährlich, weil die notwendige Distanz verloren ging. Dieses wiederum führte zu massiven Konflikten mit Teilen des Kollegiums.

„Im Unterrichtsgeschehen versuchte ich durch einen schülerzentrierten Unterricht, der die Bedürfnisse und Fähigkeiten berücksichtigt, Interesse, Leistungsbereitschaft und Motivation zu fördern. Dabei gab es häufig Situationen (Essen und Trinken während der Stunde, Verhaltensfragen), die von Kollegen heftig kritisiert wurden und zu denen ich selbst ein ambivalentes Verhältnis hatte. Aufgrund des großen Verständnisses, der Sensibilität und des Problembewusstseins für die Jugendlichen war ich meist unfähig, Anordnungen und Entscheidungen zu treffen, die sich aus meiner Sicht auf die Schüler negativ auswirkten. Ich war sehr hilflos und nicht in der Lage, Strukturen vorzugeben. Im schulpolitischen Bereich war die Lehrergruppe durch das veränderte politische Klima ständig auf einer Rückzugsposition. Verschiedenste Anträge (Schulsozialarbeit u. a.) und Anregungen wurden abgeblockt, so dass sich allmählich Resignation breit machte. Zudem waren wir alle von jahrelangen Kämpfen konfliktmüde geworden. Diese Entwicklung begünstigte eine verstärkte Zuwendung zu eigenen Problemen, zur eigenen Person.

Erkenntnisse und die neue Position

In einem längeren Erkenntnisprozess wurde mir bewusst, dass ich als Lehrer die Institution Schule nach wie vor repräsentiere. Diese Tatsache hatte ich in der oben beschriebene Phase versucht zu leugnen. Nun musste ich den Schülern klar machen, dass ich bei allem Verständnis für sie ein Lehrer bin. Indem ich der Klasse Konturen vermittelte, Strukturen aufzeige und vorgab, wurde meine Position deutlicher und ich verlor meine Ambivalenz, die mich häufig handlungsunfähig gemacht hatte.

Ein weiterer Gesichtspunkt wurde in diesem Zusammenhang wichtig: Meine emanzipatorischen Zielsetzungen und Ansprüche können langfristig nur dann Erfolg haben, wenn den Schülern die Möglichkeit gegeben wird, sich an einer starken Lehrerpersönlichkeit abzuarbeiten, d.h. wenn sie ihre Widerstandsfähigkeit gegenüber Autoritäten zu schulen. Das setzt eine klare Strukturgebung voraus, mit der sich die Schüler angstfrei auseinandersetzen können und die dem Lehrer und den Schülern die Möglichkeit und Notwendigkeit von Kompromissen erfahrbar macht. Dieser Kampf um Kompromisse ist ein täglicher Lebenskampf, der auf diese Art und Weise exemplarisch eingeübt werden kann.

Um allen Missverständnissen vorzubeugen: gemeint ist nicht meine Rückkehr zur traditionellen Lehrerrolle, gemeint ist vielmehr die Lehrerpersönlichkeit, die durch biographische Einflüsse, Entwicklungen und Erkenntnisprozesse meine jetzige Identität ausmacht. Sensibilität, Verständnisbereitschaft, Flexibilität und die Fähigkeit, lebensnahe Unterrichteinhalte so zu vermitteln, dass über eine Betroffenheit der Schüler echte Lernprozesse in Gang gesetzt werden können, ist die eine Seite dieser Identität. Der formale Aufgabenbereich, die institutionelle Verankerung und das Einbringen dieser Tatsachen in das Unterrichtsgeschehen ist die andere Seite dieser Identität.

Das war in dieser Zeit das Ergebnis jahrelanger persönlicher Entwicklungen und Veränderungen. Es war auch ein Kompromiss – ein Kompromiss zwischen dem vorbehaltlosen Einstehen für Hauptschüler und Deklassierte einerseits und dem Beachten gesellschaftlicher und institutioneller Strukturen andererseits. Eine resignative Tendenz ist unverkennbar, aber ich musste wohl lernen, mit den Widersprüchen zu leben."[60]

Fritz Gürge (links) und Peter Held in Berlin

Auch im ganz privaten Bereich haben sich meine psychosozialen Veränderungen sehr stark ausgewirkt; das sollte hier nicht unerwähnt bleiben. Die 70iger Jahre waren die prägenden Jahre der Erziehung meiner eigenen Kinder Stephanie und Oliver.

Zumindest anfangs war meine Erziehung äußerst autoritativ. Ich schätzte zwar den autonomen und eigenen Willen der Kinder und berücksichtigte ihre Interessen, meine Sichtweise hatte jedoch Vorrang und ich erwartete Gehorsam. Um mich durchzusetzen, verwendete ich sowohl Argumente als auch meine Macht. Meine Tochter Stephanie habe ich zweimal in meinem Leben geschlagen – das tut mir noch heute Leid. Oliver erlebte mich schon in meinem Veränderungsprozess. Je länger meine Arbeit mit den Wissenschaftlern und der Gruppe dauerte, desto mehr veränderte sich auch meine Einstellung und meine Haltung zur Erziehung.

---

[60] Peter Held (1978). S. 69ff.

Ich wurde sensibel und empathisch, war aber auch in hohem Maße verunsichert. Deshalb schlug das „Erziehungspendel“ zunächst zu stark in die andere Richtung aus. Der Freiheitsraum meiner Kinder wurde nun sehr groß, Einflussnahmen meinerseits sehr gering, Diskussionen über Erziehung bestimmten für längere Zeit mein Privatleben. Erst viel später pendelte sich mein Verhalten so ein, dass ich es selbst halbwegs als „demokratischen Erziehungsstil“ bezeichnen würde.

In dieser Zeit wurde in den Kneipen viel politisch diskutiert. Auch ich war mit meinen Freunden regelmäßiger Kneipengänger. Freizeit fand häufig dort statt. So war es nicht verwunderlich, dass Anfang der 80iger Jahre die Idee geboren wurde, selbst eine Kneipe aufzumachen. Ein Psychologe, eine Köchin, mein Freund Heinrich (Lehrer) und ich eröffneten im Februar 1982 den „Dritten Ort“ in der Wiesbadener Innenstadt. Die Namensidee lieferte ein Artikel der „Psychologie Heute 7/81“, der den 3. Ort (Freizeit) als lebenswichtigen Frei-Raum zwischen/nach Beruf (2. Ort) und Familie (1. Ort) ansah. Wir hatten viel Erfolg: politische Veranstaltungen, Kabarett, Elternabende, Stammtische, Treffen der „Grünen“, viele Life-Musik-Veranstaltungen und attraktive Speisen- und Getränkepreise führten dazu, dass das Lokal meist gut besucht war. Jeder von uns hatte einen Abend in der Woche Dienst, das Wochenende übernahmen wir abwechselnd.

Eröffnungsplakat „Dritter Ort“

Peter Held (links) als Kneipier mit Gast

Neben der Familie, den Berufen (Lehrer und Lehrerausbilder), den sonstigen Freizeitaktivitäten und meinen Ämtern als Elternbeiratsvorsitzender meiner Kinder hat dieser „Zusatzjob" viel Kraft gekostet. Es war aber zugleich auch eine wichtige letzte Abnabelung von meinem Elternhaus (zur Erinnerung: meine Kneipengänge als Jugendlicher wurden abgelehnt und sanktioniert). Nur aus diesem Grunde konnte ich die starke Belastung 4 ½ Jahre durchhalten.
Allerdings beendete auch ein schweres Rheuma diese „Karriere". Thorwald Dethlefsens Buch „Krankheit als Weg" verdeutlichte mir den tieferen Sinn dieser Krankheit. Über viele Maßnahmen, angefangen von der Veränderung vieler Lebensgewohnheiten, dem Aufgeben des Rauchens, dem Abnehmen, dem Beginn meiner „Laufkarriere" (Halbmarathon) bis hin zur Akupunktur und vielen Gesprächen ist es mir gelungen, die Krankheit im Laufe eines Jahres zu überwinden. Im Nachhinein deute ich sie auch als echte Sinn- und Lebenskrise, denn in diese Zeit fiel auch der Beginn der Beziehungsprobleme in meiner Ehe. Diese wurde schließlich nach einer langen Zeit der Auseinandersetzungen zu Beginn der 90iger Jahre geschieden.
Möglicherweise wäre alles das nicht geschehen, wenn nicht diese beruflichen und persönlichen Veränderungen am Anfang meiner Berufslaufbahn gestanden hätten. Heute kann ich nur sagen: gut, dass das alles passiert ist – ich habe mich verändert, ich bin reifer geworden und habe eine klarere Sicht auf viele Dinge.
Inzwischen auch wieder neu und glücklich verheiratet, habe ich nach einer Phase der Neuorientierung und Beziehungsklärung heute einen guten Kontakt zu Kindern und Enkelkindern.

Soweit die Exkursion in die Zeit der 70er und auch der 80iger Jahre.

Ich denke, mit dem Ende des wissenschaftlichen Projektes war auch meine „Lehrzeit" als Lehrer beendet. Nun galt es, auf eigenen Füßen zu stehen und das Erfahrene und Gelernte anzuwenden,
Nach der Beendigung des wissenschaftlichen Projektes wandte ich mich stärker der Ausbildung zu. Dort habe ich mich zunächst durch eine Erweiterungsprüfung zum Rektor als Ausbildungsleiter qualifiziert und in dieser Funktion einige neue Methoden und Inhalte eingeführt (Wochenendseminare – Tagesseminare – neue Unterrichtsmethoden in der Ausbildung – Erforschung der Lebenswelt der Schüler – Projekte u. v. a.).

Fritz Gürge tat sich an der Käthe-Kollwitz-Schule mit Lothar Kübler und zunächst auch mit Johannis Schöneberger zusammen, um das fortzusetzen, was bisher erreicht wurde.
Wegen der stark gestiegenen Referendarzahlen habe ich immer weniger in der Schule unterrichtet und meinen Tätigkeitsbereich bis nach Limburg, Rüsselsheim, Main-Taunus und Rheingau-Taunus ausgeweitet.
1989 wurde die Käthe-Kollwitz-Schule geschlossen(die politischen Hintergründe sind hinreichend erörtert). Nur die 9. Klassen konnten ein weiteres Jahr dort verbleiben und ihren Abschluss machen. In den Räumen der Käthe-Kollwitz-Schule begann die neu gegründete Integrierte Gesamtschule Kastellstraße mit den Klassen 5 und 6.
Hier – in vertrauten Räumen - startete ich meine „Gesellenzeit“ mit viel Power, Besetzung von Freiräumen und Zusammenarbeit mit jungen, engagierten Kollegen.
Fritz Gürge habe ich immer ein wenig nachgetrauert – er ging mit Beendigung der Käthe-Kollwitz-Schule in Pension– und manchmal habe ich mich gefragt, was er wohl sagen würde zu den positiven Veränderungen, die wir jetzt in der Integrierten Gesamtschule erreichten.

VI.1.2 Berufliche Weiterentwicklung

Die neu organisierte und ebenso teilweise neu konzipierte Unterrichtsarbeit an der IGS sowie die Lehrerausbildung am Studienseminar in Wiesbaden waren die Stützpfeiler meiner Arbeitskonzeption. Besonders mein Seminar „Politik und Wirtschaft“ war bestens geeignet, meine persönlichen Reifungsprozesse, Erkenntnisse und Wissenserweiterungen produktiv einzubringen.
Dieses Grundprinzip meiner Arbeit möchte ich nachfolgend differenzierter am Beispiel einiger Themenbereiche und Module aus Schule und Ausbildung näher beleuchten. Ich denke, hierbei lässt sich auch gut erkennen, dass Themen, die uns schon früher häufig beschäftigt haben (z.B. Lebenswelt von Jugendlichen, Disziplinkonflikte, Soziales Lernen, Psychosoziales Lernen, Selbstbestimmtes Lernen) stärkere Beachtung in Schule und Lehrerausbildung fanden.

Klassenrat in der IGS Kastellstraße

Die IGS führte als eine der ersten Schulen in Hessen den Klassenrat - ein wirklich demokratisches Element - in den Unterricht ein. Im Klassenrat haben die Schüler und Schülerinnen die Möglichkeit, ihre eigenen Probleme, Interessen, Konflikte und Vorschläge einzubringen. Daher nimmt der Klassenrat eine wichtige Rolle ein in der Forderung nach Selbstbestimmung der Schüler und Schülerinnen.
Darüber hinaus lernen die Jugendlichen, eine Diskussion zu führen und zu leiten, sich an fest vereinbarte Gesprächsregeln zu halten, Protokoll zu führen und nach allgemein üblichen Geschäftsordnungspraktiken zu verfahren. Der Klassenrat findet eine Stunde in der Woche statt.
Geschäftsgrundlage des Klassenrates ist die Wandzeitung, die in jeder Klasse aushängt. Sie ist aufgeteilt in Spalten:

Ich finde gut	Ich finde nicht gut	Ich schlage vor

Im Laufe der Woche hängen Schüler und Lehrer in die jeweilige Spalte mit Namen versehene Zettel, auf die sie ihre Vorschläge oder Probleme geschrieben haben. Im Klassenrat werden diese Zettel dann gemeinsam bearbeitet und Entscheidungen werden getroffen. In der Klasse 5 leitet noch der Lehrer den Klassenrat, danach werden die Schüler an diese Aufgabe herangeführt. Die Lehrer sollen sich nach und nach immer mehr zurücknehmen, bis letztlich der Klassenrat auch ohne Lehrer stattfinden könnte. In ihm sind Lehrer und Schüler gleichberechtigt und haben gleiches Stimmrecht.

Dieser Bereich war wichtiger Bestandteil der Referendarausbildung. Häufig habe ich Referendare in meinen Klassenrat eingeladen. Als Besucher konnten sie sich davon überzeugen, wie engagiert der Klassenrat von den Jugendlichen angenommen wurde.

Der Klassenrat tagt: Schüler der IGS Kastellstraße mit ihrem Lehrer Peter Held. Bild: wita / Paul Müller

[61]

Interkulturelles Lernen (Modul: „Dem Fremden begegnen")

Aufgrund meiner vielfältigen Erfahrungen mit ausländischen Kindern an der Käthe-Kollwitz-Schule und den daraus für den Unterricht resultierenden Problemen war mir als Lehrerausbilder klar, dass dieses Thema Gegenstand der Ausbildungsarbeit sein musste. Junge angehende Lehrer und Lehrerinnen brauchen Orientierung, wie sie mit Jugendlichen mit Migrationshintergrund umgehen müssen/können.

Im Laufe der Jahre habe ich immer öfter Ausbildungsseminare zum Interkulturellen Lernen angeboten, insbesondere im Bereich der türkischen Kultur. Zusammen mit Experten (türkische Lehrerin, türkische Erzieherin, deutscher Muslim, deutsche Muslimas u. a.) haben wir das türkische Viertel in Wiesbaden erkundet, Hinterhofmoscheen und muslimische Kindergärten besucht, heftige Diskussionen zwischen Muslimen und Referendaren erlebt, Simulationsspiele, Planspiele und interaktionspädagogische Übungen durchgeführt.

---

[61] Aus: Wiesbadener Kurier, Sa, 6. Mai 2000, S. 15.

Die Ergebnisse und Erkenntnisse haben wir aber immer wieder auf die Unterrichtspraxis zurückgespiegelt. Die Frage, wie ich als Lehrer mit den verschiedenen Problemen umgehe, stellt sich in diesem Zusammenhang besonders dringend, z.B. wenn ein türkisches Mädchen nicht am Schwimmunterricht teilnehmen soll oder die Teilnahme an einer Klassenfahrt verweigert wird. Der Höhepunkt war immer wieder das Simulationsspiel „Bei den Derdianen", in dem es darum geht, die Normen einer fremden Kultur zu entschlüsseln, sich in diese einzufinden und die Eindrücke der Begegnung mit einer fremden Kultur zu reflektieren.
Später habe ich für Referendare auch Reisen in die Türkei (Mittelanatolien – Leben im Dorf) organisiert, um die türkischen Werte, Normen und Rituale „vor Ort" kennenzulernen. Dabei hatte ich die Intention, dass der Umgang der angehenden Lehrer mit Jugendlichen mit Migrationshintergrund in der Schule deutlich verständnisvoller wird.

Ausbildungsmodul: „Dem Fremden begegnen" – Gespräch mit muslimischen Frauen über die Probleme türkischer Migrantinnen

„Ausprobieren“ einer Wasserpfeife auf einer Türkeireise mit Lehrern und Lehrerinnen – Peter Held (rechts)

Umgang mit Konflikten (Modul der Lehrerausbildung)

Ein Arbeitsschwerpunkt im Seminar waren konkrete Situationen der Referendare in ihrem eigenen Unterricht. Mit kollegialer Fallarbeit, verbunden mit Rollenspielen und interaktionspädagogischen Übungen, wurde am konkreten Fall versucht, Ursachen von Konflikten „aufzudröseln“, Lösungen zu entwickeln und das Verhaltensrepertoire der Lehrer und Lehrerinnen zu erweitern. Vielzählige Möglichkeiten und Maßnahmen zum Umgang mit Konflikten wurden erarbeitet, das Konfliktgespräch als zentrale Mediationsform eingeübt und viele Präventionsmöglichkeiten kennen gelernt.

Aktuelle Anlässe brachten uns dazu im Unterricht und im Seminar immer wieder das Verhalten der Jungen zu thematisieren und schließlich ein spezielles Curriculum für „Jungenarbeit“ zu entwickeln. Besonders in den letzten Jahren habe ich schwerpunktmäßig mit Jungengruppen gearbeitet.

Ich bin der Meinung, dass die Jungen in unserer Gesellschaft die eigentlichen Bildungsverlierer sind und für sie deutliche Anstrengungen unternommen werden müssen, ihre Situation zu verbessern. An anderer Stelle dieses Kapitels gehe ich ausführlicher auf dieses Thema ein.

Ein weiteres Ausbildungsmodul befasste sich mit dem Thema „Von der Auffälligkeit in den Knast“ Hier wurde ein fiktiver Schulverwei-

gerer durch alle Instanzen begleitet [Schule - Sonderschule (heute: Förderschule) – psychologische Betreuung – EVIM – Jugendgericht – JVA]. Dabei wurden für jede „Station“ Experten eingeladen, mit denen man dann diskutierte. Schließlich konnten wir das Modul mit einem Besuch der Wiesbadener JVA und einer Diskussion mit jugendlichen Strafgefangenen abschließen.
Im Bereich der Schule hatte ich bereits 1991 mit einer Kollegin die „Kummerlöser“ gegründet, einen Konfliktausschuss (Streitschlichter), der wesentlich von Jugendlichen geleitet wird, die vorher eine entsprechende Ausbildung erfuhren. Sie wurden langsam in die Lage versetzt, bei Streitigkeiten und Problemen zwischen Schülern vermittelnd einzugreifen. Die „Kummerlöser“ wurden sogar im Juni 1993 in Leipzig von Frau Dr. Hildegard Hamm-Brücher, Leiterin der Theodor-Heuss-Stiftung zur Förderung der politischen Bildung und Kultur, ausgezeichnet. Noch heute sind diese Streitschlichter ein wesentliches Element an der IGS Kastellstraße.

Auszeichnung der „Kummerlöser“ in Leipzig 1993 durch Frau Dr. H. Hamm-Brücher

Aus: Schulung der Streitschlichter

Übung: Vertreten eines Standpunktes

Aus: Schulung der Streitschlichter

Eingangsstatements der Kinder

Psychosoziales Lernen in der IGS Kastellstraße

Im Rahmen der Weiterentwicklung der Unterrichtskonzeption zum sozialen Lernen an der IGS wurde auf meine Initiative hin Anfang der 90iger Jahre das „Psychosoziale Lernen“ an der Schule eingeführt. Was war darunter zu verstehen und was wollten wir damit erreichen?

Suchtprobleme von Jugendlichen, häufig überforderte Familien, eine weitgehend unzureichende Sexualerziehung, aggressives Verhalten in der Schule, Probleme im Umgang mit Alltagsbelastungen, nur hedonistisch orientierte Haltungen sind einige der völlig unterschiedlichen Faktoren, die deutlich machen, dass es an psychosozialer Kompetenzen bei Kindern und Jugendlichen fehlt. Hier nun ist es Aufgabe der Schule, eine solche zu entwickeln.

Personale und interpersonale Fähigkeiten müssen in der Schule angebahnt und entwickelt werden, die es den Jugendlichen ermöglichen, sich autonom zu entfalten. Einerseits soll also die „psychosoziale Kompetenz“ des Einzelnen verbessert, andererseits die Arbeitsfähigkeit und Entwicklung der Gruppen/Tischgruppen im Klassenzimmer gefördert werden.

Dabei geht es uns in der Arbeit u. a. um folgende psychosozialen Lernziele:

- Verbesserung der Wahrnehmungsfähigkeit
- Reifung durch Auseinandersetzung mit dem eigenen Empfinden und Erleben
- Vertiefung von Verantwortung für die eigene Person
- Anbahnung von Empathiefähigkeit
- Verbesserung der Selbstachtung und Aufbau von Toleranz für andere
- Entwicklung von Offenheit
- Förderung von Kooperationsfähigkeit
- Aufbau eigener Wertevorstellungen
- Hilfen zur Entwicklung von „Ich-Stärke"

Wie sollen diese Ziele verwirklicht werden?
Wichtigstes Mittel zum Erwerb obiger Qualifikationen ist die Interaktionsübung. Sie steht im Mittelpunkt der jeweiligen Stunde. Da die anschließende Auswertung grundsätzlich eine enorme Bedeutung hat, lege ich Wert auf den Begriff „Übung". Er signalisiert den Jugendlichen einen größeren Ernstcharakter als der Begriff „Spiel". Interaktionsübungen reproduzieren in einer einfachen, überschaubaren Art die Struktur wirklicher Gruppen- oder Lebenssituationen. Die Einfachheit der Übungen ermöglicht den Jugendlichen, Einsichten in die eigene Person besser zu erfahren und zu verstehen. Sie können auf diese Weise wirksam und risikofrei Verhaltensweisen lernen und mitgebrachte Einstellungen und Haltungen überprüfen.
Ich versuchte, mit Kolleginnen und Kollegen an meiner Schule die obigen Ziele in Ansätzen anzugehen und zu verwirklichen.
Die Integrierte Gesamtschule Kastellstraße in Wiesbaden umfasst die Jahrgänge 5 bis 10 und ist dreizügig. In den Jahrgängen 5, 7 und 9 wird das Fach „Wir über uns" jeweils zweistündig in der Regel von den Klassenlehrern unterrichtet.
In den Jahrgang 5 kommen die Jugendlichen aus verschiedenen Grundschulen mit einem hohen Maß an Geborgenheit und erleben zunächst eine Vielzahl von neuen Situationen und Verunsicherungen. Sie müssen sich außerdem auf eine neue Gruppe einstellen. In diesem Schuljahr können grundlegende Fähigkeiten und Rituale angelegt werden. Auch ist es hier sinnvoll, verschiedene für das schulische Zusammenleben wichtige Verhaltensweisen einzuüben (z.B. Konfliktfähigkeit).

Aus: „Wir über uns" – Psychosoziales Lernen. Wahrnehmungsübung: Erkennen des dargestellten Gefühls durch das richtige Deuten der Körperhaltung

Das Lebensalter des Jahrgangs 7 – auch bedingt durch die Pubertät - ist besonders durch viele Missverständnisse und Spannungen zwischen Erwachsenen und Jugendlichen gekennzeichnet. Die Jugendlichen versuchen, sich eine eigene Position als selbständige Person zu erarbeiten. Das ist z. T. bedrohlich und mit Ängsten besetzt.. Das Dilemma dieser Übergangssituation besteht darin, in erster Linie erwachsen werden zu wollen und erst in zweiter Linie Jugendliche zu sein.

Im Lebensalter des Jahrgangs 9 ist es eine wichtige Aufgabe, die Jugendliche zu leisten haben, sich allmählich von den Eltern zu lösen. Das Ansehen der Eltern muss abgewertet werden, neue Identifikationsfiguren entstehen. Darüber hinaus geht es darum, Hilfestellungen zu den eigenen Lebensentwürfen und Lebensplanungen zu geben. Zukunftserwartungen sind zu präzisieren und persönliche und berufliche Lebensziele müssen ins Auge gefasst werden (einige Jugendliche verlassen nach Klasse 9 die Schule).

Der Unterricht ist in „Wir über uns" für alle Schüler und Schülerinnen verbindlich. Es gibt natürlich keine Noten, sondern lediglich einen Zeugnisvermerk, dass am Unterricht teilgenommen wurde. Die Beteiligung an allen Übungen ist natürlich grundsätzlich freiwillig. In acht Jahren meiner Arbeit mit Interaktionsübungen habe ich es aufgrund der darin enthaltenen Dynamik und Spannung noch kaum erlebt, dass sich jemand verweigert hat. Wenn aber jemand nicht teilnehmen will, erhält er Beobachtungsaufgaben und kann somit an der anschließenden Auswertung aktiv teilnehmen.

An welchen Themen wird im Unterricht gearbeitet?
Jahrgang 5
- Sich kennen lernen
- Beobachten und Wahrnehmen - Körpersprache - Pantomime
- Selbstbild und Fremdbild
- Umgang mit Konflikten
- Jungen und Mädchen - Freundschaften und Gefühle

Jahrgang 7
- Älter werden - Freunde gewinnen
- Autoritäten und Vorschriften
- Werte, Ziele und Interessen
- Fähigkeiten und Stärken
- Körperbewusstsein und Körperbild - Gesundheit und Drogen
- Liebe und Freundschaft

Jahrgang 9
- Selbstkonzept und Lebensplanung
- Werte, Ziele, Interessen
- Berufswünsche und Berufsperspektiven
- Ablösung von der Kindheitsfamilie
- Liebe und Freundschaft - Sexuelle Identität

Klasse werden - Team werden (Modul der Lehrerausbildung)

Ein weiterer Schwerpunkt für Schule und Seminararbeit ergab sich aus der immer wieder beobachteten Unfähigkeit von Jugendlichen, in einer Gruppe gemeinsam zu arbeiten.
Im theoretischen Bereich wurden die möglichen Phasen einer Gruppenentwicklung besprochen. Hierzu wurden interaktionspädagogische Übungen gemacht, Modelle der Teamentwicklung diskutiert, die Anteile von Lehrern an einer solchen Entwicklung thematisiert und geklärt, wie Lehrer und Lehrerinnen Entwicklungsprozesse in einer Lerngruppe feststellen, analysieren und fördern können. Auch

der Stellenwert von Regeln und Ritualen wurde diskutiert und in ihrer Wichtigkeit eingeordnet.
Zusammenfassend kann ich sagen, dass ich in der Lehrerausbildung nur noch in Projekten und Modulen gearbeitet habe. Neben den eben ausführlicher thematisierten Beispielen wurden von mir noch die folgenden Module angeboten:

- Schule beginnt (Regeln, Rollen, Rituale)
- Umgang mit alltäglicher Gewalt (Kooperationsmodul mit der Polizei)
- Theaterarbeit (bewusster Umgang mit Körper und Sprache).

Aus: Modul „Theaterarbeit" (zur Optimierung der eigenen Stimme). Szene: Zuschauer beobachten. (mit Referendarinnen des Studienseminars Wiesbaden)

Aus: Modul „Theaterarbeit" (zur Optimierung der eigenen Stimme). Szene: Akteure proben. (mit Referendarinnen des Studienseminars Wiesbaden)

In den 80iger Jahren wurde aufgrund von massiven Konflikten, Kommunikationsstörungen und Umgangsschwierigkeiten aller Art im Studienseminar auf meine Initiative hin die Supervision eingeführt. Das Ausbilderkollegium nahm zunächst an einer einjährigen Fortbildung mit dem Psychologen des Staatlichen Schulamtes teil. Das Ziel war, ein Mehr an Verständnis füreinander zu entwickeln, das schließlich zu einer verbesserten Beziehung zueinander führen sollte. Das ist leider nur in Ansätzen gelungen. Eine Kleingruppe von Ausbildern nahm anschließend an einer berufsbegleitenden Supervision mit W. Münch teil. Diese Zusammenkünfte (ausgehend von Fallbesprechungen) ergaben letztlich eine deutlich verbesserte Beziehung untereinander. Mit einem dieser Ausbildungsleiter, Frank Diehlmann, hat sich eine richtige Freundschaft entwickelt, die Jahre später dazu führte, dass wir im Jahre 2001 mit Referendaren eine einwöchige Exkursion nach Auschwitz vorbereiteten, durchführten und nachbereiteten.

Begegnen Erinnern Gedenken Lernen

Begegnung in Auschwitz
vom 14. Mai 2001 bis 18. Mai 2001

„Es ist geschehen und folglich kann es wieder geschehen“
(Primo Levi)

Auf dieser Exkursion, die uns alle stark bewegte, entwickelte sich zwischen Referendaren und Ausbildern eine regelrechte Freundschaft. Einmal im Jahr findet noch heute ein gemeinsames Treffen statt.

Ab 1990 führte ich mit Frank Diehlmann zusammen in Thüringen für circa 10 Jahre Lehrerfortbildungsveranstaltungen durch. Auch hier sind Erfahrungen aus der Käthe-Kollwitz-Schule und der Arbeit mit den Wissenschaftlern eingeflossen (interaktionspädagogische Übungen, persönliche Anteile an Konflikten, Kreisgespräche, Lebenswelt von Jugendlichen u. v. a.).

Jungenarbeit in der IGS Kastellstraße

In den letzten Jahren meiner Berufstätigkeit an der Schule habe ich mich besonders dem Thema „Jungenarbeit“ verschrieben. Dies ist ein nach wie vor hoch wichtiges, jedoch weithin vernachlässigtes Thema. Die Jungen in unserer Gesellschaft werden allmählich – und das ist hinlänglich bekannt - an den Rand dieser Gesellschaft gedrängt – sie sind die „Bildungsverlierer“. In fast allen Bereichen (Leistung, Schulabschluss, soziale und kommunikative Kompetenz - um nur einige Beispiele zu nennen) sind sie den Mädchen unterlegen und sie haben bezüglich ihrer beruflichen Qualifizierung auch die geringeren Chancen. Sie bewegen sich zwischen den Polen Omnipotenz und Hilflosigkeit, im Wesentlichen ohne erkennbare männliche Vorbilder und Ideale und in der frühen Kindheit fast ausschließlich umgeben von weiblichen pädagogischen Kräften. Das meine ich natürlich nicht abwertend, aber es fördert sicher nicht die Identitätsfindung von Jungen.

Ich habe angeregt, an der Schule in bestimmten Stunden (im Rahmen von „Wir über uns“) nur mit den Jungen zu arbeiten und begonnen, dafür ein geeignetes „Curriculum“ zu entwickeln. Dabei habe ich mich auf einige wissenschaftlich anerkannte Thesen[62] gestützt:

- In der Erlebniswelt eines Jungen formen sich stillschweigend prägende Leitsätze
- (z.B. Jungen weinen nicht – „Indianer“ kennen keinen Schmerz – „Weicheier“ werden ausge-
- grenzt).
- Die Unsicherheit zwischen den Polen „Held“ und „Hasenfuß“ muss von den Jungen allein bewältigt werden.
- Körperliche Gewalt ist im Wesentlichen männlich.

[62] Ich verweise auf einige bekannte Veröffentlichungen zum Thema „Jungen“ und „Männlichkeit“, u. a. von Dieter Schnack und Rainer Neutzling sowie Uwe Sielert, Lothar Böhnisch und Reinhard Winter.

- Die Aufmerksamkeit der Pädagogik fokussiert sich auf das auffällige Verhalten der Jungen und nicht auf die eigentlichen Ursachen, ihre Orientierungs- und Hilflosigkeit u. a.
- Jungen begegnen in den ersten acht Jahren fast nur Frauen. Die „emotionale“ Abwesenheit der Männer führt dazu, dass Jungen nur schwer realistische Vorstellung von dem entwickeln können, was Männlichsein heißt.
- Ohne die Einbeziehung von Männern in die Erziehungsarbeit der Jungen werden diese sich nur schwer ändern. Eine verstehende Jungenarbeit muss eine pädagogische Maxime werden.

Durch die Bildung von Jungengruppen kann die Schule auf Gewalt und Grenzverletzungen reagieren. Darüber hinaus gibt es noch eine zweite Ebene der Motivation für Jungenarbeit.
Die vielen Beschwerden der Mädchen, dass sie "befummelt" werden, mein Ärger über die Reflexionsunfähigkeit der Jungen, die vielfach erlebte und gesehene Gewalt durch Jungen, die Unsicherheiten und das geringe Selbstwertgefühl der Jungen, die Grenzverletzungen, die auch Mädchen und Frauen den Jungen zufügen, nicht zuletzt aber auch das Interesse, meiner eigenen Geschichte näher zu kommen und mich selbst besser zu verstehen, führten dazu, dass ich mich immer intensiver mit der Thematik auseinandersetzte und Bausteine entwickelte, die einen gezielten Umgang mit der Problematik in der Schule erleichtern konnten.
Die folgenden Themenbereiche waren häufig Gegenstand des Unterrichtes in den verschiedenen Jungengruppen:

Was ist ein Junge? Was ist Männlichkeit?
Versuch einer ersten Definition und Wertung

Entdecken der eigenen Lebensgeschichte:
Jungenbilder und Jungengeschichten

Jungenbeziehungen:
Normen, Rituale, Kumpel
Idole und Vorbilder
Jungensexualität:
Masturbation, Beziehungen zu Mädchen, "Das erste Mal",
Schwulsein, sexueller Missbrauch

Jungenrolle:
Protzgespräche, Ritterlichkeit, Beschützer,
Memme

Jungen und Gewalt:
Öffentliche Gewalt, familiäre Gewalt, sexuelle Gewalt,
Adultismus

Zukunftsvorstellungen:
Beziehungen, Ehe, Vaterschaft u. a.

Mögliche Ziele:

- lernen, sich zuzuhören und sich angstfrei auszutauschen
- über sich selbst nachdenken und reden lernen
- über seine Beziehung zu anderen nachdenken und reden lernen
- lernen, sich anders zu verhalten
- innerlich "stärker" werden

In den 5. Klassen habe ich begonnen, eine Doppelstunde pro Woche alleine mit Jungen durchzuführen. Dabei kam es mir im Wesentlichen darauf an, ihren Mut zu fördern, Gefühle wahrzunehmen, sie zu benennen, sie auszudrücken und sich mit ihnen auseinanderzusetzen. Entwicklung von Empathiefähigkeit, Wahrnehmung, Kooperationsfähigkeit und von Vertrauen waren weitere wichtige Bausteine. Das geschah über eine Vielzahl interaktionspädagogischer Übungen.

Meine „Meisterprüfung" habe ich 2004 wohl mit meiner Berufung ins AfL (Amt für Lehrerbildung in Frankfurt) bestanden. In der Lehrerausbildung konnte ich die vielen Erfahrungen, die ich aus Unterricht, Arbeit mit Gruppen, den vielen Netzwerken, der Arbeit mit Fritz Gürge und den Wissenschaftlern gewonnen hatte, nutzen und Module entwickeln und durchführen.
Ich konzipierte die Module für „Politik und Wirtschaft", das Einführungsmodul und das Modul „Umgang mit Konflikten". Die Inhalte

dieser Module, die letztlich auch auf unserer Zusammenarbeit in den 70iger Jahren basieren, gehören auch heute noch teilweise zur Ausbildung in der Hessischen Lehrerausbildung.
Diese Module möchte ich im Folgenden noch einmal detailliert vorstellen.
Inhaltliche Kurzbeschreibung der angebotenen „Thematischen Einheiten“ (Module) des Studienseminars Wiesbaden (Peter Held und Frank Diehlmann)

„Schule beginnt“

Zielgruppe:
Referendare in der Einführungsphase

Inhalte:

- Kennen lernen der eigenen Lerngruppe
- Schaffung von Rahmenbedingungen für effizienten Unterricht
- Reflexionen zur eigenen Lehrerrolle
- Bedeutung von Regeln und Ritualen
- Notwendigkeit von Verantwortung und Konsequenz
- Unterrichtsplanung (Analyse einer Stunde/Entwicklung eines Planungsrasters)
- Entwicklung eines lernförderlichen sozialen Klimas

Klasse/Team werden…

Inhalte:

- Entwicklung von Kriterien für eine gute Klassengemeinschaft
- Bedeutung von Rahmenbedingungen für effizienten Unterricht
- Umgang mit Regelverletzungen
- Personale Aspekte des Lehrerverhaltens
- Evaluation von persönlichen und pädagogischen Zielen
- Der Klassenrat als demokratisches Mitbestimmungsorgan
- Die Phasen der Teamentwicklung nach Klippert
- Die Schulung personaler Fähigkeiten
- Bausteine auf dem Weg zu einer „guten Schule“

Streitschlichterschulung

Kooperation mit der IGS Kastellstraße

Inhalte:

- Entstehung von Konflikten
- Ziel einer Schlichtung
- Fähigkeiten eines Schlichters
- Schulung von personalen Fähigkeiten (z.B. Kooperation, Empathie)
- Die vier Schritte einer Streitschlichtung (Videobeispiel)
- Bearbeitung eines Falles in Kleingruppen
- Rollenspiele zur Streitschlichtung
- Auswertung

Umgang mit Konflikten im Unterricht

Fälle aus der Praxis

Inhalte:

- Intensives Kennenlernen der Seminarteilnehmer
- Vorstellung und Auswahl von Unterrichtskonflikten aus der Schulpraxis
- Erarbeitung von Lösungsmöglichkeiten
- Möglichkeiten der Intervention auf verschiedenen Ebenen
- Die Phasen eines Konfliktgespräches (Video)
- Einübung des kommunikativen Verhaltens im Konfliktgespräch
- Möglichkeiten der Prävention auf verschiedenen Ebenen
- Die Bedeutung des psychosozialen Lernens
- Interaktionspädagogische Übungen

„Von der Auffälligkeit in den Knast"

Begleitung eines Schulverweigerers

Inhalte:

- Vorurteile, verzerrte Wahrnehmung, Etikettierung
- Expertenbericht aus einer Schule für Erziehungshilfe
- Befragung eines Schulverweigerers und seines Lehrers
- Hospitationen in schwierigen Hauptschulklassen
- Präventive Polizeiarbeit (AG Jaguar)
- Eine Bezirkssozialarbeiterin berichtet über ihre Arbeit
- Expertenbericht aus der Jugendgerichtshilfe
- ggf. Besuch einer Verhandlung im Jugendgericht
- Besuch der Jugendstrafanstalt: Gespräch mit Strafgefangenen
- und Lehrern

„Dem Fremden begegnen“
Kennenlernen türkischer Werte und Normen
Inhalte: • Normen und Werte der türkischen Kultur • Die Erziehung türkischer Mädchen • Expertenbericht über die religiösen Grundlagen des Islam • Interaktionspädagogische Übungen zum Interkulturellen Lernen • Planspiel „Bei den Derdianen“ • Besuch eines türkischen Kindergartens • Alphabetisierung türkischer Mütter bei FAZIT • Begehung des türkischen Viertels in Wiesbaden • Besuch einer Moschee – Teilnahme am Gottesdienst • Gemeinsames Abendessen in einem türkischen Restaurant

VI.2 Resümee

Man kann an jedem der hier vorgestellten Module den Zusammenhang mit unseren Problemen an der Käthe-Kollwitz-Schule erkennen, seien es Disziplinschwierigkeiten (Module: Streitschlichter, Umgang mit Konflikten, Von der Auffälligkeit in den Knast), seien es Probleme mit ausländischen Kindern (Modul: Dem Fremden begegnen), seien es Probleme der Klassengemeinschaft und der gemeinsamen Regeln (Modul: Klasse werden - Team werden) oder seien es Probleme zu Beginn eines neuen Schuljahres (Modul: Schule beginnt).
In der Schule, im Studienseminar, im Amt für Lehrerbildung (AfL) und in der Lehrerfortbildung Thüringen habe ich wesentliche Inhalte aus der Arbeit an der Käthe-Kollwitz-Schule und aus den Diskussionen mit den Wissenschaftlern herausgegriffen, habe diese erweitert und verändert und den heutigen Bedürfnissen und Schülerpopulationen angepasst. Oft wurde es notwendig neue Schlüsse zu ziehen. Daraus folgte die Veränderung und Entwicklung neuer Curricula.

Wenn ich das alles betrachte und Revue passieren lasse, merke ich, wie sehr mein weiteres Leben durch die Zeit an der Käthe-Kollwitz-Schule mit Fritz Gürge, den Wissenschaftlern und der Lehrergruppe geprägt wurde, sowohl bezüglich meiner beruflichen Qualifikationen als auch bezüglich meiner Person, meiner Gedanken und Gefühle, meiner Rollen und nicht zuletzt meiner Reflektions- und Empathiefähigkeit nicht nur für Jugendliche. Von daher kann ich nur froh und dankbar sein, dass mir gerade diese Menschen in dieser Zeit meiner Entwicklung begegnet sind.

Die gedankliche und schriftliche Auseinandersetzung mit meinem bisherigen beruflichen und privaten Leben hat mir aber auch neue Erkenntnisse gebracht. Ich glaube jetzt, mein Leben, meine Lebensstationen, die Entscheidungen für oder gegen bestimmte Lebenswege, die Motivationen für Qualifikationen, meine Krisen, meine Probleme und deren Bewältigungsversuche sowie auch deren Strukturen und Muster klarer und besser erfassen und verstehen zu können. Im Sinne eines mir namentlich entfallenen Philosophen möchte ich es wie folgt formulieren:
Das Leben ist wie ein Teppich. In der ersten Hälfte siehst du die Vorderseite - bunt, farbintensiv und voller Muster.
In der zweiten Hälfte erkennst du (bei mir ganz sicher mithilfe dieser Arbeit) die Rückseite mit ihren Verstrickungen, Verwebungen und Querverbindungen.

Auch hierfür gilt mein Dank insbesondere Fritz Gürge und Imbke Behnken, die die Anregungen zu dieser Arbeit und zu diesen Texten mit mir diskutiert, begleitet und kommentiert haben.

VI.3 Jugendbüro (Imbke Behnken)

In den Jahren 1974/75 wurde das BTZ aufgelöst und fiel damit als Trägerinstitution aus. Die Projektgruppe „Jugendbüro und Hauptschülerarbeit“ entschied sich, mit dem Ende dieser Phase dennoch die Untersuchungstätigkeit und pädagogische Arbeit im Sinne von Handlungsforschung weiter zu führen und stellte einen Antrag an die Deutsche Forschungsgemeinschaft zum Schwerpunkt „Lehrlingssozialisation“. Das Interesse war, die Schüler und Schülerinnen, die das Hauptschulprojekt mitgestaltet hatten, über die folgenden Jahre als Längsschnittstudie zu begleiten und ihre Entwicklung zu dokumentieren.
Parallel dazu beantragte die Projektgruppe für die „Durchführung von Jugendarbeit in dem Sanierungsgebiet“ Mittel beim Landeswohlfahrtsverband Hessen und bei der Stadt Wiesbaden eine finanzielle Förderung. Diese erlaubte es der Gruppe, innerhalb der Wohnregion der Hauptschüler zwei Ladenräume anzumieten und diese mit medialen Geräten (Videoanlage, Filmkamera) u. a. auszustatten. Das ge-

plante Jugendbüro wurde 1975 eröffnet und entwickelte sich zu einem Treffpunkt mit Clubcharakter für die ehemaligen Hauptschüler, -innen und deren Freunde und Freundinnen.

Jugendbüro in der Stiftstraße

Im Jugendbüro waren, wie oben erwähnt, einerseits die pädagogische Arbeit und andererseits die Forschungstätigkeit angesiedelt. Die Projektgruppe gründete den gemeinnützigen Verein „Jugendbüro und Hauptschülerarbeit", der als Trägerinstitution sowohl für die Untersuchungstätigkeit als auch für die pädagogische Arbeit fungierte. In der Vereinssatzung hieß es u. a. in §3: „Zweck des Vereins ist:
1) Die Bedingungen der sozialen Benachteiligung von Hauptschülern und Lehrlingen/Jungarbeitern zu erforschen. Folgerungen für die Sozialpädagogik und Schule zu ziehen und diese in einem Modell und für die Öffentlichkeit darzustellen;
2) schulische und sozialpädagogische Arbeit aufeinander abzustimmen und in einem pädagogischen Gesamtkonzept zu vereinigen;
3) vorbeugende Hilfen für sozial gefährdete Jugendliche durch gezielte Maßnahmen zu leisten;
4) eng mit den Trägern schulischer und sozialer Einrichtungen und Forschungsinstitutionen zusammenzuarbeiten und gegenseitigen Erfahrungsaustausch vorzunehmen."
Zum Forschungsprojekt – Das Jugendbüro ermöglichte es der Projektgruppe, einen regelmäßigen Kontakt mit den ehemaligen Haupt-

schülern zu gestalten und beizubehalten. Das erleichterte die Einladung zu Gruppendiskussionen oder Einzelinterviews. Darüber hinaus erwiesen sich die informellen Treffen mit den Jugendlichen als wichtige Quelle, lebensgeschichtliche Entwicklungen von Jugendlichen zu erfahren. Diese konnten in die Vorbereitung von Gruppendiskussionen oder Einzelinterviews einfließen.

Zur pädagogischen Arbeit – Im Zentrum standen die Clubabende, hier trafen sich regelmäßig wöchentlich die ehemaligen Hauptschüler. Nach und nach brachten sie Freunde, Bekannte mit. Die Gestaltung dieser Abend blieb allen Beteiligten überlassen: Gesellschaftsspiele, Filme anschauen, selber Filme drehen, mit anderen erzählen, rauchen und trinken, sich entspannen. Die Besucher schätzten den privaten Clubcharakter dieser Einrichtung. Viele Besucher nutzten den Clubabend für ein Beratungsgespräch. Themen waren z.B.: Wehrdienstverweigerung, Arbeitslosigkeit, Schwangerschaft, Drogenkonsum, Polizeikontakte, Nachhilfe in schulischen Belangen oder Wohnungslosigkeit. Eltern suchten ebenfalls gelegentlich ein Beratungsgespräch, wenn es Probleme in der Ausbildung oder mit Drogen gab.

Die pädagogische Arbeit konnte intensiviert werden, als Studierende der Fachhochschule Wiesbaden, Fachbereich Sozialwesen, im Jugendbüro ein Praktikum absolvierten. Neben den Clubabenden gestaltete das Team Bildungsurlaubsseminare zu ausgewählten Themen in Bildungsstätten wie z.B. in Dietzenbach.

Höhepunkte waren Feste, die gemeinsam gestaltet wurden, wie Karneval, Weihnachten oder Sylvester.

Fotocollage -Jugendbüro

Im Herbst 1978 schloss das Jugendbüro nach dreieinhalbjähriger Arbeit.

Teil IV

40 Jahre später

VII Aktivierung alter Kontakte – Klassentreffen. Idee einer Evaluation mit ehemaligen Schülern und Schülerinnen

VII.1 Ehemalige Schüler werden aktiv – ein Klassentreffen

Im März 2009 erhielt Fritz Gürge einen Anruf von einem ehemaligen Schüler. Er war erstaunt, nach fast 40 Jahren noch einmal etwas von der Käthe-Kollwitz-Schule zu hören. Der Schüler berichtete über seinen zwischenzeitlichen Werdegang und über seine derzeitigen Familienverhältnisse und schlug relativ schnell vor, ein Klassentreffen zu organisieren, weil er noch gute Kontakte zu ehemaligen Klassenkameraden habe. Das Treffen sollte in der Nähe von Bad Camberg stattfinden.

Zum Klassentreffen einige Monate später kamen etwa 20 Ehemalige. Dabei wurde die Idee geboren, die Lehrer und Ehemaligen aus den anderen Klassen aufzufinden, zu aktivieren und ein weiteres Treffen zu organisieren. Fritz Gürge wollte Imbke und mich informieren.

Fritz Gürge mit Ehemaligen auf dem Klassentreffen in Bad Camberg 2009

VII.2 Peter Held berichtet

VII.2.1 Reaktivierung meiner Erinnerung, Aktivierung von Kontakten über Internetforen, Imbkes Idee

Nachdem Fritz mich angerufen und vom Klassentreffen berichtete hatte, empfand ich einerseits Interesse zu erfahren, was aus den ehemaligen Schülern und Schülerinnen so geworden war, andererseits fiel es mir schwer, mich zurückzuerinnern. Die damalige Schulzeit war schon so weit weg, bald 35 Jahre! In all den Jahren dazwischen war so viel passiert: Ich hatte an der IGS, im Studienseminar und in der Lehrerbildung in Frankfurt so viele neue Erfahrungen gemacht, dass mir die Rückbesinnung auf die Käthe-Kollwitz-Schule fast ein wenig fremd vorkam.
Im Laufe der Tage und Wochen wurde mein Interesse aber immer größer. Mir wurde allmählich klar, was für eine Chance sich uns da bot. Es ging ja nicht nur darum, ehemalige „Käthe-Kollwitzer" wieder zu sehen und zu erfahren, wie es ihnen in den Jahren so ergangen, was aus ihnen geworden war, nein, es ging ja auch darum meine eigene Erinnerung aufzufrischen, Erinnerungslücken zu füllen, die Geschichte des Handlungsforschungsprojektes wieder hochzuholen und meine eigene Entwicklung dazu in Beziehung zu setzen.
Außerdem war ich neugierig und wollte erfahren, ob ich als Lehrer nach so vielen Jahren noch immer positiv gesehen würde. Die Aussicht, mit Fritz – meinem ehemaligen Kollegen - wieder etwas gemeinsam machen zu können, stimmte mich freudig.
Zu Imbke Behnken – die damals als Studentin sehr engagiert mitgearbeitet hatte - war mein Kontakt in den Jahren nie abgerissen. Zuerst war ich durch meine Treffen mit Jürgen Zinnecker (wissenschaftlicher Leiter des Hauptschulprojektes) immer auch ein wenig mit Imbke Behnken verbunden. Dann haben wir uns später am Krankenbett von Jürgen regelmäßiger getroffen.
Imbke Behnken hatte durch das Jugendbüro über die Jahre auch noch recht intensive Kontakte zu einzelnen Ehemaligen.
Sie war es auch, die durch ihre eigene Arbeit am Siegener Zentrum für Kindheits-, Jugend- und Biografieforschung (SIZE) in der Uni Siegen noch starke Verbindungen zu Jugend- und Biografieforschern pflegte.

Es war ihre Idee, ein Projekt ins Leben zu rufen, das sich mit diesen früheren Hauptschülern beschäftigt und versucht, sie heute als ältere Erwachsene aufzuspüren und zu interviewen, wobei noch offen blieb, welche Richtung eine geplante Evaluationsarbeit einschlagen würde. Sie sollte mit der Aufarbeitung der Ergebnisse enden. Zu diesem Projekt wollte Imbke Ludwig Stecher und Sabine Maschke, zwei Jugend- und Biografieforscher aus Gießen, mit ins Boot holen. Die beiden zeigten sich auch sehr interessiert und so kam es 2010 zu einem ersten Treffen in Imbke Behnken`s Wiesbadener Wohnung. Anwesend waren Fritz Gürge, Imbke Behnken, Sabine Maschke und Peter Held.

Es ging zunächst um eine grundsätzliche Bereitschaft, an dem Projekt teilzunehmen. Erste inhaltliche Fragen wurden besprochen. Nach anfänglichem Zögern – ich hatte Bedenken, dass meine wenigen Erinnerungen nur geringfügig zu dem Projekt beitragen könnten – erklärte auch ich mich bereit, an diesem Projekt teilzunehmen.

Meine Aufgabe war es zunächst, mich an die Jugendlichen aus meiner Klasse zu „erinnern“. Ein besonderes Problem bestand darin, dass ich die Jugendlichen der zwei von mir damals geführten Klasen (1971-1974 und 1974-1976) namentlich schlecht auseinanderhalten konnte. Zunächst konzentrierte ich mich auf die „Tagebuch-Klasse“ (1974-1976).

Dazu nahm ich alte Tagebuch- Aufzeichnungen, das Lehrertagebuch und Listen, die Imbke Behnken mir gab und versuchte, eine erste Namensaufstellung „meiner“ Klasse anzufertigen und durch Fritz und Imbke Behnken ergänzen zu lassen.

Hier mein erster Versuch. Nach nunmehr 35 Jahren ist es mir sehr schwer gefallen, mich wieder an die verschiedenen Namen zu erinnern:

Käthe-Kollwitz-Schule
Schüler und Schülerinnen des Jahrgangs 1974 – 1976
Klassenlehrer: Peter Held

Vermutungen

Bitte um Ergänzung

Jungen		
Wolfgang Borsch	Rainer von Hößle	Peter Kröck
Heinz Reifenberger	Andreas Schmidt	Jörg Viehmann
Karl Heinz Wagner	Ronald Zelmer	Rainer Haidbauer
Joachim Balder	Michael Danz	Michael Scherff ??
Bernd Husar	Tibor Kovac ??	Ilami ????
Marok ??	Professor ??	

Mädchen		
Ute Stärke	Gabi Steffen	Heidrun Stroh
Marietta Kröck	Birgit Harsch	Franziska Troglauer
Silvia Kaiser	Petra Hausschild	Ulrike Döring
Angelika Werthmüller	Beate ???	Rosa ???

Anschließend meldete ich mich bei den Treff- und Suchforen „Wer kennt wen?“ und „Stayfriends“ an, um einen Aufruf zu starten, dass sich die Ehemaligen melden sollten. Der Erfolg war überraschend gut. Es meldeten sich etwa 20 Ehemalige aus den verschiedenen Klassen, besonders aus dem Jahrgang 1971-1974. Die wiederum haben im „Schneeballsystem“ andere informiert.

VII.2.2 Zweites Klassentreffen

Gemeinsam beschlossen wir nun, ein Klassentreffen aller vier damaligen Parallelklassen (1971-1974) zu veranstalten unter Einbeziehung nicht nur von uns ehemaligen Lehrern und von Imbke Behnken als Mitglied des damaligen Handlungsforschungsprojektes, sondern auch der Gießener Biografieforscher.
Ich suchte in verschiedenen Wiesbadener Lokalen einen geeigneten Nebenraum, war mir aber über die Größe unsicher. Wie viele Ehemalige werden der Einladung folgen? Schließlich mietete ich den Nebenraum einer Wiesbadener Innenstadtkneipe in der Fußgängerzone, stellte Ort und Datum ins Netz und hoffte auf eine gute Resonanz. Es kamen sehr viele Ehemalige, die sich gleich sehr vertraut und intensiv in Grüppchen und größeren Gruppen über „Gott und die Welt“ unterhielten. Nach einem ersten Beschnuppern stellte ich kurz Ludwig Stecher vor und dieser wiederum erzählte von unserem gemeinsamen Vorhaben. Viele waren daran sehr interessiert. Zunächst ging eine Liste herum, auf der sich jeder mit seinen persönlichen Adressdaten eintrug.
Dieses Klassentreffen war ein sehr ermutigender Anfang. In der Folgezeit schickten wir Mails an diejenigen, die wir bisher nicht erreicht hatten, von denen wir aber auf dem Klassentreffen die Kontaktdaten bekommen hatten. Uns erreichten viele Antworten, von denen ich eine hier veröffentlichen möchte, die mich doch sehr berührt hat.

2. Klassentreffen im „Kleinen König“ 2010

Peter Börner und Imbke Behnken im Gespräch

> An: Peter Held
> Von: Oarhelljer Wann: 16.01.10, 23:44
>
> Hallo Peter
> Kannst Du Dich noch wirklich an mich erinnern? War nie einer Deiner besten Schülern (ganz im Gegenteil).
> Gehörte in den Kreis von S. Knopik, J. Knedlik usw. War damals in Deiner Klasse, wo noch Frau Mendel und Herr Flentge Deine Kollegen waren. Na ja, außer Dir und Fritz Gürge (und da gab es noch Frau Zimmerschied) waren die Lehrer so lala. Unser Hausmeister (Bauer) das war noch ein richtig cooler (so sagt man doch heute) Typ. Habe inzwischen (hatte ja notgedrungen sehr viel Zeit dazu) aber mein Abi gemacht (voll) und danach 2 Studiengänge in Informatik und Elektrotechnik erfolgreich absolviert. Inzwischen schimpfe ich mich in beiden Fächern Dipl. Ing. Nicht schlecht für einen ehemaligen KKS-Schüler, oder?
> Um Deiner Erinnerung zu helfen. Ich habe damals direkt am Römertor gewohnt. (Warst auch schon mal bei mir, weil ich die Schule geschwänzt habe).
> Warum ich mich hier bei WKW bei den Leuten aus meiner Vergangenheit umschaue? Na ja, lange darf ich nicht mehr schauen. Trete die Erbschaft meiner Familie (mütterlicher Seite) an und kämpfe gegen dieses ekelhafte Wassertier, was man allgemein Krebs nennt. Möchte einfach nur noch einmal mit den Menschen in Verbindung treten, die mir etwas bedeutet haben und die ich irgendwie lieb gewonnen habe.
> Möchte Dir aber nicht jetzt die Ohren abschwätzen. Wollte mich einfach nur bei Dir melden und mich bedanken, für die kurzen Jahre (die mich doch ein wenig weiter gebracht haben [auch wenn ich es erst Jahre später begriffen habe]. Als Lehrer warst Du super und für mich irgendwie ein Vorbild (leider habe ich es nicht geschafft, so zu sein). Vielleicht darf ich Dich irgendwann noch mal anrufen und ein paar wenige Worte mit Dir wechseln. Würde mir viel bedeuten.
> Liebe Grüße
> M. G.

Leider konnte ich den Kontakt zu MG nicht fortsetzen. Möglicherweise hat er sich aufgrund seiner Erkrankung wieder zurückgezogen. Die Gießener Wissenschaftler wollten nun in einem nächsten Schritt klären, ob eine Untersuchung möglich ist, die sich zum Ziel setzt zu klären, ob die damalige Typisierung der Jugendlichen in „Familienzentrierte“ und „Jugendzentrierte“ sich in deren weiteren Leben, Berufsentscheidungen, Lebensläufen u. a. signifikant

niederschlägt. Kann das so aufrechterhalten werden oder gibt es neue Einsichten?
Sie waren bereit, mithilfe weiterer wissenschaftlicher Hilfskräfte mitzuarbeiten und die dazu entsprechenden Untersuchungsmethoden auszuarbeiten und einzusetzen.

VII.2.3 Entwicklung eines Fragebogens

Zunächst entwickelten sie mit studentischen Hilfskräften einen Plan, dann Leitfragen für Interviews in Korrespondenz zu verschiedenen theoretischen Überlegungen.
In der Folgezeit stellten sie einen entsprechenden Fragebogen her, den wir gemeinsam optimierten und in einem zweiten Klassentreffen einzugeben entschlossen waren.
Der Fragebogen hatte folgendes Aussehen:

Fragebogen für die ehemaligen Schüler und Schülerinnen der Käthe-Kollwitz-Schule

Die *Fragen*, die Sie in diesem Fragebogen finden, sind recht unterschiedlich. Dort, wo sich folgendes Symbol ✎ befindet, reicht es, wenn Sie einige Stichworte hinschreiben. Natürlich freuen wir uns, wenn Sie mehr dazu schreiben möchten – nutzen Sie dann bitte die Extra-Blätter, die wir beigelegt haben und/oder eigene. Bei allen anderen Fragen müssen Sie vor allem ankreuzen.

Wir danken Ihnen an dieser Stelle sehr herzlich für Ihre Bereitschaft, an dieser Befragung mitzuwirken, für Ihre Offenheit und die Zeit, die Sie dieser Befragung widmen!

bitte ankreuzen

1. Sind Sie männlich oder weiblich?

männlich ☐
weiblich ☐

bitte Geburtsjahr eintragen

2. In welchem Jahr sind Sie geboren? In 19 ☐☐

3. In welchem Jahr haben Sie die KKS-Schule verlassen? In 19 ☐☐

Mit welchem Abschluss?

Hauptschulabschluss ☐
Abgangszeugnis ☐
anderer Abschluss ☐

Wenn anderer Abschluss, welcher?

4. Welchen Schulabschluss haben Sie jetzt?

5. Haben Sie eine Ausbildung, Studium oder ähnliches begonnen?

bitte ankreuzen

Nein ☐

JA ☐

Wenn JA, beschreiben Sie bitte, *was Sie gemacht* und ob Sie darin einen *Abschluss* gemacht haben

6. Wie ist nach Abschluss der KKS-Schule Ihr *berufliches* Leben verlaufen?

7. Wenn Sie von Ihrem heutigen Standpunkt aus Ihr Leben betrachten, wie schätzen Sie es ganz allgemein ein? *Kreuzen Sie bitte eine Zahl an, die Ihrer Einschätzung am nächsten kommt*

Als: sehr gut ☐ eher gut ☐ teils/teils ☐ eher schlecht ☐ sehr schlecht ☐

9. Was fällt Ihnen ein, wenn Sie an Ihre Schulzeit an der KKS denken?

10. Gab es Personen, die Sie in Ihrer KKS-Schulzeit unterstützt haben?

Nein ☐

JA ☐

Wenn JA, welche Personen waren das, z.B. Lehrer, Eltern etc.?

Wenn JA, welche Personen waren das, z.B. Lehrer, Eltern etc.?

11. Hatten Sie unter den Lehrern und Lehrerinnen Vorbilder während dieser Zeit?

12. Wie war das Verhältnis zu Ihren Mitschülern und Mitschülerinnen an der KKS? *Kreuzen Sie bitte das Feld an, das Ihrer Bewertung am nächsten kommt*

sehr gut ☐ eher gut ☐ teils/teils ☐ eher schlecht ☐ sehr schlecht ☐

13. Und wie war das Verhältnis zu Ihren Lehrern und Lehrerinnen an der KKS? *Kreuzen Sie bitte das Feld an, das Ihrer Bewertung am nächsten kommt*

sehr gut ☐ eher gut ☐ teils/teils ☐ eher schlecht ☐ sehr schlecht ☐

14. Wenn Sie an Ihre KKS-Zeit denken, wie bewerten Sie diese? *Kreuzen Sie bitte eine Zahl an, die Ihrer Bewertung am nächsten kommt*

Als: sehr gut ☐ eher gut ☐ teils/teils ☐ eher schlecht ☐ sehr schlecht ☐

15. Hatten Sie ein Lieblingsfach? Welches? ✎

16. Und ein Fach, das Sie nicht mochten? Welches? ✎

17. Wenn Sie an Ihre Noten und Leistungen damals an der KKS denken - wie schätzen Sie sich selber ein? *Tragen Sie bitte eine „Gesamtnote" zwischen den Noten 1 bis 6 in das Kästchen ein, die Ihrer Selbstbeurteilung am nächsten kommt*

☐

18. Wenn Sie an Ihre Schulzeit denken - was passt dazu? *Sie können mehrere Kästchen ankreuzen*

☐ Ich habe meistens viel gelernt

☐ Ich war ehrgeizig

☐ Schule lief meistens ‚nebenher'

☐ Ich hatte ‚Liebesbeziehungen'

☐ Ich habe die Schule ‚gehasst'

☐ Meine Freunde/Freundinnen in der Schule waren mir sehr wichtig

☐ Ich hatte gute Freunde/Freundinnen

☐ Schule war für mich vor allem ein ‚Treffpunkt'

☐ Schule was so etwas wie ein „Zuhause" für mich

☐ Ich bin meinen MitschülerInnen aus dem Weg gegangen

☐ Meine Eltern haben mich, was die Schule betrifft, oft unterstützt

☐ Ich habe in meiner Schulzeit eine Klasse wiederholt

☐ Meine Hausaufgaben habe ich meistens gemacht

☐ Schule war die beste Zeit in meinem Leben

☐ Ich war eher ein guter Schüler/eine gute Schülerin

☐ Ich war eher ein schlechter Schüler/eine schlechte Schülerin

☐ Ich habe in der Schule viel Mist gebaut

☐ Ich war eher der ‚brave' Schüler/die ‚brave' Schülerin

☐ Schule hat Spaß gemacht

☐ Andere Sachen als Schule waren mir wichtiger

☐ Meine Eltern wollten immer, dass ich besser in der Schule werde

19. Wenn Sie an Ihre Jugend- und Schulzeit zurückdenken, gibt es etwas, das Sie heute anders machen würden?

Nein ☐

JA ☐

Wenn JA, was? ✎

20. Wenn Sie auf Ihr Leben insgesamt zurückblicken, welche 'Wendepunkte', schöne wie schwierige Ereignisse, gab es? *Benennen Sie bitte, welche Wendepunkte Sie erlebt haben und wann dies ungefähr war.*

✎

21. Leben Sie in einer Partnerschaft oder leben Sie allein, sind/waren Sie verheiratet oder haben Sie Kinder? *Beschreiben Sie doch bitte kurz Ihre Familien- und Lebenssituation* ✎

22. Wie stark trifft folgende Aussage auf Ihr Leben zu: „Ich hatte viel **Glück** im Leben". *Kreuzen Sie bitte das Feld an, das Ihrer Bewertung am nächsten kommt*

trifft: sehr zu☐ eher zu☐ teils/teils☐ eher nicht zu☐ gar nicht zu☐

23. Wie stark trifft folgende Aussage auf Ihr Leben zu: „Ich musste mich meistens **durchkämpfen**". *Kreuzen Sie bitte das Feld an, das Ihrer Bewertung am nächsten kommt*

trifft: sehr zu☐ eher zu☐ teils/teils☐ eher nicht zu☐ gar nicht zu☐

22. Was hat es für Sie bedeutet, Ihre ehemaligen Mitschüler/innen wiederzutreffen?

✎

21. Wenn Sie Ihre Mitschüler und Mitschülerinnen von früher betrachten – sind diese aus Ihrer Sicht:

Beruflich erfolgreich?

Im Privatleben erfolgreich?

22. Vielleicht hatten Sie ja früher einmal einen Traumberuf… Welcher war das, hat er sich erfüllt oder nicht?

✎

23. Was haben Sie im Leben, beruflich wie privat, noch so vor?

✎

26. Welche Berufe haben/hatten Ihre Eltern?

Beruf des Vaters ✐

Beruf der Mutter ✐

27. Wie sind Sie in Ihrer Schul- und Jugendzeit mit Ihren Eltern ausgekommen? *Zutreffendes bitte ankreuzen*

gut ☐ einigermaßen gut ☐ es ging so ☐ eher schwierig ☐ ziemlich schwierig ☐

28. Wenn es Ärger zuhause gab - worum ging es dabei dann meistens?

✐

29. Wann sind Sie zuhause ausgezogen? *Geben Sie bitte ungefähr das Jahr an*

In 19 ☐

30. Gibt es noch etwas, das wir vergessen haben zu fragen? Möchten Sie noch etwas ergänzen oder anmerken?

VII.2.4 Vorbereitung und Durchführung eines dritten Klassentreffens

Dieses dritte Klassentreffen sollte in der ehemaligen Käthe-Kollwitz-Schule (heute IGS Kastellstraße) stattfinden und wurde von uns detailliert vorbereitet. Eine erste Ideensammlung kam von den Wissenschaftlern und hier insbesondere von Sabine. Sie sah wie folgt aus:

Eine erste Ideensammlung zum Klassentreffen am 11. Juni mit der Bitte um Ergänzung, Streichung etc. ...

Herzliche Grüße, Sabine und Ludwig

Vorschläge zur Gestaltung des „Klassentreffens" am 11. Juni

- Gedanken machen zur Sitzordnung – Tische und Stühle vorher entsprechend aufstellen
- Am Eingang Wandzeitung mit Liste zum Eintragen (Anwesenheit, Aktualisierung der Daten)
- □ Empfang mit Sekt/Saft, kleine Häppchen/Süßes
- Kurze Begrüßung durch die ehemaligen Lehrer (1 Minute) ?
- □ Ansprache durch Schulleiter (10 Minuten)
- □ Begrüßung durch uns: Vorstellung dessen, was wir als ForscherInnen wollen. Ankündigung, dass wir in den nächsten Monaten Interviews durchführen wollen. Ankündigung, dass heute Audio-Aufnahmen gemacht werden und mit verschiedenen Methoden Erinnerungen festgehalten werden sollen
- Beantwortung von Fragen der Ehemaligen

  Wer beteiligt sich? (Liste auslegen?) (10 Minuten).
- □ Führung durch die Schule (ca. 30 Minuten)
- Sollte man/wie kann man (in der teilnehmenden Beobachtung) den Gang durch die Schule „festhalten". Hier werden sicher viele Äußerungen kommen in Richtung „Ach hier... Weißt du noch... u
- □ Präsentation der Filme und Fotos (20 Minuten)
- Pausen nach jedem Film? Abschöpfen der emotionalen Äußerungen? Wenn ja, wie??
- □ Mini-Workshops: Foto-Inszenierungen (wer war früher mit wem zusammen? Formierung von Cliquen/Gruppen Sollen sich zu Gruppen/ formieren; werden von uns fotografiert, eventuell kann Gruppe das Foto mit einem Motto überschreiben)
- Evtl. auch Übung: „Spots in movement" (Gesamtgruppe/Teilgruppe geht bei Musik im Raum herum – bei Stopp finden sich zwei und unterhalten sich zu einer vorgelesenen Frage (das Ganze 4-5 x mit jeweils einer anderen Frage und Wechsel der Paare) ????
- Oder auch: Sitzkreis „Wisst ihr noch.....??? Wer mag erzählt eine kurze „Story" aus der Schulzeit – Ergänzungen durch die Gruppe – zeitliche Limitierung?? Zum Aufwärmen können Lehrer anfangen!

□ Büffet und zwangsloser Austausch (ca. ab 20:45h). Währenddessen: auf den Tischen liegen kurze Fragebogen/Stifte bereit (werden in Box geworfen). Außerdem: Eine Art Wandzeitung, auf der sich die TeilnehmerInnen zwischendurch verewigen können (Gruß an die Klasse von früher oder zwei Spalten „früher" und „heute" etc.)

- Welche Fragerichtung/Themen bei Fragebogeneinsatz???
- Wandzeitung am Ende des heutigen Tages könnte auch eine Gesamtbewertung der Schulzeit aus heutiger Sicht abfragen – bevor in den nächsten Monaten durch Befragungen diese „Erstsicht" verloren geht

Über alle Programmpunkte hinweg: Teilnehmende Beobachtung, evtl. Audio-Aufnahmen (unsystematisch, auf einzelne Gespräche bezogen); Fotos, „Proben" entnehmen (Einsatz von Hilfskräften möglich)

Die wissenschaftlichen Hilfskräfte hatten zwischenzeitlich in mühseliger Arbeit viele Adressen eruiert, die Fragebögen kopiert und die folgende Einladung an die Ehemaligen geschickt:

Liebe/Lieber

Wir laden Dich/Sie ganz herzlich zum Ehemaligen-Treffen ein!

Das Treffen findet an der ‚alten' KKS-Schule statt, die jetzt **IGS Kastellstraße** heißt.

Das Wiedersehen wird sicher aufregend und ein großer Spaß für uns alle, begleitet von einem großen ‚Hallo' und ‚Ich hätte dich fast nicht erkannt".

Wir, die dieses Treffen organisieren, sind ein Team aus euren ehemaligen Lehrern, Imbke Behnken und zwei Uni-Leuten, die sehr gespannt darauf sind, euch wieder zu sehen bzw. kennen zu lernen und zu erfahren, wie es euch zwischenzeitlich so ergangen ist.

Daten zum Treffen:

Wann: Freitag, **11. Juni 2010**, **ab 19 Uhr** bis ca. 22 Uhr

Wo: IGS Kastellstraße (Wiesbaden) in der Mensa (Eingang Schulhof)

Wir haben für diesen Abend ein kleines **Programm** zusammengestellt.

- Es wird eine Führung durch die Schule geben.
- Außerdem haben wir Fotos und Filme ‚ausgegraben', die wir gemeinsam anschauen wollen. Lasst euch überraschen …
- Mit dabei sind Sabine Maschke und Ludwig Stecher, die wissenschaftlich interessiert sind am Ehemaligen-Treffen und an euren/Ihren Lebensgeschichten. Was sie genau vorhaben, werden sie im Rahmen des Treffens noch vorstellen. Die Teilnahme daran ist natürlich freiwillig.
- Es wird auch Zeit für einen lockeren Plausch geben.

Wir lassen euch an diesem Abend auch nicht „auf dem Trocknen" und es gibt zwischendurch auch kleine Häppchen.

Bis zum Treffen gehen noch ein paar Wochen ins Land. Wir bitten dich/Sie deshalb, uns so schnell wie möglich, spätestens aber **bis zum 1. Juni 2010,** deine/Ihre Teilnahmen zu bestätigen (Per Mail, telefonisch oder per Post). Die Adresse steht unten.

Wir sehen dem Treffen mit Spannung entgegen und hoffen sehr, dass Du/Sie Lust und Zeit haben, daran teilzunehmen. So eine Gelegenheit gibt es so bald nicht wieder!

Melde dich bitte per Brief, Mail oder Telefon bei uns. Die Adresse steht unten.

Also, wir freuen uns auf Euch/Sie, viele Grüße und bis dann

Imbke Behnken, Fritz Gürge, Peter Held, Sabine Maschke und Ludwig Stecher (Uni Gießen)

Adresse für deine/Ihre Rückmeldung:
Uni-Adresse

Ich war für die Organisation in der Schule zuständig, reservierte die Mensa, führte Gespräche mit dem Schulleiter zwecks einer Begrüßungsrede, verabredete einen Termin, organisierte Essen und Trinken, führte Gespräche mit der Mensaleitung und bereitete mich selbst darauf vor, zunächst etwas über die heutige Schule zu erzählen. Insgesamt sah der Moderationsplan wie folgt aus:

Vorbereitung Klassentreffen

Vorbereitung

- Stellwände + technisches Equipment im Raum 210 – dahin auch wieder zurück - Öffnen mit Schlüssel 376
- Schlüssel Mo/Di zurück
- Getränke Freitag prüfen - Wasser, O-Saft, A-Saft Frau Sandrock
- Frau Sandrock: Ist der Wein kaltgestellt? Wohin Bier?
- Alles mit Rechnung Equipment und Küche in einer Rechnung
- CD-Player muss aus Gießen sein!

Fragen/Bitten

- Raum für Gruppendiskussionen (biografische Interviews) nach den Sommerferien (1 Raum für etwa 3 Termine) wird uns zur Verfügung gestellt.
- Ich bekomme Schlüssel – es läuft über mich

Ablauf

- Sektempfang – jeder ein Glas Sekt – warten bis etwa 19:10
- Hinsetzen - Glocke
- **M 1** Begrüßung - Wandtafeln
- Peter Begrüßung – kurz ankündigen, wer vorne steht/sitzt (Namen) – bis 22:00
- Fritz – kurz begrüßen
- Gerd – bitte kurz fassen - Begrüßung
- Forschergruppe stellt sich kurz vor
- Schulführung (etwa 20 Minuten) (danach ist dein Part beendet) – Überraschungsgeschenk) – du kannst gerne noch dableiben und dich am Buffet stärken
- **M 2** zur Stärkung Getränke
- Getränke anbieten/ jeder nimmt sich
- **M 3** Infos zum Forschungsprojekt -
- Forschergruppe stellt sich vor (präsentiert und erklärt Mess-Instrumente)
- Buffeteröffnung
- **M 4** Filme und Fotos - Büchertisch
- Filme und Fotos (Imbke)
- **M 5** Buffeteröffnung
- Informeller Teil
- Fotos-Kurzinterviews („Cliquen" Rahmen, Foto, Kurzinterview)
- Stimmung einfangen
- Stellwände - Satzanfänge (Stimuli) beantworten
- Gespräche
- Fragebogen am Ausgang verteilen (zuhause bearbeiten, nach Gießen schicken)

Tag des Klassentreffens (Treffen 17:00)
(Geld mitnehmen, Flaschenöffner, Korkenzieher, Schülerzeitung, Bilder u. a.)

Vorher:
Sitzordnung – großer Tisch (3-4 kleine Tische)
Equipment verteilen
Tische fürs Buffett
Getränke und Gläser bereitstellen
Sekt und Brezel
18:00 Brötchen/Brezel – Rechnung bezahlen
Ausmachen, wohin der Lieferant kommt – Rückertstraße
Bilderrahmen, Fotoapparat, Aufnahmegerät bereithalten

Foto- und Kurzinterviews:
- Team bilden (2)
- einer fotografiert(Fotoapparat) – einer interviewt (Aufnahmegerät) –
- herumgehen und kleine Grüppchen suchen zum Fotografieren
- Fotos im Bilderrahmen machen
- zum Interview der Kleingruppen Stimulus vorgeben

- **Wahrt ihr früher schon eine Clique?**
- **Was habt ihr da zusammen gemacht**
- **Habt ihr euch in der Zwischenzeit häufiger gesehen?**

Hinterher:
Aufräumen
Geschirrspüler füllen (diagonal gegenüber)
Was passiert mit Essen/Getränken, die nicht gebraucht werden??
Geliehene Sachen (Equipment) zusammenstellen (wo aufbewahren??)
Schalen/Teller der Brötchenfirma nehmen und am Sa hinbringen

Es kamen am Abend des Klassentreffens etwa 25 Jugendliche, die sich sehr neugierig in der Mensa umsahen. Leider konnte der Schulleiter keine Begrüßungsrede halten, so dass ich als ehemaliger Lehrer dieser Schule ein paar Worte sprach. Anschließend stellten sich Sabine und Ludwig vor und informierten über das Biografieprojekt und die Messinstrumente. Sie machten darauf aufmerksam, dass sich bitte jeder am Ende einen Fragebogen mit nach Hause nehmen sollte.
Danach informierte ich über die jetzige IGS, deren pädagogische Intentionen und lud anschließend zu einem Rundgang durch die Schule ein. Es war höchst interessant, mit welcher Neugier die Ehemaligen durchs Schulhaus gingen. In der alten Aula meinten sie noch die Gerüche von früher wahrnehmen zu können. Es fanden gerade hier eine lebhafte Diskussion und ein Austausch von Gedanken und Gefühlen zu ihrem früheren Schülerdasein statt.
Anschließend wurde das Büffet eröffnet und Imbke Behnken stellte viele alte Bilder, Filme und Dokumente aus der Schülerzeit vor. Viele erkannten sich wieder und sofort wurde lebhaft über die dama-

lige Zeit/Situation diskutiert. Zwischenzeitlich machten die Wissenschaftler viele Fotos.
Im letzten Teil wurden Fotos in bestimmten Arrangements (Fotos im Bilderrahmen) gemacht, die Satzanfänge an der Stellwand ausgefüllt und Kurzinterviews durchgeführt.
Wir alle waren sehr angetan von der Stimmung und dem Interesse der Ehemaligen. Dieses Klassentreffen hat uns sehr beflügelt.

Zum Ablauf der weiteren Evaluationsarbeit
Eigentlich war eine Weiterführung der Lebenswelt-, Längsschnittstudie nicht geplant gewesen. Die hohe Beteiligung an den Klassentreffen jedoch und die intensiven Gespräche regten uns (Fritz Gürge, Peter Held, Imbke Behnken) an, eine Wiederbefragung zu planen. Befreundete Kollegen/in der Uni Gießen sagten ihre Unterstützung zu, Sabine Maschke, Uni Gießen, erklärte sich bereit, die Federführung zu übernehmen. Kerstin Theilen, eine Studentin der Uni Gießen, koordinierte die Untersuchungstätigkeit. In ihrer BA-Arbeit hielt sie die einzelnen Schritte der Befragung fest:
„Durch intensive Recherche konnten die Adressen von ca. 40% der ehemaligen Schüler ausfindig gemacht werden, die daraufhin zu einem Treffen im Mai 2011 in die Räume ihrer alten Schule eingeladen wurden. Bei diesem Treffen der „Ehemaligen", die inzwischen alle um die 50 Jahre alt sind, wurden die ersten Daten in Form von teilnehmender Beobachtung, Foto-Selbstinszenierungen, und teilstandardisierten Fragebögen erhoben. An ehemalige Schüler, die an dem Treffen nicht teilnehmen konnten, wurden die Fragebögen (inkl. frankierten Rückumschlägen) mit der Bitte um Rücksendung versandt.
Der Aufbau dieser Instrumente nimmt Bezug auf Fragestellungen aus der ersten Phase der Studie, wurde aber auch durch Items ergänzt, die sich auf biographische Entwicklungen (Familiengründung etc.) beziehen. Am Ende des Fragebogens wurden die Probanden gebeten, ihren Lebensverlauf grafisch darzustellen. Vorgegeben war eine Altersstranglinie, an der die Ehemaligen die Höhen und Tiefen in ihrem bisherigen Leben einzeichnen sollten. Die Aufgabenstellung lautete: „Stellen Sie sich bitte vor, Sie könnten Ihr Leben mit all seinen Höhen und Tiefen als eine Kurve beschreiben - wie würde diese aussehen? Nutzen Sie

bitte die Linie, um Ihre Kurve einzuzeichnen und schreiben Sie bitte an die stärksten Kurvenausschläge, um welche Höhen und Tiefen es sich handelte." (vgl. Maschke et al. 2012)." (Theilen, 2012, 6f.)
Die Durchsicht der Fragebögen führte zu einer Auswahl von Ehemaligen, die Kerstin Theilen zu Einzelinterviews und Gruppendiskussionen einlud. Die Fragen bezogen sich auf den Lebensverlauf seit Abschluss der Hauptschulzeit. Die Auswertung orientierte sich an vorgegebenen Leitfragen:

Leitfragen

1. Welche Bedeutung haben Zukunftsentwürfe und Lebensziele? (Erwartungen an das Leben)
2. Welche (Lebens-)Gestaltungsmöglichkeiten hat der Einzelne?
3. Wie stellt sich die berufliche, wie die private Entscheidungsfindung dar? (Gibt es eine Entwicklung von unbewussten zu eher reflexiven Entscheidungen?)
4. In welchem Verhältnis stehen Getriebenwerden und das Bemühen um Selbstbestimmung zueinander?
5. Welche Rolle spielte die Schule?
6. Welche Rollen spielen die Eltern?
7. Welche Rolle die Peers?
8. Gibt es wichtige Personen im Leben?
9. Gab es biografische Brüche oder Wandlungen (eine Art Vorher/Nachher)?
10. Was erfahren Sie im Interview über das Selbstbild des Einzelnen?
11. Welches Lebensmotto lässt sich herauslesen?
12. Lassen sich Strategien, die sich durch die Biografie ziehen, ausmachen?
13. Weitere Anmerkungen

In der Zwischenzeit hatten wir verschiedene Treffen mit der Gießener Gruppe. Dabei wollten wir u. a. die folgenden Fragestellungen diskutieren und ins Forschungsvorhaben integrieren:

Donnerstag (Gießen) – Biografisches Hauptschulprojekt

Fragen unter dem speziellen Aspekt:

Jugendsubkultur und Familie als Orientierungsmuster

- Sind die beiden Gruppen heute noch zu identifizieren? Woran kann man das festmachen?
- Kann man aus den Erzählungen, Verlaufskurven, Wandlungsprozessen der jeweiligen Gruppen etwas Verallgemeinerndes ableiten?

- Unterscheiden sich Jugendzentrierte und Familienzentrierte in ihren Biografien? An welchen Stellen?
- Gibt es Ähnlichkeiten in den Verlaufskurven? Wo sind die Unterschiede?
- Sind „Gesetzmäßigkeiten" zu erkennen?
- An welchen Stellen gibt es Wandlungsprozesse/Brüche? Warum?
- Ist das in beiden Gruppen gleich/ähnlich?
- Wie sind die Einstellungen zu Beruf, Schule, Werten bei beiden Gruppen?
- Gibt es hier divergierende Unterschiede?
- Wie haben sich die beiden Gruppen beruflich qualifiziert?
- Wie sehen beide Gruppen Schule und ehemalige Lehrer?
- Inwieweit spielen Schule und Lehrer überhaupt eine Rolle bezüglich des weiteren Lebens? Hat die berufliche Qualifizierung irgendetwas mit dem Projekt/den Lehrern zu tun?
- Korrespondiert das mit den Eindrücken/Berichten von Fritz und Peter
- Welche Auswirkungen hatte das Handlungsforschungsprojekt auf die Ehemaligen?
- An welchen Stellen gab es Wandlungsprozesse? Nachhaltigkeit?
- Welche Auswirkungen hatte das Handlungsforschungsprojekt auf Fritz/Peter?
- Lassen sich verallgemeinernde Aussagen machen?
- Ist das legitim?

VII.2.5 Auf der Suche nach Sponsoren

Nun kostet ein solches Projekt viel Geld und wir versuchten im Folgenden ein paar Geldquellen aufzutun. Dazu mussten wir zunächst in einem kurzen Text vermitteln, was wir eigentlich vorhaben und wofür das gut ist. Der folgende Text ging dann an verschiedene regionale Institutionen aus der Wirtschaft mit der beigefügten Bitte um eine Spende:

„In der Lebensmitte" Bildungsbiografische Wege ehemaliger HauptschülerInnen

Bildungs- und Lernprozesse sind zeitlichen Veränderungen unterworfen. Dies nimmt auch Einfluss auf individuell biographische Verläufe, auf spezifische Lebensphasen und Übergänge im Leben etc. Im Rahmen der Biografie- und qualitativen Bildungsforschung geht damit die Aufgabe einher, sich stärker als bislang auf biografische Veränderungen durch Bildungsprozesse ‚über die Zeit' zu beschäftigen. In den Blick geraten Wandlungs- und Transformationsmöglichkeiten in Bildungsbiografien, die sich nur in der Verbindung von qualitativen und quantitativen Längsschnittverfahren analysieren lassen.

1973 bis 1978 führten u. a. PD Dr. Imbke Behnken und Prof. Dr. Jürgen Zinnecker als Teil der Projektgruppe Jugendbüro und Hauptschülerarbeit eine Studie zur Lebenswelt von HauptschülerInnen durch (Projektgruppe 1977 u. a. mit Fritz Gürge und Peter Held). Bei dieser Studie wurden knapp 150 HauptschülerInnen über 5 Jahre auf der Basis von qualitativen und quantitativen Datenerhebungen wissenschaftlich begleitet. Befragt wurden auch die Eltern der SchülerInnen sowie ihre Lehrkräfte.

Geplant ist, diese HauptschülerInnen ca. 30 Jahre nach Beendigung der letzten Erhebungswelle (1978) wieder zu befragen. Dabei sollen wie in der Ursprungstudie qualitative (biografische Interviews, Gruppendiskussionen, Fotointerviews u. a.) als auch quantitative (standardisierter Fragebogen u. a. zum Lebensverlauf) Datenerhebungsverfahren eingesetzt werden.

Zum aktuellen Projektteam „In der Lebensmitte" gehören: Dr. Sabine Maschke (Projektleitung; Uni Gießen), PD Dr. Imbke Behnken (SiZe), Daniel Eul (SiZe), Fritz Gürge (Wiesbaden), Peter Held (Wiesbaden), Kerstin Theilen (Uni Gießen) und Prof. Dr. Ludwig Stecher (Uni Gießen).

Vergleichbare Studien wurden bislang nur wenige realisiert, und für die wenigen Studien liegt nur selten entsprechend umfangreiches qualitatives *und* quantitatives Material vor wie es für die hier geplante HauptschülerInnenstudie zu erwarten ist.

Lässt sich die Studie wie geplant realisieren, kann sie eine öffentlich sehr erfolgreiche Linie von Studien fortsetzen, in denen ehemals Jugendliche im späteren Erwachsenenalter wieder befragt wurden und damit ein langer Zeitabschnitt ihres Lebens überblickbar und erforschbar wird. Vergleichbare Studien wurden allerdings bislang nur wenige realisiert, und für die wenigen Studien – wie etwa die Studie Meulemanns (1995) zu den Lebensverläufen ehemaliger GymnasiastInnen bis ins vierte Lebensjahrzehnt oder die LIFE-Studie von Fend (2006) – liegt kein entsprechend umfangreiches qualitatives und quantitatives Material vor wie es für die hier geplante Hauptschülerstudie zu erwarten ist.

Forschungsmethodisches Vorgehen

Zur Vorbereitung des DFG-Antrags ist es unabdingbar, den Erfolg einer solchen Wiederbefragung vor allem mit Blick auf die mögliche Stichprobengröße abschätzen zu können. Dazu müssen die Adressen aller ehemaligen TeilnehmerInnen recherchiert und auch deren Teilnahmebereitschaft erfragt werden. Hierfür wurden bereits von den Projektpartnern der Universität Gießen entsprechende Recherchen finanziert. Diese zeigen, dass die Adressen von gut 80 Prozent der ehemaligen StudienteilnehmerInnen rekonstruiert werden können. Diese Vorarbeiten wurden vor kurzem abgeschlossen.

Die ursprünglichen Erhebungsmaterialien aus den 1970er-Jahren, zum Beispiel die Transkripte der Narrativen Interviews und der Gruppengespräche, Lochkarten der quantitativen Erhebung (schriftliche Befragung), sind in vollem Umfang über alle drei Wellen im SiZe archiviert. Damit ist eine echte Längsschnitt- und Panel-Studie durchführbar.

Geplant sind für die Wiederdurchführung der Studie: Narrative Interviews (vgl. Schütze und Riemann) und Gruppendiskussionen (vgl. Bohnsack, Nohl) mit Personen, die in Anlehnung an die Auswertungen in den ersten Erhebungswellen spezifische Merkmale aufwiesen. Differenziert wurde in der damaligen Typenbildung zwischen jugend- und familienzentrierten Jugendlichen. Damit verbunden war die Annahme, dass sich diese Kategorien in unterschiedlich erfolgreichen Bildungskarrieren niederschlagen. Dies gilt es in komparativer Analyse in den Blick zu nehmen.

Der finanzielle Erfolg dieser Aktion hielt sich allerdings in bescheidenem Rahmen.

Die Gießener Gruppe wertete den ersten Teil in den folgenden Monaten aus und veröffentlichte im 2012 einen ersten Artikel zum Projekt im Jahrbuch Jugendforschung mit dem Titel:
Sabine Maschke, Imbke Behnken, Fritz Gürge, Peter Held, Ludwig Stecher und Kerstin Theilen: „ Ich hätte nicht angenommen, dass ich ein paar Jahrzehnte später da stehe, wo ich jetzt stehe“ – Unerwartete bildungsbiografische Wege ehemaliger Hauptschüler/-innen. Erste Ergebnisse der Längsschnittstudie „In der Lebensmitte“.

Der Erfolg dieser Aktion hielt sich allerdings in bescheidenem Rahmen.

VII.2.6 Wissenschaftler und Lehrer gehen getrennte Wege

In den folgenden Monaten wertete die Gießener Gruppe den ersten Teil der Fragebögen aus und veröffentlichte 2012 einen Artikel zum Projekt im „Jahrbuch Jugendforschung“ mit dem Titel:
„Ich hätte nicht angenommen, dass ich ein paar Jahrzehnte später da stehe, wo ich jetzt stehe“ – Unerwartete bildungsbiografische Wege ehemaliger Hauptschüler/-innen. Erste Ergebnisse der Längsschnittstudie „In der Lebensmitte“ (Sabine Maschke, Imbke Behnken, Fritz Gürge, Peter Held, Ludwig Stecher und Kerstin Theilen).

In der Zwischenzeit trafen sich Imbke Behnken, Fritz Gürge und Peter Held mehrmals, um über die Fortsetzung des Projektes zu diskutieren. Dabei blieb lange offen, inwieweit und wie stark sich die Gießener Gruppe weiterhin einbringen würde.
Schließlich beschlossen die Gießener Wissenschaftler wegen permanenter Arbeitsüberlastung das Projekt in der ursprünglichen Planung und Fassung nicht fortzusetzen.
Aufgrund der vielen gesammelten Daten, Transkriptionen, Überlegungen und Formulierungen, die wir bereits vorliegen hatten, entschlossen wir (Imbke Behnken, Fritz Gürge und ich) - die Verbliebenen des damaligen Projektes) uns, die Arbeit mit dem Ziel fortzusetzen, die Ergebnisse selbst zu veröffentlichen. Dabei sollten die konkrete, praktische Arbeit sowie die Ergebnisse der Befragungen anschaulich dargestellt und in Beziehung zueinander gesetzt werden.
In den nächsten Wochen und Monaten wollten wir die Lebensläufe ausgewählter Ehemaliger, von denen auch Untersuchungsmaterial

aus der Schulzeit (Fragebögen, Polaritätsprofile, sonstige Aufzeichnungen) und aus der jetzigen Befragung (Fragebögen, Einzel- und Gruppeninterviews) vorhanden war, genau untersuchen und beginnen jeweils ein „Portrait“ ihrer biografischen Entwicklung anzufertigen. Die Vorbereitungen zogen sich bis ins Jahr 2013 hin.
Fritz Gürge hat sich an den weiteren Planungen und Interviewvorbereitungen nicht mehr beteiligt. Seine stark angegriffene Gesundheit ließ eine Weiterarbeit am Buchprojekt nicht zu.

VIII Gespräche mit ehemaligen Schülern und Schülerinnen über das frühere Schulprojekt und mögliche Auswirkungen auf ihre Lebensgeschichte

Peter Held zu den Portraits

VIII.1 Herangehensweise, Problemstellung und Auswahl

Die Interviews der Ehemaligen wurden von Imbke Behnken und mir vorbereitet und im Frühjahr 2013 durchgeführt. Dabei sind wir relativ unterschiedlich vorgegangen. Ich nahm mir zunächst die entsprechenden vorangegangenen Interviews[63] vor, stellte hieraus die jeweilige Lebensgeschichte zusammen und versuchte dabei, die verschiedenen Stationen und Brüche zu kommentieren. Daraus leitete ich anschließend meine „Leitfragen" für ein strukturiertes Interview ab.
Imbke Behnken ging einen anderen Weg. Ohne Bezugnahme auf die alten Interviews[64] stellte sie neue Interviewfragen zusammen und verzichtete dabei bewusst auf ein strukturiertes Vorgehen, das sich auf die „Vorgeschichte" der Ehemaligen bezog.
Dadurch sind verschiedene Zugänge entstanden, ein relativ strukturierter und ein offener Zugang.

VIII.1.1 Zu den Erinnerungen des Lehrers und der Ehemaligen

Erinnerungen stammen aus dem Langzeitgedächtnis, dem sog. episodischen Gedächtnis. Bei dem Erinnern an frühere Erlebnisse und Ereignisse entstehen häufig Fehler. Ereignisse, über die man wenig weiß, werden als viel länger vergangen angesehen. Die frühere Wahrnehmung wird subjektiv schlechter eingeschätzt und Erlebnisse mit negativem Charakter werden weiter in die Vergangenheit gelegt als die mit positivem Charakter. Diese Erinnerungsfehler dienen dazu, ein positives Bild des eigenen Selbst zu erzeugen. Selbst das Wissen um diese Fehler führt nicht automatisch zu qualitativ „besseren" Erinnerungen.
Es fällt mir sehr schwer, mich nach fast 40 Jahren noch an einzelne Schüler oder Schülerinnen zu erinnern. Ich habe nur noch wenige Bilder oder Emotionen im Kopf. Ein wenig sind diese durch die

[63] Vgl. Kerstin Theilen (2012).
[64] Vgl. Kerstin Theilen (2012).

intensive Beschäftigung mit der damaligen Zeit geschärft worden, doch Zuordnungen von charakteristischen Merkmalen oder Persönlichkeitsmerkmalen kann ich nur mit äußerster Vorsicht treffen. Zu schnell gerate ich in Gefahr, die damalige Situation zu verharmlosen, zu beschönigen oder auf eine andere Art und Weise zu verändern. Aus diesem Grunde sind die Abschnitte über die eigenen Erinnerungen auch sehr knapp.

Sicher müssen auch die Erinnerungen der Ehemaligen mit Vorsicht behandelt werden. Es fällt auf, dass viele dieser Erinnerungen sehr unterschiedlich sind. Während ich bei manchen Darstellungen Mühe hatte, durch sich widersprechende Jahreszahlen und Ereignisse einen sinnvollen Handlungsablauf zu rekonstruieren, waren andere Interviews so reflektiert und komprimiert, dass neben präziser Ereignisdarstellung sogar Verantwortlichkeiten für die eigene Biografie formuliert wurden.

VIII.1.2 Begründung der Auswahl der Ehemaligen

Wir einigten uns zuerst einmal darauf, Lebensgeschichten von Ehemaligen auszuwählen, zu denen uns Interviewtranskripte vorlagen. Kerstin Theilen, Universität Gießen, hatte unter Leitung von Sabine Maschke (Vertretungsprofessur Uni Gießen) mit ehemaligen Schülern und Schülerinnen im Jahre 2010 in der IGS Kastellstraße (frühere Käthe-Kollwitz-Schule) Interviews durchgeführt (Maschke, u. a. 2012; Theilen, 2012). Sie stellten uns diese Interviewtranskripte zur Verfügung. Zum anderen fragten wir ehemalige Schülerinnen und Schüler an, die recht unterschiedliche Biografien gelebt haben und leben. Alle waren sofort bereit, an dem Buchprojekt mitzuarbeiten.

Ich befasste mich im Folgenden mit drei Ehemaligen aus meiner damaligen Klasse 8b bzw. 9b. Es sind dies: Barbara Hennig, Peter Börner und Felipe Santander. Sie unterscheidet, dass sie ganz unterschiedliche „Wege“ gegangen sind. Während Barbara Hennig nach vielen Jahren der Stagnation, Mühsal und Frustration eine Berufsausbildung gemacht hat und in ihrem jetzigen Job recht zufrieden wirkt, hat Peter Börner durch seine Alkohol- und Drogenprobleme immer wieder Rückschläge erlebt; Beziehungen sind gescheitert und Arbeitsstellen wurden verloren. Heute lebt er in einer neuen Beziehung, ist schwerbehindert und würde gerne seinen Hausmeisterjob zugunsten einer Frührente beenden. Felipe Santander hat die Durchlässigkeit des Bildungssystems mit seiner „power" voll nutzen können. Nach vielen Jahren schulischer Weiterqualifizierung hat er studiert, promoviert und ist heute Professor an einer Fachhochschule im Rhein-Main-Gebiet.

VIII.1.3 Kriterien zur Durchführung der Interviews

VIII.1.3.1 Vorläufige Leitfragen

Um die Interviews auswerten zu können, brauchte ich ein paar Leitfragen, die mir Aufschluss über die Entwicklung im Laufe der Jahre geben können. In einem ersten Arbeitsschritt habe ich die folgenden Fragenkomplexe ausgewählt:

Meine Erinnerungen als Klassenlehrer
Der Lebensweg der Ehemaligen bis heute
Welches Selbstbild hat er/sie, welche Erwartungen an das Leben? Inwieweit haben sie sich bisher erfüllt oder nicht erfüllt?
Entsprechen die damaligen Einstellungen (Jugendzentrismus-Familienzentrismus) den späteren Einstellungen? Gibt es einen „roten Faden"?
Haben die Schule, die Projekte, die Lehrer und das Jugendbüro Spuren hinterlassen? Wurden Einstellungen, Werte oder Handlungen beeinflusst?

Doch dann stellte ich mir die Frage: Sind die Orientierungsmuster „Jugendzentrismus" und „Familienzentrismus" für die Bearbeitung der Interviews heute überhaupt noch aussagekräftig? Kann ich in den Handlungsabläufen der Ehemaligen heute noch Spuren dieser damaligen Einstellungen finden oder muss ich andere Parameter zur Deutung der Biografien heranziehen?
Um diese Frage beantworten zu können, muss ich einen Rückgriff auf das Erhebungsmaterial aus der empirischen Sozialforschung, das mir durch die Lebensweltforschung des Bildungstechnologischen Zentrums Wiesbaden (Leitung: Jürgen Zinnecker) zur Verfügung steht, vornehmen. Verschiedene Fragebögen eruierten die Lebenswelt der früheren Schüler und Schülerinnen und konnten Indikatoren zur Klassifizierung in „Jugendzentrierte" und „Familienzentrierte" herausarbeiten und auf die Schüler beziehen.

Als familienzentriert wurden alle Schüler definiert, die den folgenden Kennzeichen entsprechen: Identifikation mit den Eltern-Berufen, den Eltern als Meinungsführer, den Eltern als Bezugsgruppe für die Freizeit, sowie Identifikation mit dem Familienleben als künftigem Lebensinhalt. Diese Jugendlichen vertreten also im Wesentlichen die Werte und Normen des Elternhauses.
Im Gegensatz dazu verfügen „Jugendzentrierte" über Selbstständigkeitsstreben, jugendlichen Hedonismus und orientieren sich an Gleichaltrigen. Gegenüber Erwachsenen haben sie Gefühle des Diskriminiertseins. Außerdem sind sie überdurchschnittlich beliebt bei ihren Mitschülern, besuchen viele Freizeittreffpunkte und bevorzugen als typische Freizeitaktivitäten die der gleichaltrigen Peers.
Wie schwer, ja fast unmöglich es ist, die Handlungsstrategien von Jugendzentrierten und Subkulturjugendlichen im Längsschnitt zu verfolgen und zuzuordnen (reagieren sie im Erwachsenenalter nach ähnlichen Mustern oder nicht?), wird allein durch die Tatsache erhärtet, dass die Ehemaligen beispielsweise um einige Erwachsenenprivilegien ja gar nicht mehr kämpfen müssen (wie die Jugendlichen der Subkultur), sie sind Erwachsene mit vielen „Privilegien".
Von daher schienen mir die bisherigen Orientierungsmuster für die heutige Zeit nur bedingt aussagekräftig. Ich benötigte also zusätzliche Kriterien, die mir bessere Interpretationsmöglichkeiten eröffneten und entschied mich für die Betrachtung unterschiedlicher Handlungsstrategien.

VIII.1.3.2 Offensive und defensive Handlungsstrategien

Um frühere und heutige Handlungen und Handlungsstrategien vergleichen zu können, halte ich es für sinnvoller zwischen offensiven und defensiven Handlungsstrategien zu unterscheiden. Dazu definieren Maschke, u. a [65]

[65] s. Maschke in Kerstin Theilen (2012). S. 40.

Offensive Strategien	Defensive Strategien
Flexible Dispositionen Kontrastreiche Erfahrungen Offenheit für die Suche nach neuen Erfahrungen Perspektivenwechsel in den Beziehungen und Interaktionen Ausweitung und Veränderung der Handlungspraxis und Strategie Prozesse der Ablösung und Umgestaltung Vorhandensein von Zukunftsentwürfe	Passive, sich zurücknehmende, vermeidende Herangehensweise Anpassung an gegebene Verhältnisse Fließende und kontinuierliche Übergänge Einspurung durch Familie und Institutionen Einheitliche Muster der Welt- und Selbstauslegung Neue Erfahrungen werden vermieden Sicherung des status quo

Nach Maschke u. a. werden die biografischen Entscheidungen innerhalb des Lebenslaufs von grundlegenden Handlungsstrategien bestimmt und in offensive und defensive Strategien eingeteilt. Als „offensiv" kann man die Offenheit für neue Erfahrungen und die Suche danach bezeichnen. Das Leben wird also quasi bestimmt durch Ablösungs-, Umgestaltungs- und Neuschöpfungsprozesse und nicht selten wird dabei das Herkunftsmilieu überwunden.[66] Diese Prozesse kosten Energie und führen phasenweise wohl auch zu Unsicherheiten, Spannungen und Krisen, die aber durchaus für Zukunftsentwürfe genutzt werden können.

Defensive Strategien dagegen sind weitgehend Anpassung an gegebene Verhältnisse, fließende Übergänge bis hin zu Einspurungen. Neue und herausfordernde Erfahrungen werden weitgehend vermieden. Die Muster der Selbst- und Weltdeutung sind im Wesentlichen einheitlich und wenig reflektiv. Erfahrungen die spannungsverstärkend sind werden vermieden. Das ursprüngliche Weltbild bleibt bestehen.[67]

Somit verzichtete ich darauf, die damaligen Orientierungsmuster „jugendzentriert" und „familienzentriert" mit den heutigen Einstellungen zu vergleichen, sondern versuchte zu (er-) klären, welche Handlungsstrategien zur Lebensbewältigung benutzt werden und wie mit etwaigen biografischen Brüchen umgegangen worden ist.

Die Frage: Entsprechen die damaligen Einstellungen (Jugendzentrismus - Familienzentrismus) den späteren Einstellungen? nahm ich also

---

[66] s. Sabine Maschke, u. a. (2012). S. 39.

[67] s. Sabine Maschke, u. a. (2012). S. 39f.

aus meinem Fragenkatalog heraus und ersetzte sie durch die Frage: Welche Handlungsstrategien (offensiv-defensiv) werden zur Lebensbewältigung eingesetzt?

VIII.1.3.3 Die fünf Kerngebiete des Fragenkataloges

Mein endgültiger Fragenkatalog bestand nunmehr aus fünf Kerngebieten, die wie folgt aussahen:

1. Welche Erinnerungen haben die Lehrer?
2. Wie ist es den Ehemaligen im weiteren Leben ergangen?
3. Welches Selbstbild haben sie, welche Erwartungen an das Leben? Inwieweit haben sie sich bisher erfüllt oder nicht erfüllt?
4. Welche Handlungsstrategien (offensiv-defensiv) werden zur Lebensbewältigung eingesetzt? Wie gehen sie mit biografischen Brüchen um?
5. Haben die Schule, die Projekte, die Lehrer und das Jugendbüro irgendwelche Spuren hinterlassen? Wurden Einstellungen, Werte oder Handlungen beeinflusst?

Zu diesem 5. Fragenkomplex – das hatte ich bei einer ersten Durchsicht der Antworten festgestellt – gaben alle Interviews relativ wenig her, so dass wir uns entschlossen, hierzu nochmals Kontakt zu den Ehemaligen aufzunehmen und im Frühjahr/Sommer 2013 ein spezielles Interview mit folgenden Fragen durchzuführen:

- Wenn du an die Käthe-Kollwitz-Schule und deine Schulzeit denkst, was fällt dir dazu noch ein?
- … und wenn du an die anderen Schüler denkst?
- Wenn du an die Lehrer der Käthe-Kollwitz-Schule denkst, was fällt dir dazu noch ein?
- Was hat Herr Gürge/Herr Held als Klassenlehrer für dich bedeutet?
- Wie beurteilst du den Unterricht bei Herrn Gürge/Herrn Held? War er anders als bei anderen Lehrern? Wenn ja, wie?
- Hat Herr Gürge/Herr Held mit seiner Meinung, seinem Verhalten dir gegenüber oder mit seinem Unterricht irgendwelche Spuren hinterlassen? Kannst du das beschreiben?
- Gab es irgendetwas, was du von Herrn Gürge/Herrn Held „mitgenommen" hast?

- Wenn du in deinen biografischen Berichten sagst: „Es hat „Klick" gemacht", was bedeutet das eigentlich konkret?
- Welche Projekte fallen dir zu deiner Schulzeit ein? Woran erinnerst du dich dabei?
- Warst du im Anschluss an deine Schulzeit noch im „Jugendbüro"? Welche Bedeutung hatte das Jugendbüro für dich?
- Erinnerst du dich an Imbke Behnken oder Jürgen Zinnecker oder an andere Mitarbeiter im Jugendbüro? Was fällt dir zu ihnen ein?
- Erinnerst du dich an das BTZ in der Bodenstedtstraße? Was fällt dir dazu ein?
- Wenn du dieser Zeit an der Schule (Klasse 8 und 9) eine Schulnote geben müsstest, welche Note wäre das?

Die Antworten auf all diese Fragestellungen und die daraus resultierenden Überlegungen werden in den folgenden Portraits von Felipe Santander, Peter Börner und Barbara Hennig dargestellt. Innerhalb dieser Portraits werden auch Teile der Interviews zitiert, die Kerstin Theilen 2010 in der IGS Kastellstraße aufzeichnete.

VIII.2 Portrait von Felipe Santander[68]

Leider kein Schülerbild von 1973 — heute

[68] Der Name wurde auf Wunsch des ehemaligen Schülers geändert.

VIII.2.1 Meine Erinnerungen als Klassenlehrer

Felipe, ein Junge spanischer Eltern, ist bereits nach der 8. Klasse von der Käthe-Kollwitz-Schule abgegangen. Er wollte unbedingt – ich glaube sogar gegen unseren Rat – auf die Berufsfachschule und nicht den Hauptschulabschluss nach Klasse 9 machen. Aus diesem Grunde fällt es mir noch schwerer, differenzierte Erinnerungen an Felipe zu entwickeln. Mir fällt ein, dass Felipe ein äußerst flinker Junge mit einer schnellen Auffassungsgabe war. Seine braunen Augen und schwarzen Haare habe ich noch vor Augen. Er wuselte durch die Klasse, war äußerst kommunikativ und wurde vermutlich aufgrund seines Wissens, seines Ehrgeizes, seines Diskussionstalentes und seiner Auffassungsgabe „Professor" genannt. Zu meiner Zeit als Klassenlehrer ist ihm die Schule sehr leicht gefallen.
Eine gute und aufschlussreiche Ergänzung zu meinen Erinnerungen stellen die Aussagen der Projektgruppe Jugendbüro dar: „ Felipe ist der Starschüler der Klasse 8b, dort allgemein als „Professor" angeredet. Dieser Spitznahme resultiert aus seiner ungemeinen Diskutierfreudigkeit und seiner genialen Dialektik. Er ist intelligent, leistungsorientiert, fast narzisstisch auf seine eigene Karriere bedacht. Er will unbedingt noch studieren und legt ungemein großen Wert auf gute Noten. Trotz seiner Diskutierfreudigkeit ist Felipe ausgesprochen leistungsorientiert. In einer Diskussionsphase innerhalb eines Projektes „Schule" bekam er deshalb einen Weinkrampf, weil schon seit Wochen nichts Rechtes mehr gelernt worden sei. Er zieht sich in der Klasse aufgrund seiner Leistungsmotivation Aggressionen anderer Schüler zu. Neuerdings gibt es Ausbrüche in der Klasse, die darauf schließen lassen, dass man ihn am liebsten verprügeln würde."[69]

VIII.2.2 Der Lebensweg von Felipe bis heute

Felipe wurde 1959 in Madrid als einziges Kind von Santiago Hernandes und Maria Nadale geboren. Als Gastarbeiter kamen seine Eltern 1962 mit ihm nach Deutschland. Er verstand die deutsche Sprache zunächst nur sehr schlecht. Die Eltern hatten beide Jobs, der Vater arbeitete in der Metallverarbeitung, die Mutter halbtags in einer Druckerei. In der Freizeit blieb er – vermutlich aufgrund der mangelhaften Sprachkenntnisse- meist für sich alleine. Aber auch

[69] Projektgruppe Jugendbüro (1973) Ms.

sein Bastelhobby (Modellsegelflugzeuge) und sein Lernwille ließen ihn selten mit anderen Jugendlichen zusammen sein. Seine Eltern waren aber um seine schulische Förderung bemüht und schickten ihn parallel zur deutschen Schule in die spanische Nachmittagsschule. Diese hatte deutlich höhere Ansprüche (Grammatik, Physik, Algebra, Latein u. a). Außerdem engagierten seine Eltern einen Nachhilfelehrer. „ Und meine Eltern haben mir damals einen Nachhilfelehrer, einen spanischen Nachhilfelehrer haben sie mir organisiert. Und da bin ich nachmittags hin. Das war ein sehr netter Mann. Der hat bei mir für die Inhalte das Interesse geweckt. Der hat alles Mögliche mit mir gemacht. Der hat Mathe gemacht, der hat Grammatik, Geschichte, Geometrie also viele interessante Dinge, die hat er versucht, mir beizubringen. Auf eine sehr nette Art und Weise. Da muss ich sagen, da haben meine Eltern ein Riesen-Opfer gebracht. Der hat ja auch für die Stunde Einiges genommen. Und das war wichtig. Dieser Mann war sehr wichtig und von den Grundlagen zehr` ich noch heute. Ganz witzig. Bei ihm hab` ich gelernt, eine quadratische Gleichung zu lösen. Sie schmunzeln heute. Ja, aber das hab ich da gelernt. Das weiß ich heute noch. So, so, das ist `ne witzige Sache. Und das ist fast über eineinhalb Jahre gelaufen. „[70]

Die Eltern vertraten überraschend eindeutig bürgerlich orientierte Werte, hatten einen recht demokratischen Erziehungsstil und belohnten seine guten Schulleistungen durch finanzielle Zuwendungen.

In der Hauptschule hatte er bis zur 6. Klasse Desinteresse an schulischen Inhalten. Erst in der 7. und 8. Klasse wuchs sein Interesse. „Ja, ja, ich hab mich dran erinnert, dass ist dann in der sechsten siebten Klasse bei uns dann passiert, wie gesagt, wir sind aus dem normalen Lehrplan ausgeschert. Wenn ich heute noch `mal so zurückdenke, in der Hauptschule war der Lehrplan schon nicht so besonders anspruchsvoll. Man hatte schon das Gefühl, dass sich irgendwie jemand um einen kümmert. Also, ich weiß noch, da wurden bestimmte Hefte, bestimmte Aufgaben verteilt. Ich kann mich an eine noch heute erinnern, da ging`s um Drehen und Klappen. Das ist so eine Art, den Menschen Geometrie näher zu bringen. Das weiß ich heute noch, dass wir also so ein Projekt „Drehen und Klappen“ gemacht haben. Das ist für das räumliche Vorstellungsvermögen, das ist natürlich

---

[70] Unveröffentlichtes Interview von Kerstin Theilen (Uni Gießen) mit Felipe im August 2010 in der IGS Kastellstraße (früher Käthe-Kollwitz-Schule) S. 7.

hier in meinem Beruf sehr wichtig (lacht). Dann haben wir ein Projekt über den Nil gemacht. Das hat heute unheimlich viel mit meinem Beruf zu tun, weil ich ja Wasserwirtschaftler bin und das war also ganz witzig, das war damals ein Projekt, es waren auch noch andere Projekte, an die kann ich mich aber nicht mehr erinnern. Aber das war schon `mal ein bisschen `was Besonderes. Das hat das Interesse an der Schule und bei mir etwas geweckt."[71]

Felipes Eltern nahmen ihn nun von der spanischen Schule herunter, da sie nicht beabsichtigten, nach Spanien zurückzukehren. 1973 verließ Felipe die Käthe-Kollwitz-Schule. Schon sehr früh entwickelte Felipe seine dezidierten Berufswünsche: Architekt oder Raumfahrtingenieur. Nach dem Abgang von der Hauptschule besuchte er die Berufsfachschule. Die Aufteilung in handwerkliche Arbeit in der Holzwerkstatt und im Lehrbauhof einerseits und die theoretische Schulausbildung andererseits haben ihn besonders motiviert. Felipe sah jetzt die Notwendigkeit, sich besonders in Deutsch zu verbessern. Nach zwei Jahren absolvierte er den Realschulabschluss. Eine Lehrstelle als Schreiner schlug er aus und besuchte anschließend die zweijährige Fachoberschule. Im ersten Jahr wurde stark berufsbezogen gearbeitet. Felipe absolvierte ein Praktikum in einer Ingenieurgemeinschaft. Insbesondere die Bauzeichnertätigkeit hat ihn stark interessiert und motiviert und letztlich auch seine späteren Berufswünsche beeinflusst.

„Ja, ja, ich will studieren, nach Möglichkeit immer weiter hoch. Da ist der Druck von oben immer kleiner, werde ich von oben immer weniger getreten. Wenn ich ganz unten bin, dann liegen alle auf mir!"[72]

In der 12. Klasse hat Felipe viel gearbeitet, weil er Angst hatte, als Nichtdeutscher keinen Studienplatz zu bekommen. „ Also, da hab` ich das erste Mal so richtig Gas gegeben. Um dann einfach mit `nem guten Notendurchschnitt dann `nen Studienplatz zu bekommen ……….. die ZVS hat mir dann auch `nen Studienplatz hier an der Fachhochschule Wiesbaden zugewiesen…..„[73]

[71] Unveröffentlichtes Interview von Kerstin Theilen (Uni Gießen) mit Felipe im August 2010 in der IGS Kastellstraße (früher Käthe-Kollwitz-Schule) S. 1.

[72] Ebd. S.41.

[73] Ebd S. 3.

In all den Jahren seit der 8. Klasse in der Hauptschule spielte Felipe mit Leib und Seele Tischtennis. Recht schnell ging er in einen Tischtennisverein; vermutlich war sein Vater, der ein Vereinsschachspieler war, ein gewisses Vorbild für die Anbindung an einen Verein. Seine spielerischen Fähigkeiten wurden sehr geschätzt und er wechselte relativ schnell aus der Jugend- in die Herrenmannschaft des Vereins. Auch hier zeigte sich, wie ehrgeizig und zielstrebig Felipe war. Jede freie Minute stand er an der Tischtennisplatte und trainierte. „Ja, der Erfolg macht mir Spaß, und wenn ich keinen Erfolg hab, dann versuch` ich durch mehr Trainingsfleiß den Erfolg wieder herzustellen.“ [74] Über viele Jahre war der Sport wegen der vielfältigen Kontakte und der Kameradschaft mehr als Ausgleich und hatte während der Ausbildungszeit und darüber hinaus auch kompensatorische Funktion. Felipe sagt an einer Stelle: „Bei mir ist das halt so, dass ich zwischen der Schule und dem Sport stehe. Ich nehme also für mich den Sport wichtiger. Will ich `mal ganz offen sagen, wenn ich also zwischen Sport und Schule wählen müsste, dann würde ich den Sport wählen. Obwohl ich genau weiß, dass ich vom Sport nicht leben kann.“[75]

Felipe studierte von 1977 bis 1980 Bauingenieurwesen an der Fachhochschule Wiesbaden. Ab dieser Zeit arbeitete er nebenher als studentische Hilfskraft, um seine Eltern finanziell zu entlasten. Nach seinem Diplom begann er sein Studium an der TH Darmstadt, ebenfalls im Fachbereich Bauingenieurwesen, das er mit einer Diplomarbeit aus dem Fachgebiet Wasserbau im Jahre 1985 abschloss. Von 1986 bis 1990 war Felipe wissenschaftlicher Mitarbeiter der TH Darmstadt am Institut für Wasserbau. Neben seiner Tätigkeit in der Lehre war er auch an Forschungsvorhaben beteiligt. Als freier Mitarbeiter war er von 1988 bis 1992 in einem Ingenieurbüro beratend bei Fragestellungen aus dem Gebiet des Wasserbaus tätig. 1993 promovierte Felipe mit einer Dissertation zum Thema Bodenluftströmung in teilgesättigten Böden. Ein Jahr später heiratete Felipe.

Bereits vor seiner Berufung auf eine Professorenstelle an der Fachhochschule Wiesbaden war Felipe dort mit einem Lehrauftrag im Fachbereich Bauingenieurwesen für Hydromechanik, Wasserbau und

---

[74] Transkription einer Gruppendiskussion mit einer Gruppe von Berufsfachschülern im Jugendbüro am 13.4.1976. S.23.

[75] Ebd. S.22.

Wasserwirtschaft betraut worden. Seine heutigen Forschungsinteressen liegen in den Bereichen Hochwasserschutz, Hochwasservorsorge und naturnahe Gestaltung von Fliessgewässern.

VIII.2.3 Welches Selbstbild hat Felipe, welche Erwartungen an das Leben?

Erste differenzierte Hinweise zu seinem Selbstverständnis erhalten wir durch die Tatsache, dass Felipe spanischer Herkunft ist. Zum einen war ihm seine Herkunft - in der Zeit, in der Schule wichtig wurde - ein Antrieb, es besser zu machen als die Deutschen. „ Ich weiß nicht, vielleicht spielt das schon `ne Rolle. Wenn man … als Ausländer irgendwo aufwächst, dann muss man …. wie soll ich das ausdrücken? Man versucht, sich irgendwie hervorzuheben, um nicht schlechter dazustehen als andere. Das ist jetzt ganz vorsichtig ausgedrückt. Das kann man noch viel krasser ausdrücken [schmunzelt]. Vielleicht ist es ein wichtiges Motiv gewesen. Also besser zu sein als andere, besser als die deutschen Schulkameraden zu sein war immer ein Antrieb. Also, da hab` ich vielleicht doch einen Ehrgeiz in mir. Aber das hat mich sicherlich auch hart gemacht. Oftmals musste ich halt mehr Zeit in Schule und in solche Dinge investieren als die Schulkameraden, die haben eben andere Dinge gemacht. Ja, vielleicht ist das mit ein Grund.“[76]

Zum anderen war seine Identität bzw. Staatsbürgerschaft für ihn lange Zeit ein schwieriges Thema. „Ich bin ja nichts Richtiges“, drückt diese Tatsache am besten aus. Er sieht südländisch aus, hat aber typisch deutsche Tugenden angenommen (z.B. Pünktlichkeit). Als die Frage der doppelten Staatsbürgerschaft virulent wird, äußert sich Felipe wie folgt: „ Und da ging es um die doppelte Staatbürgerschaft. Ich bin aufgewachsen mit dem Bewusstsein: Du bist eigentlich nichts Richtiges. Also Deutscher bin ich auf keinen Fall, das sieht man mir an. Man hört´s zwar nicht , aber man sieht es mir an. Und vielleicht ist auch `mal die eine oder andere Verhaltensweise nicht typisch deutsch. Obwohl; wenn der Bus zehn Minuten zu spät kommt, da flipp` ich aus [räuspert sich und lacht]. Trotzdem bin ich kein Deutscher. Ich bin mittlerweile auch kein Spanier mehr. Also, man ist eigentlich nichts mehr. Weder das eine noch das andere. Als

---

[76] Unveröffentlichtes Interview von Kerstin Theilen (Uni Gießen) mit Felipe im August 2010 in der IGS Kastellstraße (früher Käthe-Kollwitz-Schule) S. 9.

diese doppelte Staatsbürgerschaft aktuell wurde, hab` ich gedacht: Hm, guck mal, wäre vielleicht ein Weg für dich. Wenn das wirklich geht, dann könntest du auf die Art und Weise zeigen, dass du eigentlich `was Richtiges bist.“[77]

Auf die Frage, wo er jetzt im Leben steht und wie er da hingekommen ist, stellt Felipe den Weg zu seiner jetzigen herausragenden beruflichen Position als eine Mischung dar aus viel Glück, zu bestimmten Zeiten die richtige Entscheidung getroffen und gute Rahmenbedingungen gehabt zu haben. Zu den guten Rahmenbedingungen zählt er das Elternvorbild und den unbedingten Glauben seiner Eltern an ihn. Sie haben ihm Mut gemacht, viel in ihn „investiert“ und somit die Bildungszukunft ihres Sohnes sehr wesentlich beeinflusst.

Auch der damalige Klassenlehrer [Peter Held] spielt eine gewisse Rolle. Hierzu später mehr.

Es fällt auf, dass er seine eigenen personalen Fähigkeiten nicht explizit benennt. Nur zu seinem Ehrgeiz, es besser machen zu wollen als die Deutschen, sagt Felipe an einer Stelle: „Vielleicht ist das mit eine Antriebsfeder gewesen, dieses Versuchen, besser zu sein und den anderen das zu zeigen.“[78]

Sicher hat zu seinem relativ positiven Selbstbild auch die Tatsache beigetragen, dass Felipe als Ausländer keine Diskriminierungen erlebt hat. Er musste sich nicht mit Anfeindungen, Etikettierungen oder Vorurteilen ihm gegenüber auseinandersetzen. „ … und danach, ich hab` also nie Diskriminierung erlebt, weder im Studium, noch hier im Beruf unter den Kollegen oder hier, dass die Studierenden mich irgendwie anders behandeln, das gar nicht. Ich hab` das noch nie erlebt.“[79] Diese positiven Erfahrungen verliehen ihm natürlich auch Kraft und Energien für das Erkennen von Gestaltungsmöglichkeiten, die Felipe nun zunehmend mehr ausschöpft. Somit gewann sein weiterer Lebensweg an Schwung und Dynamik und es kam zu dem bereits beschriebenen beruflichen und sozialen Aufstieg.

[77] Unveröffentlichtes Interview von Kerstin Theilen (Uni Gießen) mit Felipe im August 2010 in der IGS Kastellstraße (früher Käthe-Kollwitz-Schule) S. 10.

[78] Ebd. S. 10.

[79] Ebd. S. 10.

VIII.2.4 Welche Handlungsstrategien werden von Felipe zur Lebensbewältigung eingesetzt? Wie geht er mit biografischen Brüchen um?

In der mehr oder weniger als negativ erlebten Grundschul- und Hauptschulzeit war Felipe eher zurückgenommen. Er ist gerne für sich alleine, liest viel und möchte mit anderen wenig unternehmen. Sein Hobby ist der Segelflugzeugmodellbau. Hier kann er sich stundenlang zurückziehen. Die Schule und insbesondere die Inhalte interessieren ihn „eine Bohne". Die Note „6" für das Fach Deutsch akzeptiert er ohne Wunsch nach Verbesserung. Erst seine Eltern bewirken durch ihr unbedingtes Interesse, Felipe zu fördern, so etwas wie einen Paradigmenwechsel (von der Defensive in die Offensive), der ihm letztlich auch viel Schwung verleiht. Seine Handlungspraxis wird ausgeweitet, er besucht zusätzlich die spanische Schule und bekommt Nachhilfeunterricht. Diese neuen Erfahrungen, der Rückhalt durch die Eltern, das neu erwachte Interesse an Schule durch einen Unterricht, der ihn interessiert, und die zunehmend gewonnene Selbstsicherheit geben ihm vermutlich den Antrieb, seinen weiteren beruflichen Werdegang aktiv selbst zu gestalten (Besuch der BFS, der FOS, der FH und der TH), wobei Felipe glaubt, dabei auch viel Glück gehabt zu haben. Hier beginnen intensive Prozesse der Ablösung und Umgestaltung. Maschke u. a. drücken diesen Paradigmenwechsel wie folgt aus: „ Der berufliche und soziale Aufstieg von Chris [Felipe] kommt einem Milieuwechsel gleich (er hat sich „ so`n bisschen die Tür verschlossen") und markiert eine Veränderung der Strategie (und Motivation): vom zurückhaltenden und verängstigten „Gastarbeiterkind", das sich möglichst unauffällig verhält und die schulische Mitarbeit vermeidet, hin zu einem erfolgsorientierten und aktiv seine Zukunft gestaltenden Jugendlichen und Erwachsenen."[80] Felipes Leben wird von nun an bestimmt durch Umgestaltungs- und Neuschöpfungsprozesse.

Diese Veränderungen sind aber auch mit hohen „Kosten" verbunden. Felipe erlebt Krisen. „Nicht desto trotz, hat´s natürlich auch `mal Krisen gegeben, wenn man halt hier in so `nem System ist, und man nicht alles erreichen kann, was man sich so vorstellt. Da ich ja ein bisschen aus der Selbstständigkeit komme und gelernt habe: wenn du

[80] Sabine Maschke, u. a. (2012). S. 33.

genug Gas gibst, erreicht du alles. Das nimmt ja mit. Wenn man das hier im öffentlichen Dienst versucht, da läuft man gegen Wände oder in offene Türen und ich hatte bis vor zwei, drei Jahren auch durchaus eine gesundheitliche Krise. Ich hab` da das Schlafen verlernt, weil man einfach hier nicht klar kam. Ich hab` geschafft wie ein Verrückter und es tat sich nichts [lacht]. Ja, ja. Und irgendwann zieht man die Reißleine und das ist jetzt mittlerweile alles geschehen. Ich leb` jetzt meine Midlife-Crisis aus, habe das Rennradfahren erlernt, lebe also mit viel Spaß. Und bin gesundheitlich jetzt wieder auf´m Damm und hab` jetzt so`n gewisses Gleichgewicht gefunden. Hab` hier beruflich meine Intensität halbiert. Bei gleichem Gehalt, bei gleichen Bezügen. Alle finden mich jetzt furchtbar nett [lacht], was vorher nicht der Fall war.“[81]

Felipe schafft es, mit dieser Krise offensiv umzugehen. Als Kompensation betreibt er aktiv Radsport und kommt somit wieder zu einem inneren Gleichgewicht. Er hat nun auch die Souveränität, seine eigenen früheren Einstellungen und Handlungen kritisch zu betrachten. „ Wenn ich gewollt hätte, hätte mich die Schule schon neugierig machen können und die Angebote, die da waren, die waren auch gut. Nur, ich hab´s einfach nicht wahrgenommen.“ [82]

VIII.2.5 Haben Schule, Projekt, Lehrer und Jugendbüro bei Felipe Spuren hinterlassen?

Interview mit Felipe am 22.4.2013

Da aus den bisherigen Unterlagen keine wesentlichen Erkenntnisse über die Wirkung der Lehrer über den Unterricht hinaus gewonnen werden konnten, haben wir im Frühjahr 2013 einen neuen Fragenkatalog [siehe Kapitel VIII.1.3.3/1.3.4] entwickelt, der sich sehr eng an diese Themenstellungen (Einfluss, Werte, u. a.) hält.

Schon bald wurden Termine verabredet, Interviews durchgeführt, Fotos gemacht und rechtliche Veröffentlichungsfragen geklärt.

Nachfolgend das Interview mit Felipe (F) vom 22.04.2013, durchgeführt von Peter Held (PH).

---

[81] Unveröffentlichtes Interview von Kerstin Theilen (Uni Gießen) mit Felipe im August 2010 in der IGS Kastellstraße (früher Käthe-Kollwitz-Schule) S. 6.

[82] Ebd. S. 7.

Vorbemerkung:
Es war für mich schon ein ergreifendes Erlebnis, plötzlich einem ehemaligen Schüler gegenüber zu stehen, den ich seit 40 Jahren nicht mehr gesehen hatte. Wir sind uns gleich ganz freundschaftlich begegnet, wenn auch eine kleine Scheu bei uns beiden sicherlich vorhanden war.
Die offene und herzliche Art von Felipe hat unsere gesamte Begegnung inklusive des Interviews schnell zu einem unkomplizierten, rundherum positiven Treffen werden lassen, bei dem auch viel gelacht wurde.
Um einen möglichst authentischen Einblick in die Gedanken und Antworten von Felipe zu geben, wird das Interview hier im O-Ton und in originaler Länge wiedergegeben.

Das Interview:
PH Wenn du an die Käthe-Kollwitz-Schule denkst und an deine Schulzeit, was fällt dir dazu noch ein?
F Unglaublich viele Dinge .. der Schulhof, die Klasse, der ein oder andere Schüler, die Lehrer, die ganze Atmosphäre… also das ist auf jeden Fall noch da, auch die Lehrer sind noch da - mit ihren Gesichtern bis hin zum Werken, eines der Fächer, die ich gerne gemacht habe. Das war - glaube ich - über der Turnhalle. An das Turnen erinnere ich mich weniger gut [lacht laut]. Sehr viele Erinnerungen sind noch da.
PH ….und wenn du an die Schüler denkst, hast du da noch spezielle Erinnerungen an Schüler oder Schülerinnen?
F In der Hauptsache an Schüler, an Schülerinnen weniger, aber an Schüler. Und da gab es halt diejenigen, mit denen man zu tun hatte und die, vor denen man sich in Acht nehmen musste.
PH Fallen dir dazu noch einige Namen ein zu diesen beiden Kategorien?
F Der Cam Özdemir, der kam glaube ich in der 7. Klasse dazu, dann der Nachbar, der Siggi Knopik, der einmal sitzen blieb und dann in unsere Klasse kam…. Ansonsten sind die Namen mittlerweile verblasst und heute kam Roland [F. erinnerte sich nicht mehr an den richtigen Namen: Peter] Börner dazu, aber von allein wäre ich nicht mehr drauf gekommen.
PH Wenn du an die Lehrer der Käthe-Kollwitz-Schule denkst, was fällt dir dazu noch ein?

F … och, ne ganze Menge [lacht]. Also, ich kam ja von der Grundschule, von der Anton-Gruner-Schule, und dann kam ich erst in eine Klasse, da hat uns ein Lehrer unterrichtet. Das war so ein klassischer Lehrer der alten Schule, mit Backpfeifen und mit Ordnung und obwohl ich – ich kann mich noch daran erinnern - obwohl ich eigentlich in meinem Leben gerne gerechnet habe - heute würde ich sagen, Mathematik gemacht habe - hat er mir den Unterricht so verleidet, dass ich das Bruchrechnen verpasst habe, weil der Unterricht bei ihm einfach unerträglich war und etwas, das mir Spaß gemacht hatte, machte mir dann keinen Spaß mehr. Daran kann ich mich erinnern. An die Backpfeifen kann ich mich erinnern – ich hab` mir das nicht gefallen lassen. Ich bin dann zum Rektor gelaufen [lacht laut].

Und dann eine Klasse später, in der 6. oder 7. Klasse – ich krieg das nicht mehr so genau hin, wir müssen in die Zeugnisse schauen [PH schaut ins Zeugnis und sagt: Du bist zu Beginn der 6. Klasse an die Käthe-Kollwitz-Schule gekommen, 1971]. Dann war der Wechsel in die 7. Klasse. Auch die 8. Klasse `was völlig anderes. Ja .... der Lehrerwechsel und das warst du … und das war eben `was völlig anderes. Du hast uns anders behandelt. Wie soll ich`s ausdrücken? Mit mehr Respekt, du hast uns mehr geachtet und wir waren eher auf einer gleichen Ebene und das springt ja über. Also gut, manche nutzen das aus, aber bei der Mehrheit ist das übergesprungen und obwohl du auch `mal öfters um Ordnung gebeten hast [lacht], auch mit Nachdruck, war es trotzdem kein Vergleich zu dieser Zucht, zu dieser alten Schule. Du hattest eine neue Art zu unterrichten, du warst lockerer, aber trotzdem wusste man, dass man Regeln einzuhalten hatte… das war so, das war so! Das war ein wesentlicher Unterschied. Wir haben dann ja an diesem Schulversuch teilgenommen, auf jeden Fall, ich kann mich erinnern, es wurde uns Verantwortung übertragen. Das war etwas, was in der alten Schule - in der typischen Schule - nicht der Fall war. Dort waren wir nur Verbraucher und bei euch … das war ja diese Vierergruppe.. ich kann mich erinnern, ihr habt öfter Projektmaterial ausgeteilt, das wir selbstständig bearbeiten konnten. Aus Spaß seid ihr aus der Klasse gegangen und trotzdem arbeitete die Klasse weiter, das war in der alten Schule undenkbar. Wenn da der Lehrer die Klasse verlassen hat, dann war Halli-Galli.

Solche Dinge habt ihr da angestellt und das hat man gemerkt – es gab zwar immer ein paar, die quer gelaufen sind, aber die große Menge, die hat auch direkt darauf reagiert. Das war ein wichtiger Unterschied. Das war anders.

PH Was habe ich als Klassenlehrer für dich bedeutet?

F Ach, im Nachhinein, im Nachhinein muss ich sagen, bist du an dem, was später aus mir geworden ist, in großem Maße Schuld, im Positiven, ja, weil ich eigentlich in der Grundschule ein sehr schlechter Schüler war, die Schule lief an mir völlig vorbei.

Auch die Hausaufgaben – ich sag das heute noch meinen Bekannten, wenn deren Kinder Probleme in der Schule haben, dann erzähl` ich, wie`s bei dir war. Ich hab bis zum 5./6. Schuljahr, glaub` ich, niemals eine Hausaufgabe gemacht. Ich hatte den Buchstaben S und bin häufig davongekommen und ansonsten habe ich es immer darauf ankommen lassen. Ich war eigentlich ein schlechter Schüler – die Schule hat mich nicht interessiert und diese 7./8. Klasse – dein Wirken – hat das verändert. Also, du hast es geschafft, dass ich mich für Schule interessiert habe und hier einen erfolgreichen Schulweg einschlagen konnte.

PH Denkst du, das hat ein wenig mit meiner Art zu tun, wie ich euch begegnet bin?

F Natürlich, natürlich!

PH Wird dann der Lehrer interessant auf einmal? Das ist vielleicht nicht das richtige Wort ……

F …. wenn ich das in der heutigen Sprache ausdrücken sollte, würde ich sagen, er wird zum Partner, er ist nicht mehr der Lehrer, der die Obrigkeit vermittelt, sondern er wird eher zum Partner … das habe ich natürlich damals so empfunden … heute kann ich das ausdrücken, da spreche ich eine andere Sprache. Also mehr Partner, das ist sehr wesentlich und dann wird auch mehr Verantwortung auf uns übertragen und viele von uns haben die ja auch wahrgenommen. Wir haben dann in den Gruppen gesessen und diese Projekte bearbeitet, an die ich mich heute noch genau erinnern kann und das ist haften geblieben. Das war gut. Auf fachliche Inhalte können wir noch zu sprechen kommen… das sind Methoden, das sind Dinge auf menschlicher Ebene, die ihr uns vermittelt habt, die sehr, sehr wertvoll waren.

Im fachlichen Bereich war das sehr enttäuschend [lacht heftig], aber das sind ja Dinge, die konnte man nachholen. Ich stehe ja heute auch vor dem Dilemma, vermittle ich Inhalte oder vermittle ich Grundeinstellungen oder Arbeitstechniken… vor dieser Frage stehe ich jeden

Morgen um 8:00, wie ich`s am besten mache und ich bin immer hin- und hergerissen [lacht].

PH Das geht jetzt alles so ein bisschen ineinander über. Wie beurteilst du meinen Unterricht, da hast du ja schon einiges zu gesagt?!

F Ja, ja, ja.

PH Gehen wir vielleicht gleich `mal weiter zur nächsten Frage. Habe ich mit meiner Meinung, meinem Verhalten dir gegenüber irgendwelche Spuren hinterlassen?

F Ja, natürlich!

PH Kannst du da irgendetwas konkret dazu sagen?

F Einfach dieses partnerschaftliche Umgehen. Ich trag ´ne ziemliche Erblast mit mir. Partnerschaftlichkeit war in meiner Familie nicht groß geschrieben. Ich hatte einen, sehr strengen kann ich nicht sagen, aber einen Vater besonderer Art und was in meiner Familie abgelaufen ist, war nicht besonders partnerschaftlich. Es wurde diktiert, es wurde gemacht, es wurde auch `mal diktiert und nicht gemacht, es wurde aber dann in jedem Fall bestraft. Das im Unterricht war anders. ... und dass es auch anders geht, das haben wir in der Schule geübt. Ich kann mich an Rollenspiele erinnern, die ich mit großem Spaß mitgemacht habe. Ich glaube, wir hatten eine Mitschülerin, diese Heike - der einzige Mädchenname, an den ich mich erinnern kann - da haben wir Mann und Frau gespielt. Das war ein Spiel, aber so im Nachhinein war das einfach eine Hilfe, einfach andere Verhaltensweisen zu üben, das war einfach so.

PH .... wie Probehandeln?

F Ja, ja, ich habe diese Spiele mit Leidenschaft mitgemacht [lacht]. Ja, das war sehr wertvoll, man ist ja der, der man ist und wird von zu Zuhause her geprägt und sie [Heike?] lacht ja noch heute mit mir [lacht]. Ich bin kein einfacher Mensch, wirklich nicht!

PH Gab es irgendetwas, was du von mir mitgenommen hast?

F Ja, diese Menschlichkeit, ja, ja, ja. Die Art wie du mit uns umgegangen bist, das war halt anders und das kann man nur sehr hoch schätzen, das ist einfach so. Man hat ja den Vergleich zu den vorhergehenden Lehrern. Auch später in der Berufsfachschule gab es sehr kompetente Lehrer, die war`n aber wieder so mehr alten Schlages und da war das eine Hilfe, dass man andere kennengelernt hat. So konnte man das besser werten.

PH Jetzt kommt `ne ganz spannende Sache. Wenn du in deinen biografischen Berichten sagst: „Es hat Klick gemacht" oder „Jetzt weiß ich, ich muss Gas geben" oder irgend sowas kam bei dir, was bedeutet das eigentlich konkret?

F Schwer zu sagen. Wie gesagt, ich hab mich bis zur 5. Klasse wirklich nicht für die Schule interessiert, überhaupt nicht und irgendwann - sei es durch den etwas anderen Unterricht, durch die andere Art, wie man mit uns umgegangen ist - hat es erstmals Spaß gemacht... Was mir meine Eltern, besonders natürlich meine Mutter, vermittelt hat war, dass Wissen wichtig ist. Ich musste ja morgens in die deutsche Schule und nachmittags gab es die spanische Schule und in der spanischen Schule, da wurde einem schon sehr deutlich gemacht, dass man einfach Wissen mitnehmen muss, um weiterzukommen. Und irgendwann hat die Mischung aus beidem dann in mir bewirkt, dass es „Klick" gemacht hat. Ich kann mich noch erinnern, ich hab´ eine na, wie heißt das, die Entzündung im Bauch….. Blinddarmentzündung gehabt und ich war im Krankenhaus und die Anmeldung zur weiterführenden Schule kam genau zu dieser Zeit. Da hat mir meine Mutter die Unterlagen vorbeigebracht, die haben wir zusammen ausgefüllt. Ich lag im Bett mit meiner frischen OP-Wunde und habe mich für die weiterführende Schule, also für die Berufsfachschule beworben, die Kerschensteiner Schule. Bis dahin, also bis zu diesem Zeitpunkt hatte es irgendwie „Klick" gemacht.

PH Dann hast du durch deine Eltern ja noch so einen Push bekommen, oder?

F Ja, meine Mutter, meine Mutter. Wir haben ja dann irgendwann, in dem Moment, wo ich die Berufsfachschule hier begonnen habe, mit der spanischen Schule Schluss gemacht, weil das der Horror war, morgens Schule und nachmittags sind die Schulkameraden Fußballspielen gegangen und ich ins Kolping-Haus zur spanischen Schule. Das war furchtbar, das hat überhaupt keinen Spaß gemacht und dementsprechend waren ja auch die Leistungen. Und da haben wir uns dann irgendwann entschlossen, da gehen wir halt den deutschen Schulweg. Meine Eltern waren ja Gastarbeiter und die wollten ja alle zurück [lacht laut]. Alle wollten zurück und deswegen wusste man nicht, in welche Schulform man die Kinder bringen soll und viele sind parallel gefahren und wir haben damals gesagt: „ O. k. dann wird´s halt die deutsche Schule." Ich hab` dann mit dieser Nachmittagsschule aufgehört, mit der spanischen, und bin ja dann in die Kerschensteiner. Ich hab´ die Hauptschule nicht fertig gemacht, gegen euren Rat und hab` dann ja auch nur ein Abgangszeugnis bekommen.

Volksschule: Käthe-Kollwitz-Schule

Schuljahr 8 — 1. Halbjahr — 19 72/73

Klasse: 8b — ausgestellt am: 2.2.1973

Führungszeugnis

Betragen:	3	Aufmerksamkeit:	1
Fleiß:	2	Ordnung:	3

Leistungszeugnis

Religion:	–	Musik:	–
Sozialkunde:	1	Leibeserziehung:	2
Deutsch, mdl.:	1	Englisch:	4
Deutsch, schr.:	4	Handschrift:	4
Geschichte:	2	Bemerkungen:	./.
Erdkde./Heimatkde.:	2		
Naturkunde: Biologie:	2		
Naturkunde: Phys./Chem.:	1	Spanische Sprache:	1
Rechnen:	1	Spanische Heimat- und Sozialkunde:	2
Raumlehre:	1		
Kunsterziehg.:	1	Spanische Geschichte:	3
Werken:	–		
Familienhauswesen: Nadelarb.:	–	Versäumnisse insgesamt:	8 Tage
Familienhauswesen: Hauswirtsch.:	–	davon unentschuldigt:	5 Tage

i.V. [illegible] — Schulleiter~~(in)~~

Held — Klassenlehrer~~(in)~~

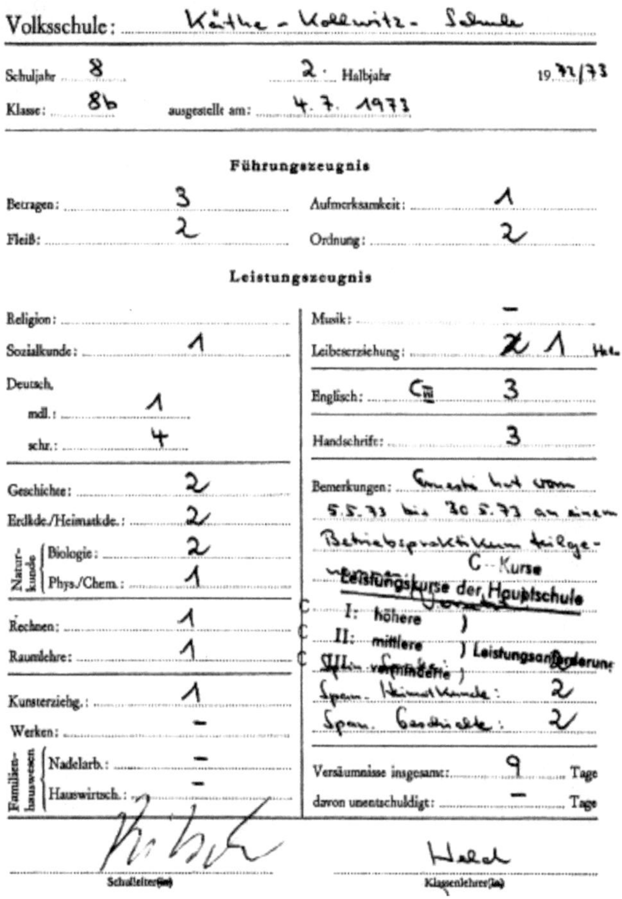

Volksschule: Käthe-Kollwitz-Schule

Schuljahr 8 | 2. Halbjahr | 1972/73

Klasse: 8b | ausgestellt am: 4.7.1973

Führungszeugnis

Betragen:	3	Aufmerksamkeit:	1
Fleiß:	2	Ordnung:	2

Leistungszeugnis

Religion:		Musik:	–
Sozialkunde:	1	Leibeserziehung:	2 1
Deutsch, mdl.:	1	Englisch: C III	3
schr.:	4	Handschrift:	3
Geschichte:	2	Bemerkungen: [illegible] hat vom 5.5.73 bis 30.5.73 an einem Betriebspraktikum teilgenommen.	
Erdkde./Heimatkde.:	2	C-Kurse: Leistungskurse der Hauptschule	
Naturkunde: Biologie:	2	I: höhere)	
Phys./Chem.:	1	II: mittlere) Leistungsanforderung	
Rechnen:	1	III: verminderte)	
Raumlehre:	1	Span. Heimatkunde:	2
Kunsterziehg.:	1	Span. Geschichte:	2
Werken:	–	Versäumnisse insgesamt:	9 Tage
Familienhauswesen: Nadelarb.:	–	davon unentschuldigt:	– Tage
Hauswirtsch.:	–		

Schulleiter(in) | Klassenlehrer(in)

Da war ich schon so selbstbewusst – das habe ich dir zu verdanken – dass ich gedacht habe: „Nein, hier bleibe ich nicht länger“ [lacht]. Ihr wart mir so nicht mehr gut genug [lacht], dass wir dann gesagt haben: „Nein, wir verschwenden nicht noch ein Jahr, er geht auf die Berufsfachschule zur Kerschensteiner.“

Die 8. Klasse, nein die 9. Klasse war dann schon an der Kerschensteiner, 9G1. Also „klick“ gemacht hat es irgendwann im 7./8. Schuljahr.

PH Welche Projekte fallen dir zu deiner Schulzeit noch ein? Woran erinnerst du dich?

F Ja, „Drehen und Klappen“ und der „Nilstaudamm“, der „Assuanstaudamm“, das weiß ich heute noch. Das waren zwei dieser Projekte, die ihr mit uns durchgespielt habt – ihr habt uns eine ganze Menge selbständig erarbeiten lassen. An „Drehen und Klappen“ und an den „Assuanstaudamm“ kann ich mich noch genau erinnern. Witzigerweise hat das ja heute mit meinem Beruf zu tun [lacht laut], aber das ist reiner Zufall. Ich habe noch genau Bilder von diesen Projekt-Heften im Kopf, also dieses „Drehen und Klappen“ war `was für das räumliche Vorstellungsvermögen und ich kann mich noch an die Bilder des Projektes „Assuanstaudamm“ erinnern – es geht ja da um das Wegbleiben des Flussschlamms und welche Nachteile es mit sich gebracht hat, das war sehr interessant. Es gab noch viele andere Projekte. Ich hab´ mich versucht daran zu erinnern, aber das kriege ich nicht mehr zusammen. Aber „Drehen und Klappen“ und „Assuanstaudamm“, das weiß ich noch, und die Rollenspiele.

Im Nachhinein waren die Rollenspiele, die ihr mit uns gespielt habt, eine große Hilfe. Wirklich, wirklich. Ich habe mich bei den Rollenspielen dabei erwischt, dass ich´s ernst meinte. Gerade mit dieser Heike, mit der ich mich auch sonst gut verstanden habe. Wir haben wirklich so eheähnliche Szenen durchgespielt, das war …äh.. das hat `was bewirkt, zumindest bei mir. Ich war als Proband geeignet [lacht].

PH Warst du im Anschluss an deine Schulzeit noch im Jugendbüro?

F Nein, nein, damit hab´ ich nichts mehr zu tun gehabt. Ich schließe gerne ab. Ich hab´s auch später an den Beziehungen gemerkt, ich schließe gerne ab. Ich mache hinter mir die Tür zu und blicke nicht mehr zurück.

PH Von daher hattest du auch selten Kontakte zu ehemaligen Klassenkameraden!

F Also, wie gesagt, erst vor ein oder zwei Jahren, als dieses Projekt jetzt neu aufgerollt wurde und man versuchte, Daten wieder herzustellen, da habe ich mich allerdings darüber gefreut, so wie ich mich über heute freue – das ist so wie ein Blick in die Vergangenheit. Aber sonst bin ich jemand, der gerne abschließt.

PH Erinnerst du dich noch an Imbke Behnken oder Jürgen Zinnecker oder andere Mitarbeiter vom Jugendbüro?

F Nein, nein, nein, nein!

PH Ich habe hier, glaube ich, ein Bild, wo die Imbke Behnken mit drauf ist [zeigt zwei Bilder]. Das ist hier Jürgen Zinnecker, den sie später geheiratet hat; ein sehr bekannter Jugendforscher.

F Nein, nein! Aber ich weiß, dass ihr begleitet wurdet. Also während der Zeit kamen auch wissenschaftliche Mitarbeiter und die haben euch während des Unterrichtes betreut, daran kann ich mich erinnern.

PH Ja, wir haben in dieser Zeit viel getagt, geplant, vorbereitet und ausgewertet. Wir haben ja auch 1974 …. Aber das machen wir später, lass uns zunächst das Interview fertig machen. Erinnerst du dich an das BTZ, das Bildungstechnologische Zentrum in der Bodenstedtstraße?

F Nein, gar nicht [lacht].

PH Gut, machen wir jetzt Schluss. Wenn du dieser Schulzeit eine Note geben müsstest, es ist für dich ja die Klasse 7 und 8, welche Note wäre das?

F Über diese Frage habe ich am meisten geschmunzelt [lacht]. Ich muss es zweiteilen, ich muss es zweiteilen. Also fachlich, auf Inhaltliches war wahrscheinlich der ganze Unterricht nicht angelegt, da kam nicht viel `rüber. Das ist etwas unfair.

Ich habe abends in der spanischen Schule eine Art Abitur gemacht. Ich habe teilweise Latein und so´n bisschen Höhere Mathematik gehabt und - ich kann mich erinnern - in der 8. Klasse war die Kreisberechnung das Höchste, was wir gemacht haben [lacht]. Von daher ist es etwas unfair, eine fachliche Note zu geben.

Wo man auf jeden Fall ´ne wirklich gute Note geben kann, das ist in den Kopfnoten – also für diese Sache – das Menschliche - das war sehr, sehr wertvoll. Also, das war wirklich sehr gut. Das hat mir unheimlich geholfen. Ich habe das damals nicht so empfunden, aber so im Nachhinein weiß ich, dass ich einfach zugänglicher wurde. In den späteren Klassen na, ja, ergaben sich ja Notwendigkeiten, mit anderen zu interagieren [lacht] und dafür habt ihr einfach die Grundlage gelegt. Ohne das wäre es mir später viel schwerer gefallen, in Gruppen klarzukommen. Ja natürlich, mit Sicherheit war das so. Da gibt es mit Sicherheit ein „Sehr Gut“ [lacht]!

PH Ja, toll, das ist ja eine Super-Rückmeldung, die auch ich bekommen habe. Da freue ich mich auch sehr darüber

F Ja, sicher!! Absolut! Unglaublich toll!

PH Ich besuche übermorgen den Fritz Gürge, dem geht es z. Zt. nicht so gut. Er hat auch viel geschrieben – wir sitzen ja seit 1 ½ Jahren da dran – Ich habe ihm heute Vormittag am Telefon gesagt, der Felipe kommt heute und ich versuche das zu transkribieren und dann bringe ich dir alles mit. Da hat er sich sehr gefreut.

F Sage ihm viele Grüße, er war ja in der Parallelklasse!

PH Felipe, habe vielen Dank, dass du dir die Zeit genommen hast und mir bzw. uns die Fragen beantwortet hast.

VIII.3 Portrait von Peter Börner

1973 2013

VIII.3.1 Meine Erinnerungen als Klassenlehrer

Auch bei Peter fällt es mir sehr schwer, mich nach fast 40 Jahren an ihn als Schüler zu erinnern. Zwar habe ich manche Bilder noch im Kopf oder sie kehren durch die Beschäftigung mit der damaligen Zeit wieder, doch Aussagen zu charakteristischen Merkmalen oder Persönlichkeitsmerkmalen kann ich nur bedingt treffen.

Meine Erinnerungen an Peter Börner sind sehr verschüttet. Was ich überhaupt noch über ihn sagen kann ist, dass er körperlich gut entwi-

ckelt und recht groß war (mit starkem Erwachsenengehabe), aber immer ein wenig „großspurig" auf mich wirkte. Er war manchmal jähzornig und aufbrausend, wenn er sich im Recht fühlte, mir gegenüber aber stets loyal. Er hat sich mir gegenüber niemals aufgelehnt oder verweigert, mich also als Autoritätsperson voll akzeptiert. Allerdings versuchte er häufig, Streitereien in der Klasse durch gezielte Schläge schnell zu beenden. Das trug ihm die Bewunderung der Jungen und mancher Mädchen, aber auch die ablehnende Haltung anderer Mädchen ein. In der Klasse war er vollständig integriert.
Sehr aufschlussreich erscheinen mir die protokollierten Aussagen eines Wissenschaftlers aus einer Beschreibung von Peter: „ Peter gehört in der Gruppenzuteilung zu der Clique um Klaus Bleitgen. Er ist ein ähnlicher Kraftprotz wie Klaus, allerdings nicht ganz so selbstbewusst und eigenständig wie Klaus. Er ist eher ein Typ, der sich irgendwo anhängt und dann eben auch mitmacht. Innerhalb dieser Clique um Klaus ist er allerdings konsequent und auch anerkannt. Ähnlich wie Klaus möchte er als erwachsene Persönlichkeit anerkannt werden und reagiert dann, wenn man ihn als solchen akzeptiert, relativ ansprechbar und vernünftig. Beispiel: Nachdem ich ihn auf die Sinnlosigkeit seines Hin- und Herschwenkens der Lampen in der Bar hingewiesen hatte, zeigte er sich überaus einsichtig und bat auch seine Mitschüler, davon Abstand zu nehmen." [83]
Erinnerungen gibt es außerdem noch von Imbke Behnken u. a. Diese möchte ich einfließen lassen, weil sie schon sehr früh (Juni 1973) die Alkoholprobleme von Peter belegen. „ Zwischenzeitlich kamen [im Schwimmbad Kleinfeldchen] Peter Börner, Klaus Bleitgen und Siegfried Knopik vorbei, sagten kurz „Guten Tag" und freuten sich, uns zu sehen. Peter Börner wurde empfangen mit den Worten „Der ist stockbetrunken" (G. Rutnik). P. Börner gab dieses bereitwillig zu. Gisela fragte: „ Hast du Bier oder Wein getrunken?" Börner: „Nein, Weinbrand."[84]

[83] Unveröffentlichtes Protokoll einer Teamsitzung des Lehrer-Wissenschaftlerteams vom 5.6.1973. S. 23.

[84] Unveröffentlichtes Protokoll von einer Begehung des Schwimmbades Kleinfeldchen am 28.6.1973 von Gisela Zinnecker-Koch, Friedel Müller und Imbke Behnken. S. 2.

VIII.3.2 Der Lebensweg von Peter bis heute

Peter verlässt 1974 die Käthe-Kollwitz-Schule mit einem Abgangszeugnis. Im selben Jahr lassen sich seine Eltern scheiden. Peter bekommt eine Lehrstelle als Schaufenstergestalter und besteht die Probezeit nicht. Er wohnt zunächst bei seiner Mutter, die 1975 wieder heiratet. Das Verhältnis zu Stiefvater und Stiefbruder ist denkbar schlecht. Bei einem Streit mit seinem Stiefvater, der ihn geschlagen hatte, wollte er ihn mit einem Messer „abstechen“. Seine Mutter verhinderte Schlimmeres. Er zieht anschließend zu seinem Vater, der ihn zunächst nicht aufnehmen möchte.

Peter beginnt eine Lehre als Raumausstatter bei Hertie. Wegen größerer Fehlzeiten wird ihm nach drei Monaten gekündigt. In der nächsten Zeit hält er sich mit Gelegenheitsarbeiten (Renovierungen von Zimmern, z. T. auch mit seinem Vater) über Wasser. Er lernt im Jugendbüro (1976) seine spätere Frau näher kennen. Sie war eine Schulkameradin aus der Parallelklasse. 1977 wird sie schwanger und entschließt sich zu einer Abtreibung, bei der Peter ihr beisteht. Peter macht dann eine Lehre als Polsterer. Er hat ein angespanntes Verhältnis zu seinem Chef. Es passt ihm nicht, dass er so schuften muss. Mit seiner Ausbildung nimmt er es auch nicht so genau, versäumt es, ein Berichtsheft zu führen und schreibt die Berichte kurz vor der Prüfung von einem Gesellen ab. Peter besteht die Prüfung, erhält gleichzeitig seinen Hauptschulabschluss und heiratet 1981 seine Freundin. 1982 kommt sein Sohn zur Welt, zu dem er zu keiner Zeit ein normales väterliches Verhältnis hat.

Nun beginnt eine schwierige Zeit. Peter, der schon früh Alkoholprobleme hatte, trinkt nun exzessiv und kommt mit Drogen in Berührung. Im Laufe der Jahre steigt er auf harte Drogen um und beschafft sich das dafür notwendige Geld durch Einbrüche in Apotheken und Autoaufbrüche. Bei einer Razzia schnappt ihn die Polizei und bei der folgenden Gerichtsverhandlung wird er zur Zahlung von 500,00 DM verurteilt.

Peter macht eine Therapie und fühlt sich danach erstmals so richtig wohl. Es ist die schönste Zeit seines Lebens. Er besucht ein Fitnessstudio und achtet auf seinen Körper und sein Äußeres. Er beschließt, ein wenig in der Welt herumzukommen und besucht einige Länder (Spanien, Türkei, Sri Lanka, Malediven, Mexiko).

Doch die Alkoholsucht kann er nicht überwinden. 1996 macht er eine 4-tägige „Sauftour“, hat einen schweren Autounfall mit schwerwie-

genden Verletzungen (mehrere Wochen Krankenhausaufenthalt – 60% Schwerbehinderung). Der Führerschein wird ihm entzogen und im selben Jahr lässt sich seine Frau von ihm scheiden. Seine Firma kündigt ihm fristlos – ein ganz schwarzes Jahr!
Peter macht anschließend einen Selbstentzug, zieht aufs Land und absolviert dort eine Ausbildung als Forstwirt. Seit dieser Zeit ist er bezüglich harter Drogen trocken. Er macht den Führerschein erneut, hat aber Reibereien mit Angestellten der Firma. Aufgrund von Meinungsverschiedenheiten wird er gegenüber seinem Vorgesetzten gewalttätig und verliert seine Stelle.
Er lernt eine Frau kennen, die ihn nach einigen Jahren wegen eines anderen Mannes wieder verlässt. Trotz der erlittenen Kränkung beherrscht sich Peter mühsam. Doch der Alkohol und die leichten Drogen haben ihn noch immer fest im Griff.
2003 lernt er eine vier Jahre ältere Frau kennen. Als sein Vater 2005 stirbt zieht Peter mit seiner neuen Freundin in dessen Wohnung. 2006 heiratet er sie. Sie bringt zwei Kinder mit in die Ehe, zu denen Peter kein besonderes Verhältnis hat. In diesem Jahr bekommt Peter den Job eines Hausmeisters. Wegen ½ jähriger Erkrankung drohte ihm die Kündigung, die aufgrund seiner Schwerbehinderung nicht wirksam werden konnte (Arbeitsgerichtsurteil).
Mittlerweile hat sich Peter mit seinem Chef arrangiert.

Heute ist Peter zu 60% schwerbehindert, hat große Probleme mit seinem Knie und „muss“ noch 10 Jahre arbeiten. Er möchte eigentlich in Frührente gehen, das Haus seiner Frau renovieren und ansonsten nur noch Urlaub machen.
Zu den ehemaligen Klassenkameraden hat er keinen Kontakt. Aufgrund seines Umzugs aufs Land sind alle Kontakte abgebrochen. Noch heute hat er Probleme mit dem Alkohol.

Peters Lebensbrüche haben schwerpunktmäßig drei Ursachen: Drogen, Alkohol und Unbeherrschtheit. Zu seinem Lebensthema sagt er selbst: „ Mit viel Schweiß und Ärger. Das ist das, was ich dazu sagen kann.“ [85] In der Tat durchlebt Peter einige kleinere und viele größere Brüche, die mit seinem Temperament, seiner Unbeherrschtheit und

[85] Unveröffentlichtes Interview mit Peter Börner am 27.7.2010 in der IGS Kastellstraße durchgeführt von Kerstin Theilen, Studentin der Universität Gießen. S. 1.

auch mit dem Alkohol in Zusammenhang stehen. Sein schlechtes Verhältnis zu seinem Stiefvater und die gewaltsame Auseinandersetzung mit ihm erfordern einen Auszug aus der Wohnung und die Hinwendung zu seinem Vater, der ihn eigentlich gar nicht aufnehmen möchte. Eine gewisse Beziehungsunfähigkeit gegenüber seinem Sohn, seinen Stiefkindern und möglicherweise auch gegenüber zumindest seiner ersten Ehefrau führte zu weiteren Brüchen.
„Heutzutage würde ich sagen, war`s ein Fehler gewesen, dass ich überwiegend erstmal an mich gedacht habe, bevor ich an meine Familie gedacht hab`. Aber, es ist halt so gelaufen.“ [86] In seiner Beziehungsunfähigkeit liegen sicher auch die verschiedenen Frauengeschichten und auch das Scheitern der ersten Ehe und der zweiten, längeren Beziehung begründet.

VIII.3.3 Welches Selbstbild hat Peter, welche Erwartungen an das Leben?

Mir fällt auf, dass in dem Interview, das Kerstin Theilen mit Peter geführt hat, seine Jahreszahlangaben unpräzise sind, sich z. T. widersprechen und manche Details von ihm auch widersprüchlich dargestellt werden. Somit konnte ich die Vita von Peter nur mit Mühe rekonstruieren und zusammenstellen. Ich bin mir auch nicht sicher, ob alle Details stimmig sind. Offensichtlich hat sich Peter niemals reflektiv mit seinem Leben auseinandergesetzt.

Ich denke, dass er zunächst ein Selbstbild hatte, das durch Unsicherheit, „Machogehabe“ und Kompensation mit Alkohol gekennzeichnet war. Seine Familie konnte ihn nicht zu einem selbstbewussten jungen Mann erziehen, zu sehr war sie mit sich selbst beschäftigt. Sein Jähzorn und seine Unbeherrschtheit haben ihm eine Menge Schwierigkeiten bereitet. „ Da bin ich in de Küche gerannt, hab` so`n langes Messer rausgeholt, und dann bin ich los auf ihn. Wenn mich damals meine Mutter nicht am Arm gepackt hätte, hätte ich ihm das Messer bis unter den Hals gestochen. So`n Zorn hatte ich. Ich bin ein ganz Lieber, Braver, aber wenn man mich zur Weißglut bringt…“ [87] Oder an anderer Stelle: „Ich bin ab und zu sehr aufbrausend, komme auch

---

[86] Unveröffentlichtes Interview mit Peter Börner am 27.7.2010 in der IGS Kastellstraße durchgeführt von Kerstin Theilen, Studentin der Universität Gießen. S. 1.
[87] Ebd. S. 8.

genauso schnell wieder `runter, wenn ich weiß, ich hab `nen Fehler gemacht, nur wenn ich weiß, ich hab` Recht, dann bleib` ich`s auch." [88] Und immer wieder führen Alkohol und Gewaltausbrüche zu großen Problemen, bis hin zu einer Kündigung. „ Hab` aber meine Sauferei nicht unter Kontrolle kriegt. Das heißt auch, dass ich mit meinem Vorgesetzten nicht klar gekommen bin. Und irgendwann hab` ich mir meinen Vorgesetzten geschnappt und hab` denen die Hucke verhauen. Na, ja, gut, das war ein fristloser Kündigungsgrund." [89]
Im Grunde genommen konnte Peter nie echte Erwartungen an das Leben formulieren, weil er immer damit beschäftigt war, Schwierigkeiten, in die er hineingeraten war, wieder „auszubügeln". Er war in gewisser Weise ein Getriebener, getrieben durch sein Suchtverhalten, seine Unbeherrschtheiten und seine Beziehungsunfähigkeit.
Für Peter kamen die erste Ehe und die Geburt seines Sohnes viel zu früh. Er konnte sich noch nicht darauf einlassen, war dementsprechend beziehungsunfähig und hatte eigentlich nur Sehnsucht nach Freiheit und Unabhängigkeit. „Was war denn damals wichtig? Leben, frei sein." [90] Diese Sehnsucht nach Freiheit konnte er sich nie erfüllen, sieht man von ein paar Reisen ab, die ihm nur kurzfristig Erfüllung ermöglichten.
Ihm war die frühe Bindung mit der Familiengründung sicher auch eine Behinderung, eine Bremse, die seine Träume nach Freiheit und Unabhängigkeit jäh platzen ließ. „... ich wäre sehr wahrscheinlich, wenn ich allein und ledig gewesen wäre, weiter gekommen wie halt mit Familie." [91]
Peter wurde immer wieder durch sein Suchtverhalten und seine Unbeherrschtheit in schwierige Situationen „getrieben", aus denen er sich nur schwer befreien konnte. Das meint er vermutlich auch mit „Schweiß und Ärger", nämlich den Kampf um Normalität, um das „Wieder-Aufstehen" nach dem Ärger bezüglich Auszugs, Kündigung, Entzug, Trennung u. a. Sicher hat sich Peter ein anderes Leben vorgestellt, von daher haben sich die Erwartungen, wenn er denn welche hatte, nicht erfüllt.

---

[88] Ebd. S. 2.

[89] Ebd. S. 3.

[90] Ebd. S. 7.

[91] Ebd. S. 3.

Im Grunde träumt Peter heute davon, nicht mehr arbeiten zu müssen und dauernd Urlaub machen zu können. Auch dieser Traum wird sich nicht erfüllen. Zum einen wird er noch viele Jahre arbeiten müssen (etwa 10-15 Jahre), zum anderen fehlen die finanziellen Ressourcen, um sich dauernde Urlaube zu ermöglichen. „Was würden Sie denn gerne? – Meine Rente kriegen … Und dann, wenn ich wüsst`, dass genug Geld da wär`, Urlaub machen. Egal wo.“ [92]

VIII.3.4 Welche Handlungsstrategien werden von Peter zur Lebensbewältigung eingesetzt? Wie geht er mit biografischen Brüchen um?

Geht man nach den Ergebnissen der Lebensweltuntersuchung des Bildungstechnologischen Zentrums in Wiesbaden 1972/73, so treffen auf Peter die Indikatoren des Jugendzentrismus zu. Peter orientierte sich an Gleichaltrigen, hatte ein starkes Selbstständigkeitsstreben, war äußerst hedonistisch und sehr beliebt bei den Mitschülern. Auch traf er sich in seiner Freizeit an den typischen Freizeitorten mit seinen Freunden.

Seine Handlungsstrategien würde ich für die späteren Jahre als defensiv bezeichnen. Peter beschreibt im Interview sein Leben fast ein wenig fatalistisch. Er passt sich an die Verhältnisse an und hat eine passive Herangehensweise an das Leben. „Ich hab das Leben soweit laufen lassen ……. und sonst ist mein Leben gelaufen wie `zig Millionen anderer Leben“. [93] Nach der Scheidung seiner Eltern erlebt auch Peter Jahre später seine Ehescheidung und die Trennung verschiedener eher kurzfristiger Beziehungen. Er ist eingespurt. Es verändert sich nur wenig. „ … viel verändert hat sich da nicht.“ [94] Peter interessiert sich zur damaligen Zeit nicht für einen qualifizierten Schulabschluss, was er heute ein wenig bedauert. „Aber heut, da denk ich darüber nach. Damals war mir des so was von egal. Ob du einen Abschluss- oder Abgangszeugnis hast, das hat mich doch überhaupt net interessiert.“ [95] Heute meidet er seine früheren Arbeits- oder Schulkollegen aufgrund seiner Alkoholprobleme und zieht sich zurück. „ …. Und da hab ich gesagt, gut, ich meide meine ganzen

---

[92] Ebd. S. 4.

[93] Ebd. S. 1.

[94] Ebd. S. 3.

[95] Ebd. S. 7.

früheren Kollegen und sehe zu, dass ich mein Leben einigermaßen auf die Reihe krieg." [96] Peter ist passiv, passt sich auch an die gegebenen Verhältnisse an. An zwei Stellen bricht er aber aus den vorgefertigten Spuren aus: er macht eine Drogen- und Alkoholtherapie und Jahre später einen Selbstentzug. Offensichtlich ist dabei der Leidensdruck jedes Mal so groß, dass er in die Offensive geht, gehen muss, um nicht „unterzugehen". Nach beiden „Therapien" geht es ihm gut. Insbesondere nach der ersten spricht er von der schönsten Zeit in seinem Leben. „ Und danach hab ich mich eigentlich das erste Mal in meinem Leben ziemlich wohl und frei gefühlt. ..... Das war für mich eigentlich die beste Zeit meines Lebens."[97] Insgesamt aber wird sein Leben von defensiven Strategien beherrscht, was man nicht zuletzt an der einheitlichen Auslegung und Deutung des Lebens und der Welt feststellen kann. An keiner Stelle des Interviews kann Peter die beschreibende Ebene verlassen und reflektorische oder selbstreflektorische Überlegungen anstellen. Das Leben ist halt so passiert, „...und dann is halt alles de Bach runner."[98]und jetzt versucht er es wieder „auf die Reihe zu kriegen". Er macht seine gesundheitliche Situation dafür verantwortlich, dass er nicht mehr das machen kann, was er sein ganzes Leben lang gemacht hat. Es gibt eigentlich kaum eine Stelle, an der Peter sich selbst und sein Verhalten für die Ereignisse seines Lebens verantwortlich macht.

Sieht man von den „Therapien" ab, - wobei noch unklar ist, ob sie auferlegt wurden oder freiwillig waren – haben die an anderer Stelle schon beschriebenen Lebensbrüche (verschiedene Trennungen, Wechsel der Arbeitsstellen, Entlassungen als Folgen von Drogen, Alkohol und Unbeherrschtheit) nicht zur Reflexion und damit zu offensiven Handlungsstrategien geführt.

Ich kann mir kaum vorstellen, dass Peter etwas aus der Schulzeit für sein Leben mitgenommen hat.

---

[96] Ebd. S. 6.

[97] Ebd. S. 3.

[98] Ebd. S. 3.

VIII.3.5 Haben Schule, Projekt, Lehrer und Jugendbüro bei Peter Spuren hinterlassen? – Interview mit Peter am 3.5.2013

Zu dieser 5. Frage wurde Peter am 3.5.2013 von mir interviewt. Bei Peter Börner waren es keine 40 Jahre, die ich ihn nicht gesehen hatte. Auf den beiden Klassentreffen im „Kleinen König“ und in der ehemaligen Käthe-Kollwitz-Schule war er jeweils anwesend gewesen und wir haben uns dort auch länger unterhalten. Von daher war es keine überraschende oder fremde, eher eine vertraute Situation, als wir uns gegenüberstanden.
Nachdem wir uns begrüßt hatten und Peter einen Kaffee getrunken hatte, haben wir uns über viele Bilder, die Imbke Behnken aus ihrem Fundus zur Verfügung gestellt hat, verständigt, angenähert und gegenseitig geholfen, die verschiedenen Namen zu erinnern. Diese Fotos waren ein echter „Eisbrecher“. Um einen möglichst authentischen Einblick in die Gedanken und Antworten von Peter zu geben, wird das Interview hier im O-Ton und in originaler Länge wiedergegeben.

Das Interview:

PH So, Peter, ich freue mich, dass du zu mir gekommen bist und dass wir diese dreizehn Fragen mal durchgehen können. Da fangen wir gleich mal an mit der ersten Frage: Wenn du an die Käthe-Kollwitz-Schule und deine Schulzeit denkst, was fällt dir dazu noch ein?
P Dass es eine schöne Zeit war – in jedem Fall für mich – und ich glaub`, das wär` auch nie … in einer anderen Schule hätte der Unterricht nie so stattgefunden.
PH Kannst du dazu noch etwas konkreter sein?
P Die ganzen Projekte, die wir gemacht haben, mit der Kamera, Leute interviewen, in die Stadt gehen statt Unterricht zu machen, also mir hat das sehr gut gefallen.
PH Wenn du an die anderen Schüler, an die Klassenkameraden denkst, was fällt dir dazu noch ein?
P Dass wir irgendwo eine Clique waren, aber nur gewisse Leute von dieser Klasse.
PH Weißt du noch Namen von Leuten, die zu dieser Clique gehörten??

P Das war der Siggi, der Clarence, der war - glaube ich - nicht bei uns und der Roland, der Steven, obwohl wir uns über den immer geärgert haben, weil er ja behindert ist und wenn wir den irgendwo immer mal ein bisschen angemacht haben, dann ist der Steven immer gleich ausgerastet.

PH Diese Clique hat die irgendetwas Besonderes gemacht, in der Schule oder auch außerhalb der Schule?

P Außerhalb der Schule haben wir uns immer getroffen – dann war`n wir viel auf dem „Alten Friedhof", wo wir eigentlich gar nicht hin durften, weil der ja damals noch zu war und da sind wir immer über die Mauer und waren dann auf dem „Alten Friedhof" und haben da unsere Sitzungen abgehalten.

PH Und zu den Mädchen fällt dir da noch was ein?

P Ja, meine erste große Liebe, die Theresa. Also, wie gesagt, mit der Theresa gab`s immer Probleme mit den Eltern.

PH Ja, die spanischen und italienischen Eltern haben doch eine strenge Moral.

P Der Vater hat ja gar kein Deutsch gesprochen, obwohl er schon so lange in Deutschland war und trotzdem hat er einen Dolmetscher gebraucht.

PH Gibt es irgendwie aus anderen Klassen noch Schüler, die dir irgendwie wichtig waren.

P Ja, da war die Conny noch, die war ja in der Parallelklasse und äh - wer war denn da noch? Wer kommt noch zum Interview?

PH Der Steven? Die Barbara Hennig?

P Ja, richtig, die Barbara.

PH Die war ja bei uns in der Klasse

P Ja, wie gesagt, an den Bruder von der Conny kann ich mich noch erinnern und meine damalige Frau, die Regina Moses, die war auch in der Parallelklasse.

PH Ah, ja, die hast du aber erst später….das Verhältnis hat erst später begonnen.

P Im Jugendbüro hatte das damals angefangen.

PH Wenn du an die Lehrer der Käthe-Kollwitz-Schule denkst, – lassen wir mich gerade noch `mal außen vor, da kommt noch eine Extra-Frage –, was fällt dir dazu noch ein? Also erst einmal Namen und vielleicht kannst du sie auch kurz charakterisieren oder beschreiben oder zu ihnen irgendwas sagen?

P Ja, den Herrn Flentge, mit dem hatte ich eigentlich gar nicht so viel zu tun und ich war auch nicht im Parallelunterricht oder sonst was und wir hatten ja auch noch ´ne Lehrerin, die Frau ..... Mendel.

PH Genau, ja!

P Die war ja in der Parallelklasse und ich hatte – glaube ich – Englisch-Unterricht bei ihr – ja ich war bei ihr eingeteilt und da habe ich mich nie blicken lassen und nachher hab` ich auch nicht mehr hingebraucht und der Herr Gürge, der war mir damals halt .. ich hab` den immer so als streng empfunden.

PH Gut, was habe ich, Herr Held, als Klassenlehrer für dich bedeutet?

P Ich hatte immer das Gefühl, du bist ´n gute´ Kumpel, weil, du warst eigentlich immer offen und ehrlich zu uns ..... auch wenn wir so Klassenfahrten gemacht haben oder so was. Ich glaub`, ich kam immer am besten mit dir zurecht, im Gegensatz zu den anderen Lehrern.

PH War ich irgendwie anders als - sagen wir mal die Lehrer der Generation davor, - die ja nun alle streng gewesen sind und auch häufig noch geschlagen haben. Habe ich mich da abgehoben, oder?

P Ja, weil, mit dir konnt´ man wenigstens diskutieren, wenn es um irgendwas ging. Bei den anderen, die haben ihre Meinung vertreten und davon sind die auch nicht `runtergegangen. Das war ja das Problem, aber das kann an der Generation gelegen haben, von Lehrern.

PH Das denk´ ich auch ein bisschen. Heute ist das ganz anders, ja .....

P .. so Mitspracherecht und so....

PH Das ist heute „gang und gäbe" in der Schule. Wie beurteilst du den Unterricht bei mir, fällt dir dazu irgendetwas ein, Unterrichtssituationen?

P Bis auf Deutsch hatten wir ja eigentlich alles bei dir: Sport, Gesellschaftslehre, ... Deutsch war halt das Fach, wo ich nicht besonders gut war. Rechnen und so was war kein Problem für mich und sportlich war ich ja auch immer.

PH Hab´ ich jetzt bei dir irgendwelche mit meiner Meinung, meiner Art, oder mit meinem Unterricht irgendwelche Spuren hinterlassen, hast du aus der Zeit irgendwas mitgenommen? Hab` ich da irgendwas an Spuren bei dir hinterlassen? Gab es irgendwas was du von mir mitgenommen hast in dein Leben?

P Nicht dass ich wüsste! Mit den zwei Fragen hab` ich mich eh schwer getan!

PH Ja, das sind jetzt 40 Jahre her, das darf man nicht vergessen. Du hast bei der Frau Theilen an irgendeiner Stelle gesagt, da hast du was gemacht und irgendwann hätte es „klick“ gemacht, da hast du was kapiert. Ich weiß nicht, ob du dich daran erinnerst, die Stelle - ich hab` sie jetzt auch nicht parat. Wenn so was ist, es hat „klick“ gemacht, kannst du dir vorstellen, was das konkret bedeutet?

P Ja, das war ja auch im Endeffekt so. Ja, gut, damals wollt ich nicht von meiner eigenen Meinung, die ich hatte, wollt` ich nicht runter. Da war ich halt immer standhaft und so im Nachhinein hab` ich natürlich auch viel falsch damit gemacht. Deswegen war das immer, wenn es dann bei mir „klick“ gemacht hat, dann hab` ich entweder auf andere Leute gehört oder die andere Meinung mir `mal durch den Kopf gehen lassen und im Endeffekt hatte dieser Jenige nicht Unrecht oder mehr Recht wie ich hatte.

PH Ich denke, das hast du gut beschrieben, das kann ich mir auch gut vorstellen, so was, ja.

P Ja, ich weiß nicht, ich beharre ab und zu `mal auf einer Meinung, die ich im Endeffekt eigentlich gar nicht vertreten kann und lass` mich aber auch sehr schwer von dieser Meinung wieder runter bringen, obwohl ich im Hinterkopf genau weiß, dass ich nicht Recht hab`. Aber das war damals, aber jetzt diese Situation, die gibt`s heut` nicht mehr.

PH Also hast du eine ganze Menge dazugelernt!

P Ja, das wäre auch schlimm, wenn es nicht so wäre.

PH Welche Projekte fallen dir zu deiner Schulzeit noch ein? Also gibt es irgendwas, was wir im Unterricht oder auch außerhalb der Schule gemacht haben?

P Das war, als wir die Leute interviewt haben in der Stadt, da haben wir doch `ne Video-Kamera gekriegt, so `n Riesenkasten war das, also so `ne Riesen-Kamera.

PH Du weißt aber nicht mehr das Thema?

P Das Thema weiß ich nicht mehr. Ich weiß nur, dass wir damals zu dritt oder zu viert – wer jetzt alles genau dabei war, weiß ich auch nicht mehr – und da sind wir doch durch die Hochstätten noch, als wir da zurück sind

PH Ja, das war damals noch Nuttenviertel..

P Ja, ja, und ich hatt` doch die Kamera und ich hatt` zwar keinen Film mehr drauf, weil wir alles schon verfilmt hatten, aber ich hab` trotzdem die Nutten .. wollt ich, so getan, als wollt ich sie filmen und die hab`n immer gesagt, dass ich das Ding ausschalten soll und da ich das nicht gemacht hab`, hat irgendjemand gepfiffen und da hab` ich nur noch mitgekriegt, dass irgend so ein Zuhälter von oben runter gerannt ist und wollt mir die Kamera und das Gerät abnehmen und dann bin ich gerannt wie die Feuerwehr .. dabei hab` ich niemand, wir hatten ja schon alles verfilmt. Ich weiß nicht, damals ging das ja nur zwanzig Minuten oder so. Die Kassetten war`n schon groß, aber da hat nicht viel draufgepasst; ……und Dörnberg, halt …

PH Ja, Dörnberg, was fällt dir überhaupt zu Dörnberg ein? Weißt du überhaupt noch, warum wir nach Dörnberg gefahren sind?

P Das war doch die Klassenabschlussfahrt, oder?

PH War das auch gleichzeitig Abschlussfahrt? Dörnberg habt ihr aber in Klasse 8 gemacht. Ich weiß jetzt nicht, was wir da in 9 gemacht …..

P …. Nee, in 9 war ich ja nicht mehr da

PH Ach so, dann war das für dich die Abschlussfahrt. Aber wir haben ja inhaltlich auch gearbeitet auf dem Dörnberg. Fällt dir da noch irgendwas dazu ein? Also, ich sag` dir `mal Stichwörter: da wurde ein Friseursalon eröffnet, wir haben Betriebe gegründet ….

P … also, um uns auf unsere künftige Laufbahn einzustellen.

PH Genau, ganz genau! Manche haben als Kfz-Schlosser gearbeitet an den Autos der Lehrer, Radwechsel gemacht usw. … da gab es die Umdrucker, die Spirit-Carbon-Drucker, da haben Schüler etwas produziert …. alle haben ja etwas gearbeitet, ihr hattet Verträge, ihr habt Lohn dafür bekommen, es gab die Dö-Mark, die Dörnberg-Mark und da habt ihr richtig Geld gekriegt und zum Schluss gab es einen Streik und da ist die Kasse verschwunden und dann habt ihr aber alle euer Geld zum Abschlussfest umgetauscht in Getränke, in Essen usw. Fällt dir dazu irgendetwas zu ein?

P Nein

PH Alles weg? Na, ja, o.k.

P Ja! Bis auf die Abende, wo es halt immer schön war!

PH Gut, warst du im Anschluss an deine Schulzeit noch im „Jugendbüro“?

P Ja, das war ja doch unten in der Stiftstraße.

PH ja, … und welche Bedeutung hat das Jugendbüro für dich gehabt?

P äh, ….. Leute wieder zu treffen, die ich ja sonst eigentlich gar nicht gesehen hab`, weil wir ja alle zu weit auseinander gewohnt haben und in der Zwischenzeit hab` ich damals auch in Katzenellenbogen, also in Schönborn gewohnt – äh, diesen Sonderurlaub, den ich ja dadurch bekommen habe, weil ich im Jugendbüro [an einem Bildungsurlaub] teilgenommen hab` und da hab`n wir doch immer so Klassen… also so Fahrten gemacht, mal so fünf oder sechs Tage, nach Darmstadt. Ich glaub´ auf die Ronneburg sind wir auch noch `mal gefahren und das war für mich Zusatzurlaub und da ich ja schon in meinem Beruf war. Und das hab` ich gemacht bis zu meinem 27. Lebensjahr oder 26. Lebensjahr, obwohl ich ja eigentlich nicht mehr so im Jugendbüro war, weil ich zu weit weg war. Aber wenn`s um diese Fahrten ging, war ich eigentlich immer dabei.

PH Habt ihr eigentlich auch was anderes gemacht, außer euch getroffen dort im Jugendbüro, seid ihr auch interviewt worden oder habt ihr Diskussionen gehabt?

P Also, Diskussionen haben wir immer gemacht, hier und da Interviews, aber um was es jetzt genau ging, kann ich dir auch nicht mehr sagen.

PH Erinnerst du dich an Imbke Behnken oder Jürgen Zinnecker oder irgendwelche anderen Mitarbeiter? Was fällt dir zu denen ein?

P Äh, … ziemlich jung waren sie ja damals, chaotisch und eigentlich irgendwo [….nicht zu verstehen….]. Die haben so ziemlich alles verstanden, was wir an Problemen oder sonst irgendwas, hatten – die war`n, was weiß ich, sieben oder acht Jahre älter wie wir. Und da kamen wir natürlich ganz gut zu recht damit.

PH Ja, gut .. und erinnerst du dich an das BTZ in der Bodenstedtstraße?

P Nein.

PH Und jetzt praktisch die letzte Frage: Wenn du dieser Zeit der Schule eine Schulnote geben müsstest, welche Note wäre das?

P Die Zwei, auf jeden Fall!

PH Kannst du da abschließend noch so `ne Begründung für sagen, warum es die Zwei ist?

P … weil eigentlich dieser Unterricht und alles, den wir hatten, irgendwo, find ich jedenfalls, bei mir was hängen geblieben ist, weil es mir Spaß gemacht hat und alles. Und sehr wahrscheinlich wäre das an einer anderen Schule nicht so gelaufen, jedenfalls nicht, mit soviel Lust an den Unterricht ranzugehen.

PH O. k., gut Peter, dann schließen wir hiermit, dann danke ich dir für das Interview und dann machen wir hier `mal alles wieder aus.

Meine ersten Gedanken nach dem Interview

Ich habe das Gefühl gehabt, dass ich immer den Gedankenfluss durch Bemerkungen oder Nachfragen am Leben halten wollte/musste. Dadurch, dass es Peter schwer gefallen ist, zu reflektieren, sich zu erinnern und flüssig zu sprechen, fühlte ich mich angesprochen, diese Schwierigkeiten zu überspielen. Ursprünglich war es nicht meine Absicht, so viel nachzufragen oder zu kommentieren.

Inhaltlich ist m. E. nicht allzu viel dabei rausgekommen. Das ist in gewisser Weise typisch für Peter. Aber immerhin: Peter hat die Schulzeit als eine „schöne Zeit“ empfunden, hat selten geschwänzt, hat Spaß am Unterricht gehabt und sich sogar an ein Projekt erinnert. Auch dass er gelernt hat, die Meinungen anderer allmählich zu tolerieren, ist zweifellos ein Lernprozess.

Nach dem Interview sagte er mir, dass ich Glück habe, dass das Interview überhaupt stattgefunden hat. Normalerweise ist er pro Jahr für mehrere Wochen im Alkoholentzug. Er sprach anschließend ganz offen über seine schweren Alkoholprobleme. Peter ist Spiegeltrinker und verfällt nach trockenen Perioden immer wieder dem Alkohol.

Toll waren für uns beide die ausgelegten Bilder, die uns die Möglichkeit der Annäherung aber auch des Austausches und Auffrischens der Erinnerungen gaben.

Ergänzung zum Interview vom 3.5.2013

Am 14.05.2013 wurde Peter Börner per Mail gebeten, noch drei weitere Fragen zu beantworten. Er rief mich drei Tage später an und beantwortete die Fragen mündlich:

PH Erinnerst du dich an einen Grundschullehrer oder eine Grundschullehrerin?

P Ich erinnere mich nur an Herrn H. aus der Grundschule. Ich ging damals in die Blücherschule in den ersten vier Klassen. Und dann gab es – glaube ich – eine Frau Obel, aber das weiß ich nicht mehr so genau.

PH	Kannst du Herrn Hofmann kurz beschreiben oder charakterisieren!

P	Herr H. war ein kleiner „Nazi". Er war sehr streng und hat uns immer das Lineal auf die Finger gekloppt. Außerdem hat er viele „Kopfnüsse" verteilt. Ich hatte bei ihm einen Stein im Brett. Er war auch Sportlehrer und ich war damals sehr sportlich. Ich habe für die Klasse Pokale rausgeholt und da war er zu mir nicht so streng.

PH	Welche Unterschiede gibt es zwischen diesem Grundschullehrer und Fritz Gürge und mir?

P	Das ist ein himmelweiter Unterschied, wie Tag und Nacht, ihr wart einfach menschlicher.

VIII.4 Portrait von Barbara Hennig

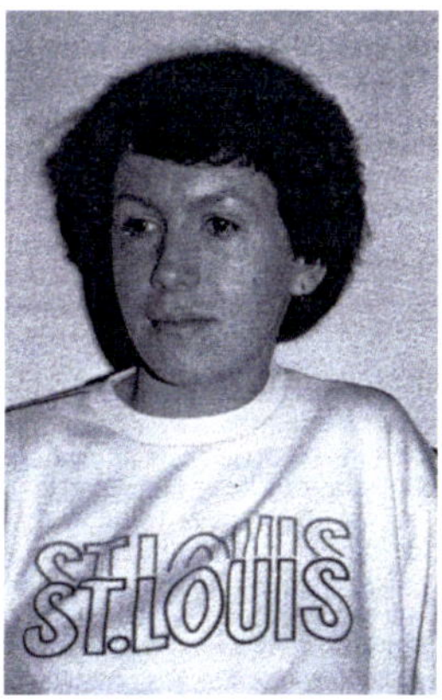

1973 heute

VIII.4.1 Meine Erinnerungen als Klassenlehrer

Wenn ich mich richtig erinnere, war Barbara ein etwas eigenwilliger Mensch. Sie war temperamentvoll und in ihrer lebendigen Art mit ihren schwarzen Locken deutlich zu erkennen. Ich hatte aber immer den Eindruck, dass sie schnell „motzte" und sich zurückzog, wenn ihr etwas nicht passte. Sie schwamm ein wenig gegen den Strom und „eckte" häufig durch ihre etwas spröde Art an. Das hat sich auch im

Verhalten mir gegenüber gezeigt. „ Ich weiß noch, ich glaub`, ich hab immer genau das Gegenteil von dem gemacht, was er (Klassenlehrer) von mir wollte. So hatte ich manchmal das Gefühl“.[99]
Nicht nur mit diesem, auch mit dem auf die Klasse bezogenen Verhalten war Barbara ein wenig Außenseiterin und m. E. in der Klassengemeinschaft nicht sonderlich beliebt. Sie grenzte sich ab und trug damit selbst zu einer manchmal konfliktbeladenen, problematischen Beziehung bei.
Das wird auch in einem Begehungsprotokoll des Schwimmbades Kleinfeldchen [Wiesbadener Freibad, Treffpunkt vieler Jugendlicher] deutlich. Dort heißt es: „ Auf dem Weg zum Auto trafen wir [Imbke Behnken, Friedel Müller, Gisela Zinnecker-Koch] Barbara Hennig, die allein aus der Badeanstalt kam. Wir hatten uns in der Badeanstalt nicht getroffen. Auffällig, dass sie nicht an dem oben genannten Treffpunkt war und auch von keinem der dort anwesenden Schüler uns gegenüber genannt wurde, obwohl wir fragten, wer noch aus der Klasse da sei.“[100]
Vermutlich versuchte Barbara, ihre Unsicherheiten auf diese Art und Weise zu verdecken.
Ich glaube auch, dass ich an Barbara zunächst nicht recht herangekommen bin. Das deckt sich mit ihrer Aussage aus dem Interview: „ … aber ich weiß, dass ich mit ihm (Klassenlehrer) nicht konnte. Er vielleicht schon mit mir, aber ich mit ihm nicht, ne?“ [101]
Ich glaube, mein Verhältnis zu ihr hat sich im Laufe der Zeit verändert. Ich denke, dass ich versucht habe, zu allen Schülern und Schülerinnen - so auch zu Barbara - ein vertrauensvolles, offenes Verhältnis herzustellen. Das „Duzen“ war – wie ich im Nachhinein festgestellt habe - nicht für jeden Schüler und jede Schülerin etwas Positives, Fortschrittliches, Neues. Manche hatten damit ihre Probleme, so auch Barbara: „ Ich konnte auch damals nicht damit umgehen, dass die anfingen sich zu duzen alle, ne, Lehrer, Schüler, das war für mich

---

[99] Unveröffentlichtes Interview mit Barbara Hennig am 30.8.2010 in der IGS Kastellstraße durchgeführt von Kerstin Theilen, Studentin der Universität Gießen. S. 15.
[100] Unveröffentlichtes Protokoll von einer Begehung des Schwimmbades Kleinfeldchen am 28.6.1973 von Gisela Zinnecker-Koch, Friedel Müller und Imbke Behnken. S. 3.
[101] Unveröffentlichtes Interview mit Barbara Hennig am 30.8.2010 in der IGS Kastellstraße durchgeführt von Kerstin Theilen, Studentin der Universität Gießen. S. 16.

furchtbar am Anfang, kannte ich ja nicht. Und das sind so Sachen, wo ich so Schwierigkeiten mit hatte, ne?“ [102]

In einem Beitrag von Imbke Behnken und Jürgen Zinnecker in der Shell-Studie 1982 heißt es an einer Stelle: „Das soziale Stereotyp, das der Klassenlehrer von Barbara (8. Schuljahr) im Kopf hat: - ist unbeliebt bei Lehrern – hält es im Unterricht nicht aus – hat viele Feinde in der Klasse – hat ziemliche Probleme zu Hause mit ihren Eltern – hat oft Liebeskummer – ist schon ziemlich erwachsen – so wie die, möchte ich nicht sein – kann mich nicht gut leiden – von der weiß ich wenig“.[103] Das klingt nicht gerade nach einer Lieblingsschülerin von mir und ich erinnere mich auch daran, dass es mir schwer gefallen ist, zu Barbara ein unbefangenes, offenes Verhältnis zu haben.

Wenn ich mich auch nicht daran erinnern kann, so habe ich aber mit Sicherheit trotzdem versucht, Barbara in verschiedenen Gesprächen davon zu überzeugen, einen vernünftigen Schulabschluss zu machen, denn ihre Leistungen waren nicht sonderlich berauschend. Das gehörte einfach zu meinem Selbstverständnis als Lehrer und natürlich auch zu meinen Aufgaben. Hierzu bemerkt Barbara:“ Und nachdem er, ich mein, er war ja auch mein Lehrer, der mit einem sprach, und nicht einfach und tschüß, ne? Und nachdem er mir dann wohl erklärt hat, irgendwie - ich kann mich da auch nicht mehr so genau erinnern - hat es irgendwie „klick“ gemacht und dann hab` ich verstanden, dass er mir nix Böses will. Und danach war das o. k. Dann konnt` ich damit auch umgehen.“[104]

Interessant ist die Formulierung: “….es hat „klick“ gemacht“. Die findet man in vielen Interviewäußerungen der Ehemaligen wieder. Was bedeutet das hier genau? Entweder: Ich habe eben verstanden, dass der Lehrer mir helfen will. Oder: Ich glaube, ich kann meine Situation jetzt richtig einschätzen. Oder: Der Lehrer hat ja gar nichts gegen mich! Oder…… Ich denke, da gibt es noch eine Menge weiterer Interpretationsmöglichkeiten.

In der 9. Klasse hat sich unser Verhältnis spürbar verbessert. Die Zusammensetzung der Lerngruppe hatte sich verändert (dominieren-

[102] Unveröffentlichtes Interview mit Barbara Hennig am 30.8.2010 in der IGS Kastellstraße durchgeführt von Kerstin Theilen, Studentin der Universität Gießen. S. 15.

[103] Imbke Behnken, Jürgen Zinnecker (1981). S. 210.

[104] Unveröffentlichtes Interview mit Barbara Hennig am 30.8.2010 in der IGS Kastellstraße durchgeführt von Kerstin Theilen, Studentin der Universität Gießen. S. 15.

de Jungen waren in die Berufsschule gegangen und neue Mädchen waren hinzu gekommen). Barbara versteht sich mit den Neuen, wird deutlich aktiver und gehört sogar einer Gruppe an, die zusammen mit mir eine Klassenzeitung herausgibt, „Schüler-Report“.
Durch diesen anderen Umgang miteinander, ihre aktive Rolle und neue Anerkennung ist es auch möglich, über Probleme, die sie bewegen, zu reden. Wenn ich mich richtig erinnere, habe ich ihr schließlich sogar empfohlen, die Mittlere Reife zu machen.

VIII.4.2 Der Lebensweg von Barbara bis heute

1959 wird Barbara unehelich geboren. Ihre Mutter möchte sie zur Adoption freigeben, gibt sie aber aufgrund des Widerstandes der Großeltern ins Heim (Johannisstift). Diese holen sie nach kurzer Zeit zu sich nach Hause. Dort erlebt Barbara eine schöne, unbeschwerte Zeit.
„Ich bin auch immer gern zu meinen Großeltern. Ich bin nie gern zurück zu meiner Mutter, zurück nach Hause. Ich hab dann immer geheult, wenn ich nach Hause musste. Weil, ich war immer in den Ferien bei meinen Großeltern “.[105] Als die Mutter erstmals heiratet, holt sie Barbara zu sich. Die Ehe scheitert nach kurzer Zeit.
Im Verlaufe von Barbaras weiterem Jugendalter heiratet die Mutter noch zweimal. Mit den jeweiligen Stiefvätern hat Barbara Probleme, die nur z. T. in deren hohem Alkoholkonsum begründet sind.
1963 kommt Barbara in den Kindergarten, 1966 wird sie eingeschult. Nach der Grundschule besucht sie die im Viertel befindliche Käthe-Kollwitz-Schule, eine Hauptschule. Nach dem Hauptschulabschluss 1974 beginnt eine mehrjährige Zeit der Suche nach einer geeigneten Ausbildungsstelle. Eine Zeit der Versuche, über Praktika, Anlern- und Aushilfsstellen eine Ausbildungsstelle zu bekommen und doch wieder des Scheiterns bei all diesen Ausbildungsstellen.
Die folgende, den „Biografischen Portraits“ entnommene Aufstellung, verdeutlicht die Odyssee von Barbara:
„15 Jahre: Berufsfachschule – arbeitslos - erste Lehrstelle – arbeitslos - zweite Lehrstelle
16 Jahre: arbeitslos – Berufsschule – dritte Lehrstelle –
17 Jahre: arbeitslos – Berufsschule – die erste Arbeitsstelle

---

[105] Unveröffentlichtes Interview mit Barbara Hennig am 30.8.2010 in der IGS Kastellstraße durchgeführt von Kerstin Theilen, Studentin der Universität Gießen. S. 16.

18 Jahre: arbeitslos – die zweite Arbeitsstelle„[106]
Mit 19 Jahren lernt sie einen in Wiesbaden stationierten amerikanischen Soldaten kennen, wird schwanger und zieht von zu Hause aus, weil sie nicht von ihrer Mutter unterstützt wird. Der Vater des Kindes geht von einem Tag auf den anderen in die USA zurück. Es beginnt eine schwere Zeit für Barbara. Sie versucht, alleine mit dem Kind durchzukommen. Dabei braucht sie alle Energien, um mit ihrem Sohn, der eine Aufmerksamkeitsstörung hat, klar zu kommen. Alle Versuche, durch eine stundenweise Teilzeitbeschäftigung etwas Geld zu verdienen, werden von ihrem Sohn torpediert (Schreien und mutwilliges Zerstören, wenn sie die Wohnung verlässt), ein „Verhaltensspiel", das bis heute rudimentär vorhanden ist.
Sie hat nur wenige Kontakte zu deutschen Freunden/Freundinnen, weil sie vorwiegend in der amerikanischen Community verkehrt.
1985 wird ein zweiter Sohn geboren, der aus einer Affäre mit einem Angehörigen der amerikanischen Streitkräfte hervorgeht. „Barbara ist weiterhin alleinerziehend und lebt von Sozialhilfe. Erst 1994, als ihre Söhne schon 15 und 9 Jahre alt sind, wird sie von einer Freundin auf die Möglichkeit hingewiesen, eine vom Arbeitsamt geförderte, schulische Ausbildung zur Bürokauffrau zu machen, die sich besonders an junge Mütter ohne Ausbildung richtet".[107]
Barbara macht positive Lernerfahrungen, wird weiter ermutigt und erhält nach der erfolgreichen Ausbildung zunächst eine befristete Anstellung in der Friedhofsverwaltung der Stadt Wiesbaden. Über eine Stelle im Sozialamt kommt sie schließlich ins Ordnungsamt, wo sie noch heute als Sekretärin arbeitet. Sie arbeitet gerne und hat ein freundschaftliches, offenes Verhältnis zu ihrem Vorgesetzten.
Im Augenblick trägt sie sich mit dem Gedanken, ihren derzeitigen Freund zu heiraten, um sich ihren Wunsch nach Bodenständigkeit, Geborgenheit und kleiner, heiler Welt zu verwirklichen.
Sollte man ein Lebensthema für Barbara benennen, so würde ich es vorsichtig mit „ Das Leben ist ein permanenter Kampf, der sich letztlich lohnt " umschreiben. Ihre Handlungsstrategien, die zunächst defensiv waren, veränderten sich durch die späte Ausbildung hin zu offensiven Strategien. Echte – wenn auch keine existenziellen - Brüche erkenne ich in der Geburt der zwei Söhne. Barbara bleibt allein-

[106] Imbke Behnken, Jürgen Zinnecker (1981). S. 215.
[107] Kerstin Theilen (2012). S. 37.

erziehend und schlägt sich mit vielen Erziehungsproblemen herum. Das wirft sie erkennbar deutlich zurück in dem Bestreben, einen Beruf zu erlernen und sich weiter zu qualifizieren.

VIII.4.3 Welches Selbstbild hat Barbara, welche Erwartungen an das Leben?

Das erste Mal erfahre ich etwas über das Selbstbild von Barbara in einem Test, der im Verlauf des 8. Schuljahres den Schülern vorgelegt wurde.[108] Sie bejaht dabei für sich die folgenden Gefühlszustände, die im Rahmen des Testes abgefragt werden: „Komisches Gefühl im Magen vor wichtigen Ereignissen – nachgrübeln – alles hängt zum Halse raus – vor sich hinträumen – leicht gekränkt sein, wenn jemand an ihr oder ihrer Arbeit etwas auszusetzen hat – innerlich unruhig und empfindlich – sich Gedanken machen, dass etwas Schreckliches passieren könnte – Schüchternheit gegenüber Fremden – öfters Gefühle von Müdigkeit - Kopfschmerzen – Selbsteinschätzung als „nervöser" Mensch – Einsamkeitsgefühle".[109] Der Test schließt einen Ehrlichkeitstest ein. Barbara ist sehr offen und scheut sich nicht, kleinere Schwächen zuzugeben.
„Barbara ist im 8. Schuljahr körperlich noch nicht sonderlich weit entwickelt. Sie zählt zu der Gruppe der „Spätentwickler". Das biologische Datum hat soziale Konsequenzen. Wer unter den Altersgleichen in der Pubertät weit vorangeschritten ist, genießt Ansehen. Wer „zurückgeblieben" ist, muss sich in der Regel mit dem Schattendasein in der Gesellschaft der Altersgleichen zufrieden geben." [110] Hierin scheinen mir u. a. Gründe zu liegen, warum Barbara kein ausgeprägtes Selbstbewusstsein hat, warum sie recht spröde wirkt, fast ein wenig jungenhaft und Schwierigkeiten hat, sich anzupassen bzw. sich der Norm entsprechend zu verhalten. „Ich weiß nicht, ich glaub`, ich war immer so `n bisschen gegen den Strom. Kann ich nicht sagen. Ich hab` mich schwer getan, glaub` ich, mich anzupassen. Oder nein, nicht anzupassen. Schwierigkeiten, neue Sachen (...)

---

[108] Neurotizismus- und Extraversion-Test nach Hanes – wurde im Rahmen der Erforschung der Lebenswelt von Hauptschülern von der Gruppe der Wissenschaftler des BTZ unter Leitung von Jürgen Zinnecker durchgefuhrt.

[109] Imbke Behnken, Jürgen Zinnecker (1981). S. 206.

[110] Ebd. S. 206.

zu bewältigen. Ich brauch` - glaub ich - immer ein bisschen länger, mich auf was Neues einzustellen.“[111]
Auch ihre Vorstellungen zur späteren Berufstätigkeit korrelieren mit diesem Bild: ihre Vorstellungen sind eher bescheiden; sie möchte soziale Anerkennung und gesellschaftliche Absicherung.
Wenn man diese Selbsteinschätzung als Ausgangspunkt für die weitere Entwicklung nimmt, muss man sagen, dass sich das Selbstwertgefühl und damit das Selbstbild in den folgenden Jahren peu à peu verbessert haben. Zunächst einmal hat ihr die Geburt zweier Kinder und die Verantwortung dafür sicher ein „mütterliches“ Selbstwertgefühl vermittelt und sie befähigt, relativ selbstbestimmt mit den Kindern zu leben. Ebenso positiv wirkt sich aus, dass sie während ihrer Zeit in der amerikanischen Community die englische Sprache lernt, vorbehaltlose Anerkennung durch die Amerikaner findet und ihre Attraktivität als Frau erlebt. Verschiedene Affären ermöglichen ihr mehr Lebenserfahrung und einen größeren Handlungsspielraum. Problematisch bleibt aber die berufliche Entwicklung. Sie tritt zwar in die Gewerkschaft ein, kommt aber zunächst nicht mit Berufsschule und Arbeitsstellen klar. Immer wieder flüchtet sie, bricht ab oder hat Angst vor den schulischen Anforderungen. 1994 macht eine Freundin sie auf eine Ausbildungsmöglichkeit bei der DAA für Mütter mit Kindern aufmerksam. Ihre Motivation, beruflich etwas zu erreichen, ist so stark, („ … und da hab` ich gesagt, irgendwann musst du `mal was mache, wobei ich nicht mit gerechnet hab`, dass ich das schaffe. Weil, Schule - so lange her - war ja noch nie so ganz mein Ding “[112]), dass sie über Fernkurse ihre sprachlichen und mathematischen Fähigkeiten verbessert und anschließend eine Lehre zur Bürokauffrau erfolgreich besteht.
Die schwierigen Jahre von der Geburt des ersten Kindes (1979) bis zum Beginn der Lehre (1994) haben in Barbara sicher den Entschluss, auf eigenen Füßen zu stehen, reifen lassen. Sie wurde damit auch zu einer selbstständigeren Persönlichkeit.
Dieser Entwicklung von Barbara und ihrem Potential an Kraft, Motivation und Willen für umfassende Veränderungen kann ich nur höchsten Respekt entgegenbringen.

[111] Unveröffentlichtes Interview mit Barbara Hennig am 30.8.2010 in der IGS Kastellstraße durchgeführt von Kerstin Theilen, Studentin der Universität Gießen. S. 14.
[112] Unveröffentlichtes Interview mit Barbara Hennig am 30.8.2010 in der IGS Kastellstraße durchgeführt von Kerstin Theilen, Studentin der Universität Gießen. S. 14.

Ihre jetzigen Erwartungen an das Leben lassen sich wie folgt zusammenfassen: „Ja, ich würd` gern heiraten. So das ist so, was ich gerne würde jetzt. Weil, das fehlt mir noch so zum bodenständig sein, sagen wir`s mal so. Vom Rennen im Leben, immer kämpfen müssen, immer versuchen... irgendwas besser zu machen oder anders zu machen und einfach sich mal fallen lassen ...Und so jetzt, das wär` so `n Abschluss. Aber so für mich so `ne kleine heile Welt schaffen, ne?“ [113] Das war vor über zwei Jahren. Vielleicht hat sich dieser Wunsch, diese Erwartung ja bis heute erfüllt.

VIII.4.4 Welche Handlungsstrategien werden von Barbara zur Lebensbewältigung eingesetzt? Wie geht sie mit biografischen Brüchen um?

Barbara kommt aus einer Arbeiterfamilie. Sie ist unschlüssig, wie sie die eigene Familie sozial verorten soll, als Arbeiterfamilie oder als Mittelschichtfamilie. Während ihrer Schulzeit hängt sie zum einen stark an ihrer Mutter und ihren Großeltern, ist häufig zu Hause, auch alleine. Andererseits hat sie hohe extravertierte Werte (raues und wildes Spielen, zu Streichen aufgelegt, Lust, etwas Spannendes oder Abenteuerliches zu erleben[114]), und kennt auch Lebensbereiche, die mehr der Subkultur zuzurechnen sind (Rauchen, Alkohol, Besuch von Gaststätten, Widerstand gegen Kontrolle von zu Hause). Sie meidet auch die sonst so beliebten Warenhausbummel, Kino- oder Diskothekenbesuche. Meist hat sie den Wunsch, ihre Freizeit alleine zu verbringen; Kontakte zu Jungen hat sie keine. Zusammenfassend kann man sagen, dass Barbara in dieser Zeit meist defensive Handlungsstrategien verfolgt.

Kennzeichnend für ihre spätere Lebensphase ist der stete Kampf; einerseits mit den eigenen Kindern, andererseits mit den Lehrern/Schulleitern der Berufsschule und den Vorgesetzten von Betrieben, in denen sie zur Aushilfe oder zum Anlernen arbeitet. Sie besitzt wenig Frustrationstoleranz und legt sich relativ schnell mit den „Autoritäten“ an. Sie ist schnell gekränkt, lehnt sich auf und bricht meist die Arbeitsverhältnisse ab. Derartige Kämpfe mit geringer Frustrationstoleranz sind m. E. deutlich eher Subkulturjugendlichen zuzuord-

[113] Unveröffentlichtes Interview mit Barbara Hennig am 30.8.2010 in der IGS Kastellstraße durchgeführt von Kerstin Theilen, Studentin der Universität Gießen. S. 19.
[114] Imbke Behnken, Jürgen Zinnecker (1981). S. 206.

nen. Als sie die Möglichkeit hat, eine berufliche Ausbildung zu machen, kämpft Barbara – zuerst um die Aufnahme, dann um die Inhalte und die Noten und verwirft doch das Erreichte bei kleineren Unstimmigkeiten.
Während dieser Zeit entwickelte Barbara fast ausschließlich defensive Handlungsstrategien (häufiger Rückzug, kaum Besuch der Freizeitorte, wenig Freizeitaktivitäten, schnelle Frustration, Angst, u. v. a.) Das setzte sich im späteren Jugendalter fort (Abbruch von Ausbildungsverhältnissen, wenig Kontakte u. a.). Ihre Handlungspraxis ändert sich viel später durch eine gravierende Lernerfahrung, nämlich die Ausbildung, den Ausbildungsabschluss und den Einstieg in ein geregeltes Berufsleben. Offenbar konnte sie erst im Erwachsenenalter offensiv auf Brüche und Krisensituationen reagieren.
Besondere Beachtung verdient hier noch die Einstellung von Barbara zur Heirat. Als sie ihre Kinder großzieht, hat sie sich immer gegen eine Heirat und ein Leben wie das der Mutter gewehrt. „ Alle Fehler, die sie (Mutter) gemacht hat, soll ich nicht machen, ne? Und prompt hab` ich se alle selber gemacht, ist ja klar, weil, man macht ja immer das, was man nicht soll!“[115]
Heute hat Barbara dazu eine andere Einstellung, wie a. a. O. bereits beschrieben.
Barbara hat es mit viel Kampf, Energie und Motivation geschafft, sich ein „bodenständiges“ Leben aufzubauen („... bin ruhiger geworden, hab einen schönen Job, tollen Chef, finanziell geht`s uns gut, hätte nie gedacht, dass das mal so passieren würde“[116]). Dazu würde jetzt noch eine Heirat passen. Auch das gehört zur offensiven Strategie. Barbara hat sich offensichtlich befreit.

VIII.4.5 Haben Schule, Projekt, Lehrer und Jugendbüro bei Barbara Spuren hinterlassen?

In einem nicht veröffentlichten Teil eines Interviews mit Barbara im März 1978 sagt sie auf die Frage, was ihr zur Schulzeit noch so einfällt: „Da sind wir doch nach Dörnberg gefahren und auf den Beruf vorbereitet worden... Spiele gemacht, als wenn wir arbeiten würden. .... Wir sind durch die Stadt gelaufen und haben die Leute befragt.

---

[115] Unveröffentlichtes Interview mit Barbara Hennig am 30.8.2010 in der IGS Kastellstraße durchgeführt von Kerstin Theilen, Studentin der Universität Gießen. S. 14.
[116] Ebd. S. 19.

Wir haben die dann in der Aula ausgewertet ... ne große Veranstaltung von allen vier Klassen". Frage: „ Fällt dir noch was ein, warum du gerne da [in der Schule] warst?" „Weil wir einen Klassenlehrer [die Betonung liegt auf Lehrer] gehabt haben. Vorher wollt ich, vorher hat`s mir nicht gefallen. Ganz am Anfang, wie wir den Held gekriegt haben – ich hab` mich mit dem nicht verstanden oder ich wollt` nicht. Irgendwas ist da schief gegangen. Und da haben wir `mal am Ende des Schuljahres die Zeugnisse vorgelesen. Zumindest hatte ich auf einmal vier Fünfen im Zeugnis. Und danach ging dann alles glatt. Wir haben uns noch mal zusammengesetzt und drüber geredet – da musst ich mich erst dran gewöhnen, das haben wir ja vorher noch nie gehabt, so zusammensetzen und über Probleme reden, usw. Das haben wir ja vorher noch nie gehabt, das haben wir ja nicht gekannt, gell. Und mir ist das vor allen Dingen so schwer gefallen, weil meine Mutter ja auch nicht so`n Typ ist, wo sich da hinsetzt und mit dem man gleich so bla, bla redet. Und das hat mir hinterher gut gefallen, weil, mit allem konnt` man zu ihm kommen und reden usw. Haben wir zusammen in der ganzen Klasse so darüber gesprochen. Wenn einer ein Problem gehabt hat. Das hat mir besonders gut gefallen."[117]
Offensichtlich kam Barbara nach den ersten Verunsicherungen aufgrund ihrer Sozialisation gut damit zurecht, dass ich mich ihr zugewendet habe.

Da aus den bisherigen Unterlagen (Interviews von Frau Theilen, persönliche Gespräche auf den Klassentreffen u. a.) keine wesentlichen Erkenntnisse über die Wirkung der Lehrer über den Unterricht hinaus gewonnen werden konnten, haben wir einen neuen Fragenkatalog entwickelt, der sich sehr eng an diese Themenstellungen (Einfluss, Werte u. a.) hält. Es wurden Termine ausgemacht, Interviews durchgeführt, Fotos gemacht und rechtliche Veröffentlichungsfragen geklärt.

[117] Nicht veröffentlichter Teil eines Interviews von Imbke Behnken mit Barbara Hennig im März 1978. S. 1f.

Vorbemerkungen:
Unser Treffen kam zunächst nicht zustande, weil Barbara überraschend länger arbeiten musste. Gegen Abend trafen wir uns dann aber doch bei mir. Die Atmosphäre war ausgesprochen locker und herzlich. Es kam mir vor, als hätte ich Barbara erst gestern gesehen. Natürlich war sie sehr verändert. Das ist nach 40 Jahren kein Wunder, aber sie wirkte ausgesprochen selbstbewusst und abgeklärt. Sie war sehr daran interessiert, ihren Beitrag zum Gelingen des Interviews zu leisten.

Das Interview:

PH Barbara, ich freue mich, dass du heute gekommen bist zu dem Interview und ich denke, wir fangen gleich mal an mit der ersten Frage. Sie lautet: Wenn du an die Käthe-Kollwitz-Schule und an deine Schulzeit denkst, was fällt dir dazu noch ein?
B Eigentlich alles – sagen wir mal die letzten drei Jahre, die sind eigentlich noch gut in Erinnerung, also da sind vielleicht Kleinigkeiten verloren gegangen, aber so das Große und Ganze ist schon noch hängen geblieben – wenn so ein Einschnitt passiert im Leben von Normalschule zu ganz anderer Schule, dann bleibt schon was hängen, weil es ja ein Unterschied war wie Tag und Nacht.
PH Kannst du mal etwas sagen zu dem Unterschied. Wie war es vorher, wie war es später?
B Ja, old school war ja: Lehrer vorne, Schüler hinten, du wurdest was gefragt, du durftest antworten, aber halt dieses alte – wie soll man es sagen, die Mitarbeit war halt anders gestaltet. Du konntest halt nicht direkt miteinander mit dem Mitschüler `was reden. Wenn der Lehrer vorne was gesagt hat, hattest du da zu sitzen und brav zu sein usw. Schlüssel werfen kenn` ich also auch noch aus den ersten beiden Klassen und ja, so, diese .. Altertümlichkeiten, ich sag` immer Altertümlichkeiten, so wie es halt früher immer war: Schüler, Lehrer, Kinder, Stoff, du hast zuzuhören, mitzuschreiben und mehr war ja da eigentlich gar nicht – du bist gefüttert worden, bist nach Hause, durftest Hausaufgaben machen und durftest am nächsten Tag wieder hin – aber eigenständig `was machen, war ja da eigentlich gar nicht so das Ding.
PH Und dann, was passierte dann?

B Ja, dann seid ihr gekommen. Dann kam die Wende, ja dann wurden wir ja - wie soll man `mal sagen - ins kalte Wasser geschmissen. `Was ganz Neues, was ja keiner von uns vorher erlebt hatte, zumindest mit denen ich zur Schule ging. Ich weiß jetzt nicht, wie die sich gefühlt haben, die von woanders herkamen, weil, es kamen ja noch viele dazu später, aber der Unterschied war schon wie Tag und Nacht.
PH Hast du irgendwelche Beispiele oder irgendwelche Stichwörter zu dem Unterschied? Was war anders?
B Eigenständiges Arbeiten in Gruppen, selbstverantwortlich zu sein für bestimmte Themen oder Projekte, solche Sachen, das war doch davor nie … das war doch kein Thema und so Sachen bleiben schon hängen, weil, das ist ja doch `was ganz anderes, was man vorher noch nie gemacht hat. Und es war schon sehr interessant: rauszugehen, Interviews zu führen, die ganze Technik kennenzulernen, die wir dann hatten, weil so `was ja niemand anderes gehabt hat außer uns – sagen wir es doch `mal so. Wir waren ja da privilegiert, die anderen haben uns ja alle furchtbar beneidet, die über uns und die unter uns – wir hatten ja fast schon eine Sonderstellung, würde ich `mal sagen, in der Schule. Das vergisst man nicht, das vergisst man nicht.
PH Schön, wie du das so beschrieben hast … gut, und wenn du noch an andere Schüler denkst, was fällt dir dazu noch ein?
B Ich kann mich an ein Ding noch ganz gut erinnern, das werd` ich auch nie vergessen und zwar haben wir ja die Geisbergschule übernommen. Kannst du dich noch erinnern? Die Schüler von der Geisbergschule, an die kann ich mich noch gut dran erinnern! Das war eine harte Nuss oder sagen wir mal, ein harter Kampf mit denen am Anfang, weil, wir waren ja schon Arbeiterkinder, aber die waren ja noch mal `ne Nummer anders oder `ne Nummer größer. Die waren ja `was ganz anderes. Viele von uns waren ja tagsüber allein daheim, aber die hatten ja gar keine Eltern zum Teil und sind ja da im Heim groß geworden und die kamen ja mit ganz anderen Voraussetzungen zu uns und ich kann mich erinnern, da gab es manche Kämpfe, die da ausgefochten wurden zwischen uns Schülern.
PH Fallen dir da noch irgendwelche Namen ein?
B Der Benno, der Benno, Detlev Härtel. Benno arbeitet bei mir gegenüber, den hab` ich auch `mal öfter gesehen, du, ich kann

mich auch noch an die Gesichter so zum Teil erinnern. Ich kann jetzt mit Namen ……

PH Ja, ja

B Aber Benno ist einer, mit dem ich auch `mal ab und zu gesprochen hab`.

PH Hast du so enge Freundschaften gehabt in der Schule, Freundinnen ganz enge?

B Ja, das war die Conny, die mit mir eingeschult worden ist, die Cornelia Genig, die ist dann aber damals weg, glaube ich, die sind dann nach Bayern gezogen oder nach Wien. Doch, in der 7. Klasse oder Anfang 8 ist die weggezogen. Lydia Diehl, die wohnte ja damals auch bei mir um die Ecke. Wir drei - kann man so sagen - waren so ziemlich oft zusammen. Heike dann halt später noch dazukommend, Heike Harsch …….. Mit den Jungs, also Peter Börner, Benno, das war so die Clique, die dann halt…

PH Schön. Wenn du an die Lehrer der Käthe-Kollwitz-Schule denkst, was fällt dir zu denen noch ein? Lassen wir vielleicht mich erstmal außen vor, weil da ja noch spezielle Fragen kommen. Kennst du da noch Namen, weißt du noch, wie sie unterrichtet haben, was für Menschen das gewesen waren?

B Ja, gut, Fritz Gürge, also das ist ja der Leuchtturm, an den muss man sich erinnern. Erstens, weil er für uns halt auch seltsam aussah, mit der abgedeckten Brille, weil er ja auf dem einen Auge blind war und auch schon vom Alter her, weil er ja der älteste war - damals schon - und dann noch so ein Projekt angefangen hat, was man erst hinterher so richtig begriffen hat. Dass er in dem Alter so `was noch `mal gemacht hat! Aber der war ja eine Seele von Mensch, das muss man ja wirklich sagen, der war ja immer ruhig – ich hab` den nie erlebt, dass der irgendwie aus der Haut gefahren ist oder so. Die Frau Merkel, ja Mendel, die war in der c, wir waren die b, der Gürge Fritz war a und die d-Klasse, die von uns sich so etwas absonderte …

PH …. mit Herrn Flentge

B Flentge, genau, den wir auch nicht duzten. Das war der einzige von euch Vieren, der sich aus dieses Nummer rausstahl, wie auch immer, warum, wussten wir ja nicht, aber es war schon blöd, weil, wir kamen aus allen drei Klassen zu euch, ne, und jeden durfte man duzen und dann kamen wir zu ihm und dann .. Herr Flentge .. das war dann wieder ein bisschen so das alte Muster, ne? [B. schaut sich Bilder der Lehrer an, die auf dem Tisch liegen] .. Ja, ja, kenn` ich irgendwoher.

PH Ja, da wird sich der Fritz aber sehr freuen. [Kurzer Einschub über seinen Gesundheitszustand und seine derzeitige Situation] Ich werde das Interview transkribieren und dann schick` ich es ihm … dass er so schön beschrieben worden ist…

B Ja, es ist auch so. Aber als wir damals zum ersten Treffen gefahren sind, da hab` ich mir wieder so ein Ding geleistet mit meiner vorwitzigen Schnute und hab` gesagt:
„ Na, du siehst aber noch gut aus für dein Alter" - Und die anderen hinten sind bald gestorben auf dem Rücksitz und da sagt er zu mir: „Ja, du hast Recht" – war einfach doll.

PH Ja, er ist ja auch jetzt immer noch total neugierig, interessiert und ich soll ihm die Interviews schicken. Das von Peter Börner hab` ich schon geschrieben und ihm geschickt ..

B Das ist gut, er braucht ja auch noch etwas, sagen wir `mal, um sich interessiert zu halten. Sage ihm doch bitte Grüße von mir.

PH Mach` ich. Sonst noch irgendwas von Lehrern oder dem Rektor?

B Ach ja, unser Rektor, unser netter Mann, den ich zweimal traf – einmal als Schüler und einmal als Mutter. Ich hatte das Vergnügen, ihn als Mutter meines Erstgeborenen wieder zu erleben. Er war Rektor in Schierstein. Er war nicht in der Hafenschule, in der Erich-Kästner war er. An den Mann werde ich mich ewig erinnern. Erstens, er ist ein …. [Schimpfwort] gewesen, damals schon und beim zweiten Mal war er ein noch größeres, weil, er war Rektor dort. Der Alex [ältester Sohn von Barbara] hat es da nicht lange ausgehalten, weil er sagte, es ginge ihm da nicht gut und dann kam mein Jüngster in die Schule, der sehr brav und sehr ruhig war und machte da [in der Hafenschule] den Einschulungstest und ging wieder. Daraufhin ruft der Herr F. den Lehrer von der Hafenschule an, wo der Andre zur Schule gehen sollte und sagte, er soll sich das sehr genau überlegen, ob er das Kind aufnehmen würde. Und das hab` ich nicht vergessen, das ist jetzt schon lange her, 21 Jahre, aber so etwas vergisst man nicht, das macht man nicht. Der Rektor hat es mir gesagt und er hat gesagt, es ist ihm egal – ich meine, er hätte uns ja auch abweisen können – also, das war nicht gut! So was macht man nicht, weder damals noch heute.

PH Gibt es noch andere Namen, die dir einfallen?

B	Ich weiß, wir hatten noch so Referendare. Da war einer, wie er heißt, weiß ich nicht mehr. Ich kann mich nur erinnern, dass einer sich bei der Notengebung mitten unter uns gesetzt hat und uns dann versucht hat zu erklären, warum wir schlechte Noten kriegen [lacht] oder warum wir diese Note gekriegt haben und nicht die bessere. Und ich kann mich noch erinnern, ne, dass wir uns alle um den `rumgeschart haben und ihn versucht haben, tot zu quatschen [lacht]. Wir wollten versuchen, eine bessere Note zu kriegen, aber es hat nicht viel geholfen. Aber so jetzt, ihr Vier wart eigentlich die Bezugspersonen. So andere jetzt oder das BTZ - ich weiß ja nicht. Imbke ist aber kein Lehrer gewesen oder? … Hab` ich jetzt von dem keine Erinnerung mehr. Ich kann mich noch an Lehrer von weiter unten erinnern, aber nicht so……

PH	Sagt dir der Name Gritta Kieslich noch `was?

B	Ja, ganz jung, blond, ich denke, sehr sportlich. Vielleicht auch, weil ich damals jung war, kam mir das nur so vor.

PH	Benno Seifert? Kunstlehrer!

B	Ne, jetzt nicht spontan, aber Kieslich, ja.

PH	So. Was habe ich als Klassenlehrer für dich bedeutet? Also, wenn ich das richtig sehe, glaube ich, hast du am Anfang ein bisschen Schwierigkeiten mit mir gehabt und es wurde besser mit der Zeit. Das musst du `mal ein bisschen erläutern.

B	Ich weiß nicht. Was mich immer interessiert hat, war das auch umgekehrt so? War ich schwierig oder war ich schwierig für dich?

PH	Ich hatte erstmal am Anfang - und das hast du, glaube ich, auch gespürt - so Probleme mit deiner manchmal etwas aufbrausenden oder abweisenden Art. Du bist manchmal so ein bisschen gegen den Strom geschwommen. Vielleicht hast du das gespürt.

B	Ich hab` Angst gehabt, kann ich dir sagen, weil, wie ich dir schon vorhin gesagt habe, dieses Alte, Bewährte oder Altbekannte …. Nee, und ich hab` heute noch Schwierigkeiten, wenn neue Sachen so abrupt … Weißt du, da mach` ich auch gern - also das weiß ich - mach` ich auch gerne dicht. Auch heut` noch, jetzt vielleicht nicht mehr so schwierig wie damals, mehr Verständnis jetzt. Aber ich weiß auch, und das kann ich dir erzählen, diese Umstellung von „Sie, Herr Lehrer“ auf „Du, Herr Lehrer“ weil, ich meine, du hast es uns ja allen angeboten und das war ja dann auch angenommen worden. Und trotzdem war das sehr schwierig. Dieses Verhältnis war halt so, ich

bin halt auch so groß geworden, so mit dieser Distanz. Da steht der liebe Gott vor dir und was der sagt, hast du zu machen – und dann war das ja auf einmal ganz anders, wie gesagt.
So dieses Miteinander, du mittendrin und nicht nur außen vor und das hat mir schon viele Schwierigkeiten gemacht, ich glaub`, da war ich auch bockig. Da kann ich mich so gut erinnern, aber nicht bockig, weil ich jetzt einfach bockig sein wollte, sondern weil ich es nicht verstanden habe am Anfang. Ich hab` nicht verstanden, dass es auch einen anderen Weg gibt zu lernen oder miteinander zu lernen. Und verstanden hab` ich es eigentlich erst dann. Ich muss dazu sagen, ich kann mich erinnern an mein Zeugnis in der 7. Klasse, wo ich bald gedacht habe, jetzt ist es aus: vier Fünfen. Ich weiß nicht, ob du dich erinnern kannst: vier Fünfen und mit der Bemerkung: „Mit Bedenken versetzt!“ Da kannst du `mal sehen, was alles so hängenbleibt im Leben.

PH Was du noch so alles weißt, enorm.

B Das war für mich wie so ein Hammerschlag, weißt du, wie so „buff“ und jetzt wirst du wach. Und ich glaub`, manchmal brauch` ich so `was, um einfach aus dem Loch da rauszukommen, wo ich mich halt reinmanövriert hatte, so aus Angst vielleicht. Auf einmal hat es „klick“ gemacht und da hab` ich gedacht, du willst mir ja gar nichts Böses, denn du hast mich ja mitgenommen. Das war so dieser Punkt, wo es dann kippte bei mir, wo ich dann gesagt habe: es ist alles gut. Da hab` ich dann Schwarz auf Weiß gesehen, dass du mir ja nichts Böses willst, anscheinend, sondern du hast ja noch versucht, mich mitzunehmen, dass ich nicht wieder zurück muss. Weil, es war ja `ne Klasse mit der ich z. T. groß geworden bin, ich mein, der größte Teil oder einige davon sind ja mitgekommen, das waren ja meine Freunde und die zu verlieren, glaube ich, wäre schon heftig gewesen. Und das war so der ausschlaggebende Punkt. Diese vier Fünfen, wo es „klick“ gemacht hat, wo ich mich dann auch verstanden gefühlt habe oder ich habe es verstanden, um was es geht, dass es um mich geht, nicht um alles andere.

PH Ich finde es schön, dass du genauer beschreiben konntest, diesen Punkt, wo es „klick“ gemacht hat. Gut, wie beurteilst du den Unterricht, weißt du da überhaupt noch etwas von mir? War das anders als bei anderen Lehrern?

B Ja, ihr habt ja dasselbe Konzept gehabt, das unterschied sich ja nicht besonders, das unterschied sich ja nur als Mensch würde ich `mal sagen. Der Eine war mir nicht sehr gewogen oder ich ihm auch nicht, weil, da war immer noch diese Haltung „Lass mich in Ruhe!" Ich war auch nicht lange dort, ich glaub`, ich war da `mal im B-Kurs bei ihm, weil, wir hatten ja die Kurse gehabt, es hat nicht lang` gut getan, war ich wieder weg. Das kann man natürlich dann auch selber provozieren, glaub` ich. Ich will nicht sagen, dass ich das absichtlich gemacht habe, aber so unterschwellig, glaube ich, macht man viel, was man hinterher dann vielleicht gar nicht gewollt hat, damit man aus der Nummer `rauskommt. Ich mochte ihn auch nicht so besonders. Ja, dieses offene Miteinander-Reden, dieses Sprechen miteinander, Arbeiten in Gruppen zusammen, du warst auch immer nett, ich kann mich nicht erinnern, dass du irgendwie da `rumgetobt hast. Ich denk` schon, dass du `mal die Stimme laut erhoben hast, daran kann ich mich jetzt nicht mehr erinnern, aber es kam eigentlich immer so `rüber, dass man es verstanden hat. Was dann natürlich hängen bleibt, ist eine andere Sache, aber es war jetzt nicht so schwer verständlich, dass ich sagen müsste: „Oh, Gott, was erzählt der da einen Mist da vorne!" Das kann ich so nicht sagen.

PH Ich denke, wenn das Menschliche einigermaßen klappt, ist man wohl auch eher bereit, zu lernen, vermute ich `mal.

B Ja, es ging ja dann auch besser. Das hat man dann ja gesehen, das war nicht perfekt, aber die zwei anderen Jahre wurden dann besser und das - denk` ich mal - war dieser Punkt „klick" und dann lief es ganz anders.

PH Das kann ich mir gut vorstellen. So, jetzt kommt `ne Frage, die ist vielleicht ganz schwierig.
Hab` ich irgendwelche Spuren bei dir hinterlassen? Stand ich auf der menschlichen Ebene für irgendetwas? War ich Vorbild für euch? Habe ich versucht, euch politisch zu bewegen?

B Ja, lass` mich `mal in mich gehen. Die Frage ist schon schwierig. Ich will `mal so sagen, du hast, was du gut geschafft hast, was ich ja jetzt sagen kann, was man früher ja gar nicht so mitgekriegt hat. Dass dieses Miteinander mit uns, mit der Gruppe von den Heimkindern, hat ja hinterher insoweit so toll funktioniert, meiner Ansicht nach, dass wir ja hinterher Freunde wurden und das sagt ja schon viel aus. Weil, ich geh´ `mal davon aus, dass es für dich als Lehrer vorne ja auch nicht grad sehr einfach war, so `ne Horde dann zu integrieren aus dem Stehgreif, aus dem Nichts und das zu schaffen, verstehst du jetzt erst. Ich versteh es jetzt erst – früher hätte ich gesagt, das ist dein Job! So im Nachhinein, das war schon `ne Aufgabe und das zu meistern, musst du ja schon viel Fingerspitzengefühl haben und viel `rüberkommen lassen, dass diese Gruppe harmonisch miteinander funktioniert, damit du vorne `was `rüberbringen kannst. Wenn wir nur getobt hätten, hätten wir ja nie `was mitgenommen. Aber das ist so hängen geblieben, dass du es geschafft hast, uns zusammenzuführen, das ist mir so im Gedächtnis. Ich weiß, dass die [gemeint ist die Gruppe vom Geisberg, genannt „Heimkinder"] sich am Anfang als Außenseiter gefühlt haben. Klar, obwohl die ja als Gruppe in die Klasse kamen, aber trotzdem immer noch als Außenseiter und die haben ja immer zu kämpfen gehabt, da oben, und dass wir hinterher auseinander gegangen sind als Freunde, das siehst du ja hier auf den Fotos [zeigt mir verschiedene Klassenfotos]. Ich denke, das warst du.

PH Ja, schön, du hast ja schon einmal gesagt, es hat „Klick" gemacht. Gibt es noch eine andere Stelle für dich in deiner Schulbiografie, wo es mal „Klick" gemacht hat oder war das hier jetzt die entscheidende Stelle?

B Ja, das war die entscheidende Stelle. Weil, danach lief es ja, also für mich jetzt. Ich weiß nicht, wie es für andere war, aber für mich lief es danach eigentlich gut, weil, sagen wir `mal so, ich war ja immer allein daheim, meine Mutter war ja immer arbeiten. Ich war ja im Prinzip ein Schlüsselkind und ich hatte ja dann die Schule mit dem Miteinander, wo wir ja dann, sagen wir `mal, so viel miteinander gemacht haben, dass es nicht mehr so einsam war. Dass wir vieles auch später miteinander erarbeitet haben, dass wir nicht um Punkt ¼ nach Eins nach Hause gegangen sind, sondern dass wir auch mal gesessen haben und was fertig gemacht haben. Dass es nicht war: Klingel und weg, so wie es halt normal ist oder „Mach das Schulbuch zu und verschwinde!" Nein, das ging ja nicht immer, wir hatten ja Projekte. Ich kann mich an die Dinger erinnern unter dem Dach [Projekträume], als wir Praktikum gemacht haben..

PH Erzähl mal ein bisschen was über die Projekte, was fällt dir dazu ein?

B Ja, Schülerzeitung, mit dem Daumen [siehe Kapitel IV.4]. Kannst du dich erinnern? Hast du sie noch?

Da kann ich mich noch sehr gut erinnern an eine Rückmeldung von jemand, dass bei uns in der Schülerzeitung so furchtbar viele Fehler wären. Ich kann mich erinnern an die Kritik, die von außen kam.

Irgendjemand hatte dann wohl gesagt, dass es halt extra nicht korrigiert wird oder so korrigiert wird, dass nichts verfälscht wird. Vielleicht ist das jetzt auch nur Einbildung, aber ich kann mich noch gut erinnern.

PH Ihr solltet Mut bekommen, euch zu verschriftlichen und euch sollte durch die tausend korrigierten Fehler nicht gleich wieder der Mut weggenommen werden.

B ... genau! Und dann die Interviews, damals mit den Kästen, den Kameras. Dass wir da in Gruppen in die Stadt sind, Leute befragt haben, Interviews gemacht haben und die dann in die Schülerzeitung gesetzt haben. Das waren schon Dinge! Oder Stuhlkreise mit der Kamera, in der Aula. Ich weiß jetzt nicht, ob das ein Projekt war oder ob das vom BTZ war, um da `was mitzukriegen. Wir haben im Stuhlkreis gesessen und die Kamera lief und dann wurde ja irgendwas besprochen, ich weiß nicht mehr, was es war ......

PH ..... vielleicht Interviewergebnisse, was habt ihr in der Stadt erlebt, was ist euch begegnet und dass das dann so festgehalten wurde.

B Ja, das kann sein, das weiß ich jetzt nicht mehr so. Ich kann mich nur an die Kameras erinnern und an den Stuhlkreis, da in der Aula .....

PH .... und was war auf dem Dachboden? War das das Alkoholprojekt?

B Nein, das war ... Wir hatten ja Praktikum gemacht und sind auch `rausgegangen und haben doch oben den ganzen Dachboden für uns in Beschlag genommen und haben dann alle Praktika, die wir als Schüler gemacht haben, dort oben nachgestellt, also Friseursalon und Collagen und den ganzen Zinnober. Und dann haben wir das dort vorgestellt und dann auch Leute zum Frisieren hingesetzt, solche Sachen. Das haben wir oben unterm Dach gemacht, weil unten kein Platz war und dann konnten die Leute hochkommen und die durften sich dann anschauen, was wir gemacht haben ...

PH ... das waren praktisch dann die Praktikumsergebnisse.

B Ja.

PH Fallen dir noch irgendwelche Projekte ein, Projekte oder außerschulische Begegnungen?

B Dörnberg, Dörnberg bei Kassel. Das war geil ....

PH .... da musst du noch ein bisschen was zu erzählen, zum Dörnberg. Weißt du, warum wir auf dem Dörnberg waren, was wir da gemacht haben?

B Nein, kann ich dir nicht sagen, ich weiß nur, dass es toll war [lacht] und dass die Evelyn a Campo damals heim musste, weil die einen Nasenbeinbruch hatte. Das ist blöd, aber das fällt mir auch noch zum Dörnberg ein und die Feiern, die wir dann in der Aula - oder was das auch immer war - abgehalten haben, mit einer Party.

PH Wir haben praktisch Wirtschaftswelt im Kleinen gespielt, wir haben verschiedene Berufe gehabt, Friseursalon, Kfz-Werkstatt, wir haben Geld - die Dö-Mark – ausgegeben, das Geld konntet ihr zum Schluss tauschen gegen Getränke und Essen

B Stimmt, da gab es so eine Art Kiosk. Das ist jetzt ganz vage.

PH Ihr habt Arbeitsverträge bekommen, es wurde eine Gewerkschaft gegründet. Die Arbeitsverträge wurden so unterschiedlich gestaltet, dass ihr unterschiedlich bezahlt wurdet. Dann habt ihr euch gewehrt, dann wurden die Gewerkschaften gegründet und so haben wir richtig eine Woche „Wirtschaft“ gespielt.

B Ich weiß, wir sind `mal auf ein Forum gegangen, das war im Kurhaus, da war irgendein Event, da sollten wir etwas dazu sagen. Ich kann mich aber nicht mehr erinnern, was es war.

PH Das kann die Rahmenrichtliniendiskussion gewesen sein. War das mit dem Friedeburg, dem Kultusminister?

B Möglich, ja. Ich kann mich erinnern, dass wir dort drin waren und da war eine Kamera dabei und dass da eine Diskussionsrunde war und ziemlich viele Leute

PH Gut, o. k., warst du im Anschluss an deine Schulzeit noch im Jugendbüro?

B Nee, nee, ich wusste gar nicht, dass es das gibt. Ich muss dir ehrlich sagen, das war für mich völlig neu. Ich weiß nur, dass da `ne Kneipe war, wo du `mal ab und zu warst. War das das Jugendbüro?

PH Nee, die Kneipe, die war gegenüber, das war der „3.Ort“. Die haben meine Freunde und ich damals bis 1985 geführt und das Jugendbüro war genau gegenüber.

B Ah, o. k. in der Stiehlstraße, das wusste ich.

PH Stiftstraße.

B Stiftstraße, ja genau, Stiftstraße.

PH Erinnerst du dich an Imbke Behnken, Jürgen Zinnecker oder andere Mitarbeiter im Jugendbüro?

B Jawohl, alle zwei!

PH Was fällt dir zu Imbke Behnken ein?

B Ja, Imbke ist – mit Imbke hatte ich ja noch `mal ein Interview. Sie hat ja auch ein Buch geschrieben – ja, da bin ich auch drin und das hat sie mir ja noch `mal zugeschickt, weil ich das nicht mehr hatte. Das ist irgendwie damals, als ich umgezogen bin, verschollen gegangen. Aber ich habe es jetzt daheim und werde es auch `mal lesen. Wenn man so liest, was man so alles von sich gibt so im Laufe der Jahre, das ist schon witzig. Aber schon komisch, das `mal von der anderen Seite aus zu sehen. Was man damals gesagt hat, weiß man ja heute nicht mehr und dann zu sehen, was man so sagt und wie man sich damit identifiziert heut oder kann man es überhaupt noch........

PH ..... das ist ja auch ein Entwicklungsprozess, den man durchläuft..

B .. ja, ja, ich hatte Imbke aber früher öfters mal gesehen, weil ich ja oben im Römerberg gewohnt habe und sie hat ja unten im Hotel gewohnt, wie hieß…

PH …. Palasthotel …

B … Palasthotel, da haben wir uns immer irgendwann `mal in der Stadt gesehen und da kam sie `mal auf mich zu, als wir uns getroffen haben, da hat sie mich damals gefragt, ob ich da noch `mal mitmachen möchte.

PH Ich hab` das Buch auch, die Bücher hab` ich alle …

B … gelesen?

PH Meistens, ja – Jürgen Zinnecker?

B Ja, ja, ich hab` ja auch noch ein Bild von ihm, das, was du gerade kopiert hast. Ja, ihn hab` ich eigentlich eher wahrgenommen so als Techniker. Warum, kann ich dir jetzt auch nicht sagen, aber ich hab` den immer so hier [deutet auf das Foto] mit den Anlagen in Verbindung gebracht. Ich glaub`, er war für mich jetzt nicht so der Ansprechpartner, den ich hätte `was fragen können, aber da waren - glaub` ich - eher die Jungs gefragt.

PH Gut, erinnerst du dich an das BTZ in der Bodenstedtstraße?

B Ja, da waren wir auch schon drin. Ja, aber ich könnte dir heut nicht mehr sagen, wie es jetzt aussieht.

PH Du weißt auch nicht mehr, warum du da warst?

B Ich weiß nur noch der Eingang und.. dann .. ist weg. Also, der Teil ist völlig weg.

PH So, dann wären wir im Grunde genommen am Schluss. Wenn du dieser Zeit an der Schule eine Schulnote geben müsstest, welche wäre das und vielleicht kannst du das dann auch `mal kurz begründen?!

B In der 8. und 9. Klasse! Ne, die 7. zählt nicht [lacht]. Ne, da würde ich schon - `ne 1 wäre übertrieben - aber `ne 2 würde ich schon sagen. Was wir erlebt haben, war ja für uns `was völlig Neues mit diesen ganzen Projekten.. und da kann ich dir grad` mal was erzählen. Und zwar war ich eingeladen zum Essen bei einer Bekannten aus einem Verein. Und dort war ein Lehrerehepaar und noch andere. Wir waren - glaub` ich - 10 Personen und da kamen wir auf die Schule zu sprechen. Der Lehrer erzählte uns, dass er in der Käthe-Kollwitz-Schule war. Ach, ich dachte, guck `mal da. Und dann hat er mir erzählt, dass er da so furchtbar gebullyt (?) wurde, gemobbt wurde und verhauen wurde usw. Und dann kamen wir auf das Thema Schule zu sprechen, also Schule, Unterricht usw. und dann hab` ich dem das `mal so erzählt und.. das haben die gar nicht verstanden. Die haben nicht verstanden, dass das für mich oder für unsere Leute oder unsere Gruppe `was völlig Neues und `was vollkommen Wichtiges war. Das war ja für uns wichtig, weil wir ja damals aus einem Schulsystem `rausgenommen wurden und in ein ganz anderes kamen und dass das für mich `was war, an das ich mich immer erinnern kann. Du erinnerst dich an Lehrer, ja, aber an ein anderes System, das an uns ja ausprobiert wurde, um es dann später zu übernehmen, das war ja `was völlig Sensationelles für die Zeit damals und dass wir der Vorreiter waren, das konnten die nicht verstehen, obwohl es Lehrer waren, er vor allen Dingen nicht, weil er schlechte Erfahrungen gemacht hat dort oben. Das wurde so ein bisschen belächelt.

PH Jetzt muss ich noch `mal `was fragen. Hat er die schlechten Erfahrungen als Schüler gemacht?

B .. als Schüler, als Schüler. Dann hat ihn der Rest auch nicht besonders interessiert. Die anderen haben sich nicht so geäußert, haben zwar wohlwollend genickt, aber ich glaub´, wenn man in den Schuhen nicht gesteckt hat, zu dem Zeitpunkt, an dem Ort, kann man auch nicht nachvollziehen, wie wichtig das damals für uns war, so `was Neues .. mitzumachen, weil, wir waren ja die Versuchskarnickel im Prinzip, ne?

PH Gut, prima, fällt dir noch irgendetwas ein, möchtest du noch irgendwas sagen, ist dir noch irgendwas wichtig, ansonsten machen wir das Ding aus ….

B .. ich denke, gequatscht habe ich genug [lacht].

PH Toll, ich finde, du hast noch unglaublich viel erinnert. Danke.

Ergänzung zum Interview

Am 13.05. wurden Barbara Hennig per Mail drei weitere Fragen gestellt, die sie am selben Tag schriftlich beantwortete:

PH Erinnerst du dich an einen Grundschullehrer oder eine Grundschullehrerin?

B Ja, Frau Weber in der 4. Klasse, Herr Bedarf in der 3. Klasse und Frau Henneberg 1. und 2. Klasse.

PH Kannst du sie kurz beschreiben/charakterisieren?

B Ich kann mich nicht an sie [Lehrerinnen] erinnern, aber an unseren Zeichenlehrer (Name nicht mehr bekannt), der Schlüssel und Lineale einsetzte, wenn die Jungs nicht brav waren oder auch Kopfnüsse austeilte.

Herr Bedarf war ein älterer, netter und ruhiger Mann, der auch `mal was erklärte, wenn man nachfragte.

Frau Weber war die Frau auf dem Klassenfoto, aber ich kann mich an sie nicht mehr erinnern.

PH Welche Unterschiede gibt es zwischen den Grundschullehrern/-innen und Fritz Gürge oder mir?

B Ich glaube, der Unterschied zwischen euch ist, dass damals in einem autoritären Stiel gelehrt wurde, wie es zu meiner Grundschulzeit üblich war. Und obwohl Fritz wegen seines Alters zu dieser Kategorie zählen würde, war er eher in seiner Art jung geblieben und verstand mit der Zeit zu gehen und vor allem die Jugend zu verstehen. Du hingegen warst noch jung und dynamisch, wie du bei uns angefangen hast und wolltest die Welt bzw. das Lernen revolutionieren. Nein, ich glaube, ihr wolltet uns zeigen, dass es auch einen anderen Lehrstil gibt als nur stumpfes Lernen und Pauken.

VIII.5 Auswertung der drei Interviews

Peters Lebensbrüche in Verbindung mit den großen Alkohol- und Drogenproblemen sowie seinen Beziehungsschwierigkeiten und auch seinen Unbeherrschtheiten zeigen auf, dass sein Lebensweg nicht kontinuierlich verlaufen ist, nicht kontinuierlich verlaufen konnte. Diese „sprunghafte" Lebensgeschichte war vermutlich auch mitverantwortlich, dass sein Erinnerungsvermögen deutlich eingeschränkt war. Mir ist aufgefallen, dass bereits in dem Interview, das Kerstin Theilen 2010 mit Peter geführt hatte, verschiedene Jahreszahlangaben unpräzise waren und sich z. T. widersprochen haben. Ich konnte die Vita von Peter deshalb nur mit Mühe chronologisch rekonstruieren.

Des Weiteren kommt dazu, dass Peter sich offensichtlich selten reflektiv mit seinem Leben auseinandergesetzt hat. Das wurde in dem von mir geführten Interview besonders deutlich. Immer wieder musste ich Anstöße geben, damit Peter Einiges zu den vorgelegten Fragen erzählen konnte. Es ist ihm kaum gelungen, die Ursachen seiner Lebensentscheidungen zu benennen oder gar zur reflektieren. Nur an einer Stelle hat er ein Problem benannt, das er versucht hat, anzugehen:

„Ja, gut, damals wollt ich nicht von meiner eigenen Meinung, die ich hatte, wollt ich nich´ runter. Da war ich halt immer standhaft und so im Nachhinein hab ich natürlich auch viel falsch damit gemacht. Und deswegen war das immer, wenn es dann bei mir „klick" gemacht hat, dann hab` ich entweder auf andere Leute gehört oder die andere Meinung mir `mal durch den Kopf gehen lassen …."

Ganz anders die Darstellung von Felipe. Bereits in der Schule zielstrebig, fleißig und aufstiegsorientiert, hat er die Durchlässigkeit unseres Bildungswesens bis hin zur Professur an einer hiesigen Hochschule genutzt. Auch er hat eine krisenhafte Zeit durchlebt, konnte sich aber durch Kompensationen „am eigenen Schopf" aus der Misere befreien.

Einher mit seinem Aufstieg ging eine elaborierte Sprachentwicklung und ein differenziertes Reflektieren über das Elternhaus, seine Aufstiegsorientiertheit und die verschiedenen Stationen seines Werdeganges.

Barbara dagegen hat einen ganz anderen Weg „gewählt". Nach dem Hauptschulabschluss hat sie versucht, in verschiedenen Arbeitsstellen

Fuß zu fassen, ist aber im Wesentlichen arbeitslos und ohne Berufsabschluss geblieben. Nach der Geburt von zwei Kindern – die Väter sind zurück in die USA gegangen – schafft sie es, alleine durchzukommen. Als die Kinder schon älter sind, macht sie eine vom Arbeitsamt geförderte Ausbildung zur Bürokauffrau. Diese positiven Lernerfahrungen ermutigen sie, sich weiter zu qualifizieren. Heute ist sie als Sekretärin tätig und in ihrem Beruf sehr zufrieden. Barbara hat sich „durchgekämpft". Sie sagt selber: „Das Leben ist ein permanenter Kampf, der sich lohnt".

Die Unterschiede in den biografischen Werdegängen sind doch sehr signifikant. Bei Peter viele Lebensbrüche, Beziehungsprobleme und eine geringere Berufsqualifikation, bei Felipe ein „Durchmarsch" durch die Schulinstitutionen bis hin zur Professur an einer Hochschule und bei Barbara nach großen Schwierigkeiten zu Beginn und ihrem Alleinsein als zweifache Mutter letztendlich ihre positiven Lernerfahrungen, die sie zu einem qualifizierten Beruf geführt haben.
Alle drei kommen aus einer Hauptschulklasse!

Gemeinsam ist allen, dass sie sich in der Bewertung oder Beurteilung meiner/unserer Arbeit und unserer Projekte in den Interviews sehr positiv äußerten. Für Peter war ich im Wesentlichen ein Kumpel, der meist offen und ehrlich zu ihm war, mit dem man diskutieren konnte und der nicht auf seiner Meinung beharrte. „ Mit dir konnt´ man wenigstens diskutieren, wenn es um irgendwas ging. Bei den anderen, die haben ihre Meinung vertreten und davon sind die auch nicht `runtergegangen. Das war ja das Problem, aber das kann an der Generation gelegen haben, von Lehrern."
Darüber hinaus ist es ihm schwergefallen, sich zu Lehrern und Projekten zu äußern. Auf die Frage, ob wir damals Spuren hinterlassen haben, konnte er nichts antworten. Er hat sich damit schwer getan. „Mit den zwei Fragen hab` ich mich eh schwer getan!" Lediglich an ein Projekt, bei dem die Jugendlichen mit Kameras und ganz gezielten Aufträgen zum Interviewen in die Innenstadt gegangen sind, konnte er sich erinnern. „Des war, wie mir die Leute interviewt haben in der Stadt, da haben wir doch `ne Video-Kamera gekriegt, so`n Riesenkasten war das, also so `ne Riesen-Kamera."
Für Peter war ich aus der Retrospektive offensichtlich eine Bezugsperson, mit der er klar kam und die ihm keine großen Schwierigkei-

ten gemacht hat. Zu den Inhalten oder eingesetzten Methoden konnte er wenig sagen.

Felipe schrieb mir in einer Mail: „ Ich denke sehr oft an die Zeit an der Käthe-Kollwitz-Schule zurück. Besonders die Zeit zwischen der sechsten und achten Klasse [in Jahrgang 7+8 war er in meiner Klasse] war für mich eine sehr große Hilfe. Ich sehe das damalige Projekt und die damaligen Inhalte noch genau vor mir. Dieser Prozess hat mir viel Selbstvertrauen und Sicherheit für die weiteren Schritte gegeben, dabei hat die Person hinter dem Pult eine sehr wichtige Rolle gespielt"[118] Im Interview äußerte er sich: „Du hattest eine neue Art zu unterrichten, du warst lockerer, aber trotzdem wusste man, dass man Regeln einzuhalten hatte... das war so, das war so! Das war ein wesentlicher Unterschied" Oder an anderer Stelle: „ Also, du hast es geschafft, dass ich mich für Schule interessiert habe und hier einen Schulweg einschlagen konnte [..........]. Wenn ich das in der heutigen Sprache ausdrücken sollte, würde ich sagen, er [der Lehrer] wird zum Partner, er ist nicht mehr der Lehrer, der die Obrigkeit oder der von oben nach unten etwas vermittelt, sondern er wird eher zum Partner ... das habe ich natürlich damals so empfunden [....]. Heute kann ich das ausdrücken, da spreche ich eine andere Sprache. Also mehr Partner, das ist sehr wesentlich und dann wird auch mehr Verantwortung auf uns übertragen und viele von uns haben die ja auch wahrgenommen. Wir haben dann ja in den Gruppen gesessen und diese Projekte bearbeitet, an die ich mich heute noch genau erinnern kann und das ist haften geblieben. Das war gut. Das war gut.
Auf fachliche Inhalte können wir noch zu sprechen kommen... das sind Methoden, das sind Dinge auf menschlicher Ebene, die ihr uns vermittelt habt, die sehr, sehr wertvoll waren".

Auch Barbara sieht die damalige Zeit für sich als sehr positiv und kann sich vor allen Dingen an sehr viel erinnern. „ Eigenständiges Arbeiten, in Gruppen, selbstverantwortlich zu sein für bestimmte Themen oder Projekte, solche Sachen, das war doch davor nie ... das war doch kein Thema und so Sachen bleiben schon hängen..." oder an anderer Stelle „Und dann die Interviews, damals mit den Kästen, den Kameras. Dass wir da in Gruppen in die Stadt sind, Leute befragt

---

118 Mail vom 5.3.2013 14:46 von Felipe an Peter Held.

haben, Interviews gemacht haben und die dann in die Schülerzeitung gesetzt haben. Das wåren schon Dinge! Oder Stuhlkreise mit der Kamera, in der Aula." Aber auch die Lehrer sind bei Barbara in guter Erinnerung. „Ja, gut, Fritz Gürge, also das ist ja der Leuchtturm, an den muss man sich erinnern. Erstens, weil er für uns halt auch seltsam aussah, mit dieser abgedeckten Brille, weil er ja auf dem einen Auge blind war und auch schon vom Alter her, weil er ja der älteste war, damals schon und dann noch so ein Projekt angefangen hat, was man erst hinterher so richtig begriffen hat, dass er in dem Alter so `was noch `mal gemacht hat. Aber der war ja eine Seele von Mensch, das muss man ja wirklich sagen, der war ja immer ruhig – ich hab` den nie erlebt, dass der irgendwie aus der Haut gefahren ist oder so."
Wir können uns freuen, dass nach etwa 40 Jahren noch immer positive Rückmeldungen über unsere methodische Arbeit, unser Lehrerverhalten und unsere Persönlichkeit gegeben wurden. Offensichtlich sind die von uns allen angestrebten Demokratisierungsprozesse bei diesen ausgewählten Ehemaligen graduell unterschiedlich „angekommen" und auch unterschiedlich „angenommen" worden.
Entsprechend, glaube ich, können wir Barbaras folgende Aussage einordnen: „Ich glaube, der Unterschied zwischen euch [Lehrern zur Grundschulzeit und von Barbara und Fritz Gürge und mir] ist, dass damals in einem autoritären Stil gelehrt wurde , wie es zu meiner Grundschulzeit üblich war und obwohl Fritz Gürge wegen seines Alters zu dieser Kategorie zählen würde, war er eher in seiner Art jung geblieben und verstand, mit der Zeit zu gehen und vor allem die Jugend zu verstehen. Du hingegen warst noch jung und dynamisch, wie du bei uns angefangen hast und wolltest die Welt bzw. das Lernen revolutionieren. Nein, ich glaube, ihr wolltet uns zeigen, dass es auch einen anderen Lehrstil gibt als nur stumpfes Lernen und Pauken".

VIII.6 Einleitung

Zum Vorgehen

Das erste Treffen mit den Ehemaligen Astrid Meisenzahl und Steven Homburg fand 2010 im Rahmen des Klassentreffens statt. Steven freute sich, seinen ehemaligen Klassenlehrer, Fritz Gürge, wieder zu sehen; Astrid Meisenzahl und ich kannten uns gut aus der Jugendbüro-Zeit.

Adnan Oyan hatte über Jahre hinweg E-Mail-Kontakt mit Jürgen Zinnecker gepflegt und erklärte sich, ebenso wie die beiden anderen Ehemaligen, sofort bereit, an dem Buch mitzuarbeiten.
Im Mittelpunkt der offen strukturierten Interviews, zu denen wir uns im Sommer und Herbst 2013 trafen, standen folgende Schwerpunkte:

- Erinnerungen an die Schul- und Jugendbürozeit (neben freien Erzählungen baten wir alle, anhand eines Leitfadens ihre Erinnerungen zu präzisieren)
- Wie es nach der Schulzeit weiter ging
- Lebensweg bis heute
- Bilanz und Zukunft

Zur Auswertung (vgl. Jaeggi, u. a. 1998)
In einem ersten Schritt wurde für jeden Text ein Motto formuliert bzw. ein subjektiv bedeutsamer Satz, der die Besonderheit der erzählten Lebensgeschichte bündelt. Es folgt die Festlegung von Themen, die in den Interviews bzw. im E-Mail-Kontakt angesprochen wurden, an denen sich die zusammenfassende Nacherzählung orientiert. Die vergleichende Deutung bildet den Abschluss.

VIII.7 Portrait von Adnan Oyan

1974 Adnan Oyan 2013

Die für Adnan wichtigsten Aussagen über sein Leben lauteten:
„Nicht an alles glauben, was dir vorgetischt wird, sondern selber nachforschen und seine eigene Meinung bilden" - „Es war sehr wertvoll zu lernen, wie man lernt!"

Erinnerungen an Adnan Oyan
Adnan Oyan gehörte zu den Besuchern des Jugendbüros – 1975 bis 1977. Er traf sich dort mit seinen Freunden und nahm an Bildungsurlaubsseminaren teil. 1977 bestand er seine Prüfung zum Zentralheizungs- und Belüftungsmonteur.
Adnan war über die politischen Ereignisse in seinem Heimatland auf dem Laufenden und sehr an dem interessiert, was dort passiert. Er berichtete von seinem Onkel, der Mitglied in einer verbotenen linken Organisation sei und von Rechten überfallen wurde. Die Wohnung sei demoliert worden und nun sei er völlig mittellos und lebe wie seine übrigen Genossen auf der Straße. Die Polizei würde sich freuen, dass die Rechten ihnen die Arbeit abnähmen.
Adnan wollte dem Onkel seinen Monatslohn schicken. Er wäre gerne noch in Deutschland geblieben und hätte am liebsten weiter eine Schule besucht, um sich fortzubilden. Feste Qualifizierungsabsichten hatte Adnan derzeit nicht, allgemein das Bedürfnis, viel, viel zu ler-

nen, was auch immer. Uns bekannt waren seine Verbindungen zur Drogenszene, die seine Bildungsambitionen schließlich zunichte machen – vorerst zumindest (Jugendbüro Protokolle, 1977). „Also, das Cannabis habe ich mir in Deutschland angeeignet. Das erste Mal, dass ich Cannabis rauchte, war in der Disco „Candy" als ein paar Amis mich zu einer Pfeife einluden. Ich habe mich so gut gefühlt, dass ich mein ganzes Leben darauf einstellte" (E-Mail, 22. Februar 2013).

Diese Szenezugehörigkeit führte zu verschiedenen Polizeikontrollen und Gesprächen mit den Eltern. Adnan und Christoph (ein Mitschüler aus der Parallelklasse) hatten bereits mehrere Kontakte mit der Polizei gehabt. Beide schilderten die Polizei als sehr brutal: Schlagen ohne Grund nachdem sie [die Polizei] sich vergewissert hatte, dass auch keine Zeugen in der Nähe seien. Allein, wenn man so aussähe: lange Haare, Jeans usw., werde man schon schief angesehen. Die Polizei, das ist eine Erfahrung dieser Jugendlichen, sei übermächtig und säße am längeren Hebel. Rechtliche Mittel einzulegen, sei sinnlos (Jugendbüro Protokolle 1977). Adnan wurde ausgewiesen.

Die Wiederannäherung

In den Unterlagen von Jürgen Zinnecker (Er starb am 30. Juli 2011.) finde ich – Imbke Behnken, seine Frau – Hinweise auf einen Austausch via E-Mail mit Adnan Oyan aus dem Jahr 2006. Ob die Mailanschrift noch stimmt, ob Adnan Oyan antworten wird, ich weiß es nicht.

Imbke Behnken, Adnan Oyan, 22. September 2012

„Guten Tag, Herr Oyan, ich weiß nicht, ob Ihnen mein Name etwas sagt; ich war in den 1970er Jahren gemeinsam mit Jürgen Zinnecker an dem Wiesbadener Schulprojekt beteiligt. Seit 2006 waren wir verheiratet.

Jürgen Zinnecker ist wenige Monate nach dem letzten Mailkontakt mit Ihnen schwer erkrankt, er konnte sich nicht mehr bewegen und nicht mehr sprechen. Ich war nahezu jeden Tag bei ihm, er hat vieles verstanden, wir hatten eine wundervolle Kommunikation über die Mimik.

Am 30.7. 2011 ist er nach einem weiteren Herzinfarkt gestorben. Ich bin jetzt erst dabei, seine Unterlagen zu ordnen und fand Ihre letzte Mail an Jürgen vom 2. Juni 2006. Jürgen hatte sich sehr über den Kontakt zu Ihnen gefreut und mir davon berichtet. Ich möchte Ihnen schreiben, damit Sie wissen, warum der Kontakt abgebrochen ist. Ihnen alles Gute, Imbke Behnken."

Drei Tage später, am 25. September 2012, antwortet Adnan Oyan:
„Guten Tag, Fr. Behnken,
Zu allererst möchte ich mein herzliches Beileid wegen dem Todesfall von Herrn Zinnecker aussprechen. Er und das Projekt in der Schule haben sehr viel dazu beigetragen, dass ich im Leben nicht alles so hinnehme, wie es uns vorgespielt wird.
Ich kann mich gut an Sie und alle anderen Teilnehmer in dem Projekt an unserer Schule erinnern.
Ich war in der Zwischenzeit 1996 in Deutschland als Tourist und habe einige Klassenkameraden angetroffen.
Seit einer sehr langen Zeit arbeite ich als vereidigter Übersetzer in der Türkei. Ich habe drei Kinder, bin schon Opa geworden.
In der Türkei habe ich sehr viel mitgemacht. Ich kam ja in der Türkei an, als der Militär Putsch sich ereignete. Es war der 12. September 1980. Das führte dazu, dass ich 36 Monate als Soldat meinen Militärdienst abgeleistet habe."

Adnan Oyan fragt nach Fotos, die Jürgen Zinnecker ihm zusenden wollte. So ganz nebenbei erfahren wir, dass er einen Bruder in Deutschland hat:
„Meine Bitte an Sie (Ich habe nur ein Passbild aus meiner Zeit in Deutschland), falls Sie diese Bilder finden sollten, könnten Sie mir diese zusenden. Falls die Postausgaben ein Problem sein sollten, können Sie diese Bilder auch an meinen Bruder schicken. Er wird diese an mich weiterleiten. Oder Sie könnten diese vielleicht einscannen und per E-Mail schicken???"
Das folgende Foto findet sich in der Sammlung von Jürgen Zinnecker:

Adnan Oyan (Mitte, daneben Imbke Behnken) im Jugendbüro um 1975

Adnan Oyan ist entsetzt. Er kommentiert seine Haarmode in jenen Jahren und erwähnt seinen Besuch in Wiesbaden und das Treffen mit ehemaligen Mitschülern.

„Ja, natürlich hab` ich mich wiedererkannt. Mann, sah ich aber verheerend aus damals. Weiterhin war der Schüler links von Ihnen, obwohl nicht ganz genau zu seh`n, aber unverwechselbarer Mund, der Mike Ulrich und rechts von mir, wenn ich mich nicht irre, Michael Kinzer. Hab` beide angetroffen, wie ich 1996 in Deutschland war."

Die Mitarbeit am Buchprojekt – Erinnerungen und Lebensweg

Adnan Oyan lebt mit seiner Familie in Mersin. Die Stadt mit über 800.000 Einwohnern liegt an der türkischen Mittelmeerküste, nahe der Grenze zu Syrien.

Ende September 2012 fragen wir Adnan, ob er bei unserem Buchprojekt mitarbeiten würde.

„Wir - Peter Held, Fritz Gürge (ehemalige Lehrer der Käthe-Kollwitz-Schule; Georg Flentge, der Klassenlehrer von Adnan Oyan, ist leider verstorben) und ich – möchten Sie Folgendes fragen: Seit einigen Monaten sind wir dabei, die Geschichte des Schulprojektes der vier 8. Klassen, die Anfang der 1970er Jahre mit ihren Lehrern und unserer Gruppe um Jürgen Zinnecker versuchten, einen besonderen, anderen Unterricht zu gestalten (z. B. Dörnberg), zu beschreiben.

Warum haben die Lehrer mitgemacht? Wie war das alles geplant? Welche Auswirkungen hatte die Kooperation mit dem Bildungstechnologischen Zentrum (BTZ, Gruppe Zinnecker, u. a.)? Wie war die Situation an der Hauptschule damals? u. a."

Wenige Tage später, am 2. Oktober 2012, schreibt Adnan Oyan.

Wir erhalten neben seiner Zustimmung Details aus seiner beruflichen Tätigkeit. Adnan ist unmittelbar in die aktuellen politischen kämpferischen Auseinandersetzungen in Syrien einbezogen. Er berichtet auch von seinen Erinnerungen an den ehemaligen Klassenlehrer, Georg Flentge.

„Hallo, Fr. Behnken, Entschuldigung wegen der späten Beantwortung. Hatte allerhand zu tun die letzten Tage wegen der vielen Flüchtlinge aus Syrien, Übersetzungen im Polizeipräsidium.

Dass Herr Flentge verstorben ist, habe ich auch erfahren. Ich hatte bei meinem Besuch in Wiesbaden bei ihm angerufen, sie haben mir das mitgeteilt. Ich kann nur sagen, dass das Sterben immer ernster genommen wird, je älter man wird. Ich habe auch schon angefangen, darüber nachzudenken, wie ich sterben werde, ob Krebs und wenn ja, welche Art von Krebs - da ja schon fast jeder Dritte krebskrank wird.

Natürlich würde ich gerne an der Geschichte der vier 8.Klassen mitmachen. Nur möchte ich Sie von vornherein darauf hinweisen, dass mein Lebensweg wirklich etwas Außerordentliches aufweist."

Die Charakterisierung der eigenen Lebensgeschichte als „außerordentlich" und als Vorwarnung formuliert, macht neugierig. Was hat Adnan erlebt?

Unsere Anfrage: „Date: Sun, 28 Oct 2012 06:57:30:

Guten Morgen aus dem frostigen Siegen, unsere Fragen an Sie:

1. Erinnerungen an die Schuljahre, insbesondere das 8. Schuljahr mit dem BTZ, Dörnberg usw. mit dem Jugendbüro.

2. Wie ist Ihr Lebensweg dann weiter gegangen bis heute?

Wenn es Ihnen zu viel ist, alles aufzuschreiben, schicken Sie uns eine CD mit einer Tonaufnahme. Fotos wären auch schön. Ihnen beste Grüße aus Siegen, Imbke Behnken"

Adnan wird die Fragen schriftlich beantworten:

„Werde versuchen, Ihre Fragen so schnell wie möglich zu beantworten. Meine Arbeit ist ja Schreiben als Übersetzer. Insofern kein Problem. Nur die Rechtschreibfehler geben mir zu denken. Wäre es o. k., wenn ich alles klein schreibe????"

Am 22. Februar 2013 schickt Adnan uns seine Ausführungen via E-Mail. Einleitend berichtet er seinen familiären Status, der auf ein gelungenes „normales“ Familienleben verweist – also nichts „Außerordentliches“. Nach dieser kurzen Einleitung kehrt Adnan in die Zeit seiner Ausbildung zurück und wir werden in eine „außerordentliche“ Lebensgeschichte mitgenommen:
Ausbildung, Drogen, Ausweisung, Militärdienst in der Türkei, Drogen, Gefängnis.

„Hallo Fr. Behnken !
Ich bin mittlerweile verheiratet, habe drei Kinder (Can, Canan, Cihan) und eine Enkelin (Tochter meiner Tochter Canan). Ja, ich bin schon Großvater geworden, obwohl, komischerweise fühle ich mich noch nicht so alt.
Wie dem auch sei. Nach Beendigung meiner Ausbildung als Zentralheizungs- und Belüftungs- Monteur in Deutschland, wurde ich wegen Betäubungsmittel (BTM) festgenommen und 1978 - zwei Jahre befristet - ausgewiesen. Da ich in dem Alter war, in dem Jugendliche in der Türkei ihren Militärdienst ableisten (dieser dauert 20 Monate) dachte ich mir, dass es angebracht wäre, in diesen zwei Jahren meinen Militärdienst abzuleisten und dann, wenn die Befristung zu Ende geht, wieder nach Deutschland zurückzugehen.
Aber es verlief alles ganz anders. In der Türkei erlebte ich den Militärputsch 1980 als Marine- Soldat in der Schule für Marine-Offiziere in Heybeli Ada (Golden Horn) von Istanbul, eine Insel, auf der ein Militärschul-Gymnasium für Unteroffiziere und eine Marine Kriegs-Schule für Offiziere war.
Na ja, das Unglück ließ nicht los von mir oder meine Sucht auf Cannabisrauchen ließ es nicht zu, dass ich eine normale Lebenslaufbahn einschlagen konnte, denn nun begann die Geschichte meines Lebens in Strafanstalten (Militär-Gefängnis von Kasımpaşa (Istanbul), Toptaşı-Gefängnis (Istanbul), Pazaryeri-Gefängnis von Eskişehir. Ich lernte viele Kriminelle kennen. Im Gefängnis, das war schon eine harte Sache damals. So primitiv, wie man es sich nicht vorstellen kann: Ich konnte keine normalen Zigaretten, Margarine, Tee, Zucker oder sonst irgendwelche Grundnahrungsmittel kaufen. Nirgendwo. Jeder verkaufte diese Güter nur an Leute, die er kannte. Da ich jedoch aus Deutschland kam und niemanden kannte, fiel es mir sehr schwer, meine Bedürfnisse zu begleichen. Auf dem Schwarzmarkt

gab es alles, aber zu einem überteuerten Preis. Also im Gefängnis war ich insgesamt fünf Jahre. Immer nur Cannabis (BTM) !!!!!! ist eine Lebenserfahrung, die mich im Nachhinein viel gelehrt hat.
Na ja, das Kapitel mit der Ausweisung, Militärdienst und Gefängnis ist eigentlich eine Geschichte für sich.
Nach Beendigung des dreijährigen Militärdienstes habe ich erfahren, dass man nicht mehr wie früher nach Deutschland mit einem Pass, sondern nur mit einem Visum einreisen kann. Ich hab` einen Antrag auf ein Visum gestellt, dieser wurde nach drei Monaten Wartezeit abgewiesen. Ich fragte bei der Deutschen Botschaft in Ankara nach und bekam zur Antwort, dass die deutsche Botschaft nicht gezwungen wäre, mir zu antworten.
Nach 10 Jahren hab` ich erfahren, dass der Grund für die Abweisung nur der war, dass das Geld für die Polizeibeamten, die mich während meiner Ausweisung nach Frankfurt begleitet hatten, nicht beglichen wäre. 230.-DM und, als ich das Geld eingezahlt hatte, bekam ich das lang ersehnte aber für mich nun nicht mehr relevante Visum.
Ich kam in Deutschland an und besuchte Freunde wie Mike Ulrich, Michael Kinder; sogar Michael Mehler habe ich angetroffen auf der Straße. Mike Ulrich hat mich noch zu Michael Kinzer gebracht, den ich echt nicht wiedererkannte. Na ja, das Geld für meine dreimonatige Deutschlandreise kam von selbst. In Mersin befindet sich eine Person, die den gleichen Namen und Nachnamen wie ich hatte. Dieser war sogar im selben Jahr geboren. Und eine Geldanweisung, die diese Person erhalten sollte, wurde an mich ausgezahlt. Er bekam auch sein Geld, da es ein Fehler der Bank war.
Na gut, um auf mein Leben zurückzukommen. Da ich im ersten Anlauf kein Visum bekommen konnte, musste ich sehen, dass ich mein Leben hier in der Türkei weiterführe. Ich habe geheiratet, wir bekamen drei Kinder, zwei Söhne und eine Tochter. Meine Tochter ist mittlerweile verheiratet, sie hat schon ein Kind. Das heißt, dass ich seit über einem Jahr Opa bin."
Nach den krisenhaften Jahren, die Adnan schildert, beendet er den Bericht seiner Lebensgeschichte mit der Wiederholung der Eingangsszene, die ihn als erfolgreiches Familienoberhaupt ausweist. Er reflektiert seine „außerordentlichen" Jahre und die vollzogene Umkehr. „Ich änderte meine Lebensauffassung, weil ich es leid hatte, unglücklich dahinzutrödeln. In der Türkei - die erste Zeit, war wirklich sehr schlimm. Ich konnte einfach keine Logik in den Verhaltensweisen

der Menschen sehen, die so ungebildet waren (Anfang 1978). Ich konnte einfach keine befriedigende Kommunikation herstellen. Dann gab es noch ein Problem, das ich auch in Deutschland immer wieder erlebte. In Deutschland musste ich mich umstellen, um einigermaßen als Ausländer akzeptiert zu werden. Dann musste ich mich wieder irgendwie umstellen, damit ich in der Türkei einigermaßen akzeptiert wurde.

Als Erstes musste ich mir die Haare abschneiden lassen, da 1978 in der Türkei fast niemand lange Haare trug. Dann musste ich diesen Slang lernen, weil die Menschen sonst sofort merkten, dass ich aus Deutschland kam. Und die Menschen hier hatten auch so eine komische Auffassung, uns als „Deutschländer" zu bezeichnen. Also in Deutschland war ich Kanake/Ausländer, in der eigenen Heimat Deutschländer. Immer außerhalb der Gesellschaft. Das ist schon ein komisches Gefühl, dass ich mich immer wieder beweisen musste."

Abschließend bilanziert Adnan die Krise und die Bewältigung:

„Dank meiner Ausbildung in Deutschland und auch durch die Projektgruppe war ich immer klug genug, hier Arbeit zu finden. Mittlerweile bin ich ein gefragter Simultandolmetscher für Englisch, Deutsch und Arabisch. Das hätte alles keinen Sinn, wenn ich nicht auch Türkisch könnte. Meinem Hauptmann beim Militär habe ich es zu verdanken, dass ich Türkisch perfekt erlernen konnte. Sogar so gut, dass ich drei Jahre bei einem Regional-Fernseh-Sender als Nachrichtensprecher arbeitete."

Mitarbeit am Buchprojekt – Leitfragen zur Schulzeit

Wir sind interessiert, von den Ehemaligen weitere Informationen zum Schulunterricht, dem Projektunterricht, dem Jugendbüro zu erhalten und gestalten einen Leitfaden:

„Haben die Schule, die Projekte, die Lehrer und das Jugendbüro Spuren bei dir hinterlassen? Wurden Einstellungen, Werte oder Handlungen beeinflusst?

Erinnerungen an die Schulzeit:

„Ich hatte keine Unterstützung von zu Hause, die Eltern gingen schon früh morgens zur Arbeit. Sie konnten auch nicht genug Deutsch, um mir bei den Hausaufgaben behilflich zu sein. Kameraden aus der Schule, die mir hätten helfen können, hatte ich auch nicht. Damals war ja diese Gruppenzuweisung, Ausländer zu sein, noch sehr ausgeprägt. Auf dem Schulhof, das war echt der Hammer. Ich hab` immer den Neuankömmlingen aus der Türkei helfen müssen, damit die schnell Deutsch lernen. Herr Flentge hat mir immer welche zugewiesen, die sich neben mich setzen sollten. Das erste, was die immer lernen wollten, waren Übersetzungen von Fluchwörtern, die es im deutschen gar nicht gab. Ich musste das jedem eingehend erklären, dass es solche Fluchwörter im Deutschen nicht gibt, dann waren sie immer so erstaunt."

Freunde/Freundinnen in der Schule:
„Na ja, Monika Lutz, wir hatten uns während des Aufenthalts auf dem Dörnberg (Bildungsurlaub) kennengelernt. Sie war meine einzige Freundin im Leben damals. Ich hab` ja nie Freundschaft schließen können in der Klasse oder in Deutschland, da waren immer solche Idioten wie Norbert und Reiner, mit denen wir uns nur gerauft haben. Aber einen kann ich nicht vergessen. Mein einziger deutscher Freund war Christoph Fuhrmann, wir waren in der Schule und auf dem Dörnberg zusammen. Außerhalb der Schule hatte ich auch keine Freunde, nur Bandenmitglieder.
Das Problem hab` ich immer noch, ich weiß nicht, wir sind syrischer Abstammung und sind in der Türkei geboren. Weder in Deutschland konnte ich mich in der Gesellschaft wohl fühlen, noch in der Türkei. In Deutschland war ich oder fühlte ich mich irgendwie ausgestoßen, weil ich Türke bin und in der Türkei, weil ich arabischer (Alewit) Abstammung bin. Also in der Türkei ging's mir nicht besser, als es in Deutschland in dieser Hinsicht war und es ist sogar noch schlimmer als in Deutschland."

Lieblingsorte in Wiesbaden:
„Das Hallenbad Kleinfeldchen, die Reisingeranlagen (Parkgelände mit großen Liegenwiesen in Bahnhofsnähe), Alter Friedhof (stillgelegter Friedhof, heute Parkanlage), Faulbrunnenplatz (Innenstadt), die Disko Candy, gibt's aber nicht mehr."
Lehrer der Käthe-Kollwitz-Schule:
„Mir fällt ein, dass die Lehrer damals mit Unterstützung des BTZ neue moderne Lehrmethoden mit den Schülern zu praktizieren versuchten. Ich fand das super, weil wir damals den Unterricht auf eigene Faust zu gestalten versuchten und zwar durch Interviews mit Ärzten oder Betriebsangehörigen."

Der Klassenlehrer, Herr Flentge:
„Also, zuallererst war er ja ganz sympathisch, er versuchte den Lehrstoff so gut es geht an die Schüler weiterzuleiten, nur hatten wir damals in der Klasse so viele Kasper, dass ich dem Lehrstoff nicht folgen konnte. Die Schüler brachten fast jeden Unterricht durcheinander, es störte den Unterricht."
Unterricht bei Herrn Flentge:
„Er hatte mehr Toleranz als die anderen Lehrer, denke ich mal, aber das half ihm nicht viel in der Klasse, weil Schüler versuchten, Herrn Flentge verrückt zu machen. Er tat mir öfters leid, weil er's ja wirklich gut meinte mit den Schülern, aber diese verhielten sich immer extrem."

Langfristige Prägungen durch den Unterricht, den Klassenlehrer:
„Ja, nicht nur durch Herrn Flentge, durch mein ganzes Deutschland-Abenteuer. Ich kam ja aus einem Land, in dem ich bis zur 3. Klasse zur Schule ging, ich musste stramm stehen, wenn der Lehrer etwas wollte oder meinen Namen rief. Wie Soldaten waren wir in der Schule. Sie haben uns wie verrückt geschlagen mit dem Lineal, Ohrfeigen oder die Lehrer haben uns richtig mit Stöcken verhauen, wie es ihnen lieb war. Keiner hat denen was gesagt, auch nicht die eigenen Eltern, weil sie das normal fanden. Als ich in Deutschland ankam, habe ich gemerkt, dass das eine richtig kranke Einstellung war."
Erinnerung an Projekte:
„Zum Beispiel die Elektronikausstellung, ich konnte eine Lichtschranke bauen. Das war für mich der absolute Hammer damals. Danach ging mein Interesse in Elektronik soweit, dass ich Abhörgeräte selber bauen konnte - Minispione/Schaltpläne, soweit ich mich erinnern kann. Und dann die Fahrt nach Dörnberg, die hat mir viel beigebracht. Zum Beispiel: nicht an alles glauben, was dir vorgetischt wird, sondern selber nachforschen und seine eigene Meinung bilden!!!!!!!!!!"

Während des Dörnbergseminars zeigt sich eine weitere Begabung von Adnan, er schreibt gerne. Gemeinsam mit anderen Mitschülerinnen und –schülern gibt er die Zeitschrift „Dörnberg Express" heraus, die als Abschlusszeitung u. a. von dem „Lohnarbeitsspiel", das als Teil des umfassenden Unterrichtsprojektes „Arbeitswelt" konzipiert worden war, berichtete.

Deckblatt Dörnberg Express

Jugendbüro, Treffpunkt für die ehemaligen Schüler, Schülerinnen (im Wohnquartier gelegen):
„Ja doch, im Anschluss an die Schulzeit war ich öfter im Jugendbüro in der Stiftstraße. Dort habe ich ja auch meine einzige Freundin kennengelernt".

Teamer im Jugendbüro:
„Das waren Menschen, die zu meiner oben wiedergegebenen Erkenntnis „nicht an alles glauben, was dir vorgetischt wird, sondern selber nachforschen und seine eigene Meinung bilden" viel beigetragen haben."
In einem Telefongespräch vereinbarten Adnan und ich, weitere persönliche Eindrücke und Schilderungen aus seinem Leben in der Türkei, in das Portrait aufzunehmen.
Im Sommer 2013 gibt es Demonstrationen gegen die Regierung mit kämpferischen Auseinandersetzungen, insbesondere in Istanbul. Adnan ist während dieser Zeit zu Besuch bei seiner Schwester und

nimmt an den Demonstrationen teil. Die Gewalt, die er am eigenen Körper erlebt, lässt ihn am politischen System resignieren.
In dieser Zeit trifft ihn ein besonders schwerer Schicksalsschlag. Sein Sohn kommt bei einem Autounfall ums Leben. Adnan ist sehr erschüttert.
Mail vom 14. September 2013 - „Hallo Imbke - Entschuldigung für die Verspätung, aber wie du es auch erwähntest, der Todesfall meines Sohnes hat mir ganz schön zugesetzt.
Ich befrage die ganze Zeit den Sinn unseres Daseins und so fällt es mir wirklich schwer, etwas über die Türkei zu schreiben. Ich weiß auch nicht, ob meine Einschätzung überhaupt die Türkei widerspiegeln würde. Was ich zu beschreiben hätte, wäre eigentlich nichts weiter als zu sagen, das ist ein Land, in dem man, wenn man genug Geld hat, jedes Gesetz umgehen kann. Wenn die Regierung will, dass die Türkei sich fortentwickelt, müsste sie erst diese Schmiergeld-Angewohnheit abschaffen. Solange in einem Land jeder tun und lassen kann, was er will, nur weil er genügend Geld hat, wird das nichts mit einer Demokratie. Es ändert auch gar nichts, wenn neue demokratische Gesetze eingeführt werden. Ich sehe das nicht so einfach. Man müsste einen langfristigen Plan vorlegen, in dem auch eine fortschrittliche Bildung der Gesellschaft festgehalten wird. Das ist im Moment nicht der Fall in der Türkei. Ein sehr großer Teil der Bevölkerung (nahezu 80%) ist zu wenig gebildet und hat nicht verstanden, was die Türkei in den letzten 35-50 Jahren mitgemacht hat.
Dass sie sich auch nicht motivieren können, selbst was zu erlernen und zu erforschen, das ist traurig.
Genau das zu erlernen, dazu habt ihr, unsere Klassenlehrer und das BTZ-Team viel beigetragen, denke ich, <u>es war sehr wertvoll zu lernen, wie man lernt!</u>“
Adnan zieht seine berufliche Bilanz: „Ich habe mittlerweile um die neun Berufe erlernt, die ich alle von Zeit zu Zeit ausübe. Deswegen war ich längstens zwei Wochen arbeitslos in 30 Jahren. Ich war und bin überall an den Arbeitsplätzen willkommen. Ich kann jederzeit zu einer Arbeitsstelle zurückkehren, die ich verlassen habe. Alle freuen sich, mit mir zu arbeiten. Ist das nicht ein Erfolg?! Oder wird Erfolg nur mit „Wie viel Geld verdienst du?“ bewertet?! Nun ja, viel verdient habe ich nicht, aber grade genug, um meine Familie versorgen zu können.“

Besonders gerne erinnert Adnan sich an seine dreijährige Tätigkeit als Reiseleiter nach Kappadokien (Mittelanatolien: mit seinen unterirdischen Städten in bizarren Steinlandschaften).

Einen Höhepunkt in seiner Tätigkeit als Reiseleiter erlebt er, als ehemalige Klassenfreunde aus Wiesbaden mit dem Wohnwagen bei ihm Station machen und sich von ihm beraten lassen.
Als sich im Herbst 2013 die Konflikte in Syrien verschärfen, kann Adnan seine arabischen Sprachkenntnisse für Dolmetscherarbeiten mit syrischen Flüchtlingen einbringen.
Gegenwärtig arbeitet Adnan als Übersetzer: „Jetzt habe ich eine gute Stellung als Übersetzer für Deutsch, Englisch und Arabisch. Hätte ich früher so viel geschrieben und gearbeitet wie jetzt, hätte ich auch eine Uni absolvieren können. Aber hier in der Türkei ein Studium abzuschließen, ist echt sehr schwer."

VIII.8 Portrait von Astrid Meisenzahl, geb. Jechimer

Die für Astrid wichtigsten Aussagen über ihr Leben lauteten:

„Ich bin jetzt wieder in eine Familie gekommen. Ich hab' immer gesagt, ich hab` keine Schwiegereltern, ich hab` zweite Eltern."
„Was ich persönlich denke: Wir haben von Anfang an gesagt, wir sprechen über alles. Es muss Offenheit sein."

Am 10. September 2013 treffen Astrid und ich uns in ihrer Wohnung in Mainz. Sie und ihr Mann, der die angrenzenden Schulen betreut, bewohnen das Hausmeisterhaus.
Wir sitzen in der Wohnküche und tauschen zunächst Erinnerungen aus an die Schulzeit, an das Hauptschulprojekt.
Während ihrer Ausbildung gehörte Astrid zu den regelmäßigen Besucherinnen des Jugendbüros.
Wir erinnern uns an das Interview, das wir – die Projektgruppe – im Jahre 1978 mit den ehemaligen Hauptschülerinnen durchführten. Die Fragen bezogen sich auf die Schulzeit und die Ausbildung bzw. auf den Abschluss der Ausbildung und den Übergang in die berufliche Tätigkeit, auf Freizeit und Konsum, auf Freunde, Freundinnen, Herkunftsfamilie und Partnerschaft.

Jugendbüro:

Astrid J. verweist damals auf die Frage, warum sie das Jugendbüro gerne und regelmäßig besucht habe, auf die Vertrautheit und die Möglichkeit, sich mit vielen dort gut unterhalten zu können. „Sonst hab` ich nichts. Das Besondere ist da dran, dass da unsere Klassen zusammengehalten worden sind. Man verliert sich nicht aus den Augen. Man kennt sich dort und das bedeutet mir viel, ich kann mit vielen gut reden."

Das Jugendbüro war für Astrid wie für andere sozusagen ein privater Club. Man kannte sich aus der Schulzeit und blieb untereinander. Das galt für die ehemaligen Schulkameraden wie für die erwachsenen Teamer. Dieser soziale Raum bot ausreichend Gelegenheiten, sich kontinuierlich auszutauschen. Alle waren sozusagen auf dem Laufenden.

Astrids Kommentar 2013: „Ich erinnere mich an [es folgen die Namen aller Teammitglieder]. Mir fällt dazu ein, dass sie alle besser waren als die heutigen Schulpsychologen."

Das Jugendbüro war Ort für informelle Treffen und zugleich auch der Ort, an dem die weiteren Forschungsvorhaben (Gruppendiskussionen, Einzelinterviews zur „Lehrlingssozialisation") realisiert wurden. Wir können annehmen, dass die in den Gruppendiskussionen thematisierten Fragen zu Übergang Schule – Beruf, Ausbildung, Freundschaft, Familie, Konsum u. a. Anregungen für intensive Gespräche boten.

Ausbildung:

Der von Astrid damals ausgesprochene Wunsch bezüglich der Ausbildung ist in Erfüllung gegangen. „Ich hatte mir ausgesucht: entweder Kindergärtnerin oder Arzthelferin. Mir kam es darauf an, dass ich hauptsächlich viel mit Leuten zu tun habe. Und – Arzthelferin ist ein Beruf, da kommst du mit Erwachsenen und mit Kindern zusammen."

Freizeit und Konsum:
Astrid hat ihre Führerscheinprüfung bestanden und sie besitzt ein Auto.
„Das ist sehr wichtig!! Weil du da freier bist, kannst wegfahren, wohin du willst, mit wem du willst.“ Und auch, dass sie nun endlich selber Geld verdient, bedeutet mehr Freiraum in der Familie:„Man muss nicht mehr um jedes Bisschen betteln. Du hast dein Geld und holst dir, was du willst. Musst nicht immer fragen. ... Und die Hauptsache für mich ist, du kannst sagen: das ist meins. Und das macht mir Spaß, weil ich das selbst gekauft hab`. Du wirst immer selbständiger im Sachenkaufen. Die Möbel habe ich ganz alleine gekauft, hat mir keiner reingeredet.

Astrid mit einem Mitschüler 1973

Astrid im Jugendbüro 1976

Auf die Fragen, die sich auf die Schulzeit, das BTZ, die Lehrer und Lehrerinnen, das Jugendbüro beziehen, gibt Astrid zunächst eine recht pauschale Antwort. Sie habe eine gute Schulzeit gehabt und sei immer gerne und regelmäßig ins Jugendbüro gekommen. Die schriftlich gestellten Nachfragen bzw. Astrids Antworten bestätigen und präzisieren diesen Eindruck. Astrid hebt hervor, dass sie jene Lehrer besonders geschätzt habe, die die Ruhe bewahrten und Fragen sachlich beantworteten: „Ihr habt immer alles in Ruhe und sachlich besprochen, wenn `mal was nicht in Ordnung war oder wir `was nicht verstanden haben.
Es hat „klick" gemacht, ich habe es begriffen, es hat geklappt."
Astrid reflektiert zuerst einmal ihre Lebensgeschichte und bewertet ihren Weg als gelungen. Sie konnte ihren Wunschberuf erlernen und in diesem bis heute tätig sein. Ihr Wunsch, einen Partner zu finden, mit dem sie eine stabile, gesprächsintensive Beziehung leben konnte und kann, wurde Wirklichkeit. 2013 feierten beide ihre Silberne Hochzeit.
Und schließlich hatte sich ihr auch ein weiterer lebensbedeutsamer Wunsch erfüllt: nach dem Tod der eigenen Eltern fand sich in den Eltern des Mannes wieder eine Familie, die ihr eine Heimat bot.

Dieser erfüllte Wunsch markiert in ihrem Lebenslauf eine ihrer wichtigsten Stufen. Von hier aus gewichtet sie viele kritische und überaus schwierige Ereignisse, die sie in früheren Jahren zu bewältigen hatte, aus der Sicht ihrer gegenwärtigen lebensgeschichtlichen Situation.

Im Jugendalter erfährt Astrid, dass sie keine Kinder bekommen kann. Nach Abschluss der Ausbildung im gewünschten Beruf, Arzthelferin, ist Astrid von Arbeitslosigkeit bedroht.
Ihre Familie fährt regelmäßig am Wochenende auf einen Campingplatz an die Lahn. Für Astrid ein selbstverständliches Ereignis. Sie trifft dort ihre Clique. Diese Zeit endet plötzlich und traurig. Die geliebte Mutter erkrankt 1982 an Brustkrebs und stirbt 1984. Die Geschwister - der Bruder, der noch studiert, und Astrid - pflegen die Mutter die letzten Tage zu Hause. Astrid ist 25 Jahre alt und versorgt nun neben ihrer Berufstätigkeit ihre Großmutter und ihren Vater.
1987 stirbt der Vater. Astrid hat keine familiäre Heimat mehr.
Dennoch – Astrid berichtet eine Lebensgeschichte, die immer wieder von „glücklichen Zufällen" geprägt ist.
Von 1974 bis 1977 hatte Astrid in der Arztpraxis, in der ihre Mutter arbeitete, ihre Ausbildung absolviert.
„Kurz nach meiner Prüfung ist dann mein damaliger Lehrherr gestorben." Da der neue Chef sie nicht übernehmen wollte, drohte die Arbeitslosigkeit.
„Das war alles ganz fatal, ich bin damals an diesem Wochenende, nachdem er gestorben war, aus irgendwelchen Gründen nicht mit auf den Campingplatz gefahren, das war eigentlich ganz untypisch für mich. Ich hab` mir die Tageszeitung geholt und gelesen, dass die Städtische Klinik ( in 10 Minuten zu Fuß zu erreichen) in der HNO eine Arzthelferin sucht. Da dachte ich so für mich: `Ah ja, fragst `mal, wenn die Eltern heimkommen, was die davon halten.`" - „Dann hab` ich das am Sonntag mit meinen Eltern besprochen und mich auch gleich beworben. Das war am 9. Juli und am 25. Juli konnte ich in der Städtischen Klinik anfangen. Das war direkt 1977."

Ab hier berichtet Astrid noch einmal detaillierter von ihrem Leben und fächert die wichtigsten Ereignisse in vielen Einzelheiten auf.

Nachdem Astrid ihre Arbeit in der Klinik aufgenommen hat, verlaufen die nächsten fünf Jahre ruhig, bis 1982 die Mutter erkrankt. „Sie kam abends heim, hab` ich gefragt: ‚Was bist du denn so schlecht drauf die letzten Tage? '" Die Mutter zieht Astrid ins Vertrauen und erzählt ihr von ihrer Krebserkrankung.

„Letzten Endes ist sie doch operiert worden. Die Ärzte haben gesagt, rechts ist `was, links nur eine Zyste. Da ist die Mutti nie mit fertig geworden, dass die da nicht eine Probe gemacht haben. Letzten Endes waren da schon die Metastasen. Die Mama ist zu Hause gestorben. Wir haben ihr beigestanden, haben Nachtwache gemacht."

Die junge Frau erlebt über Jahre hinweg das Leiden und Sterben ihrer Mutter mit und übernimmt dann 1984 die Versorgung der Familie.

Bleiben ihr Zeit für Freunde, Freundinnen? Für Geselligkeit? Findet sie Trost?

In dieser Zeit, die Astrid ein hohes Maß an Verantwortung abverlangt und in der sie den Verlust ihrer Mutter zu bewältigen hat, wird aus einer losen Bekanntschaft zu einem Vereinsmitglied eine enge Partnerschaft: „Ja, ich habe Oma und Papa versorgt, und `86 sind wir im Oktober zusammengekommen. Die Mutti hatte ihn auch gekannt und immer gesagt: ‚Den kriegst du nicht. '" (Astrid hatte mit ihrem Vater das Oktoberfest des Karnevalsvereins „Himmelsgeister" besucht, in dem sie Mitglieder sind. Hier hatte sie ihren späteren Mann kennengelernt). „1987, am 28. März, haben wir uns verlobt und dann hat der Papa gesagt, ich hätte jetzt eine neue Familie gefunden, er wünscht mir alles Gute. Am 30. April ist er gestorben. Das war so der Abschluss. Wir haben uns dann um die Oma gekümmert."

Astrid 1987

Ein Jahr später, im Mai 1988 heirateten Astrid und ihr Verlobter. „Und just drei Tage nach der Hochzeit ist die Oma gestorben.“
Astrid deutet an, dass diese ereignisreichen Jahre sie sehr belastet haben: „Ja, das waren schon harte Jahre und da hab` ich gedacht, Familienfeiern brauchst du jetzt erst `mal nicht mehr, das musste ich erst `mal verarbeiten.“
Die neue Partnerschaft bietet ihr Halt und lässt sie, aufgrund der Erfahrungen in schwierigen Zeiten, mit Zuversicht in die Zukunft schauen. „Ich hab immer gesagt, in schlimmen Zeiten haben wir zueinander gestanden, da war er schon immer hinter mir. Ich wusste, das kann eigentlich alles nur gut passen. Letztes Jahr hatten wir unsere Silberhochzeit.“
Astrids Mann arbeitete in Mainz, sie pendelte jeden Tag nach Wiesbaden. Der berufliche Kontakt mit einer Kollegin an den Unikliniken in Mainz - zunächst telefonisch -, eröffnete die Chance, den Arbeitsplatz zu wechseln.
Es ist Astrids persönliche Ausstrahlung, die Wirkung zeigt: „1997, ich hab` schon immer `mal Bewerbungen an die Uniklinik Mainz abgegeben. Im Dezember `97 - ich hab` wieder mit der Kollegin in der Uni telefoniert - sagte ich: ‚Wir sollten uns jetzt unbedingt einmal persönlich kennenlernen, wir reden immer nur.´ Sie antwortete: ‚Dann machen Sie aber nicht so lange. Ich bin nicht mehr so lange da.´ Sag` ich: `Ich kann hier um 2 Uhr weg. `Bin ich direkt in die Uniklinik gefahren, hatte Milkaherzen mit und Kaffee. Haben wir uns so unterhalten.“
Astrid erinnert sich an diese Szene wortwörtlich: „Ich hab` gefragt, an wen muss ich mich da wenden, wenn Sie nicht mehr da sind und es `was zu besprechen gibt? Da war erst `mal Funkstille. Sagt sie: ‚Sie sind‘s. Sag ich: ‚Halt `mal, stopp‘. Sagt sie: ‚Doch, Sie sind‘s. Ihnen würd` ich meine Patienten anvertrauen‘.“
Die Entscheidung fällt nicht schwer, im Gespräch mit ihrem Mann finden beide gute Argumente für den Wechsel.
„Am nächsten Tag ruft sie mich an: ‚Kommen Sie, ich hab` schon mit dem Oberarzt gesprochen, jetzt hopp und dopp! ‘“
Am Telefon meint die Kollegin aus Mainz noch zu Astrid, sie habe eine „besondere Ausstrahlung“.
„Dann hab` ich abends Dieter alles erzählt. Wir haben uns zusammengesetzt: ‚Da gibt’s gar nicht so viel zu überlegen. Schon vom

Weg her, brauchen wir ein Auto weniger, du kannst zu Fuß gehen, hast früher Feierabend'."
Für Astrid ein Glücksfall: „So bin ich dahin gekommen, wo ich hin wollte."
Als wir beide ihren Weg resümieren, betont Astrid „Ich sag` immer, das wird alles von oben gesteuert". Wir verständigen uns, dass sie, Astrid, sich mit ihrer hilfsbereiten Art, ihrem Interesse an Menschen und ihrer Freude an Geselligkeit Anerkennung und Zuneigung verschafft hat.
Ein weiterer Glückstreffer für Astrid: ihr Bruder Jürgen bewirbt sich erfolgreich um eine Stelle an der Schule, in der Astrids Mann Hausmeister ist. Dieter, Astrids Mann, hatte ihn informiert, dass Lehrer gesucht würden. Die Geschwister, die bisher regelmäßig miteinander telefoniert hatten, treffen sich jetzt persönlich.
Die Schwiegereltern, die neuen Verwandten und Astrid wachsen zu einer richtigen Familie zusammen.
Der alte Campingplatz an der Lahn ist lange aufgegeben. Die „neue" Familie trifft sich jetzt im Hunsrück. „Da sind wir heute noch. Da sind wir jetzt auch schon 20 Jahre."
Auf meine Frage, ob sie, Astrid, einen Grund weiß, warum die letzten Jahre so gut gelaufen sind, verweist sie auf die Gesprächsbereitschaft und -fähigkeit, die zwischen ihr und ihrem Mann bestehen. „Ja, dass wir so lange zusammen sind, das ist relativ selten, ist die Ähnlichkeit, das viele Zusammenreden und das machen wir. Das war von Anfang an unsers, dass wir gesagt haben, wir sprechen über alles. Es wird nicht irgendetwas unter`n Tisch gekehrt. Es muss Offenheit sein."
In einem der ersten Gespräche mit ihrem zukünftigen Mann schneidet Astrid das Thema „Kinder" an: „Ja, dass wir keine Kinder haben außer unserem Vierbeiner hier, das ist zum Beispiel auch ein Punkt, den wir von Anfang an besprochen haben. Bei dem ersten Treffen von uns beiden habe ich gesagt, dass ich keine Kinder bekommen kann."
Beide gehen mit diesem Thema gemeinsam um, lassen es nicht zu einem Problem werden: „Wir haben viele Nichten, alle Altersgruppen. Ab und zu kam das an Weihnachten durch, dann haben wir die Kinder beschenkt und dann war es auch gut."
Dass Astrid sehr wohl schwere Zeiten durchlebt, wird an der Geschichte mit dem Hund deutlich. „Diesen Hund habe ich von Jürgen

[Bruder] geschenkt gekriegt, weil er gesagt hat, er kann keine kranke, depressive Schwester gebrauchen. Der erste Hund musste nach 19 Jahren eingeschläfert werden und Astrid war „ganz unten“. Daraufhin hat Jürgen einen Hund ausgesucht und diesen – welche Überraschung – Astrid geschenkt.

Ein Blick in die Zukunft:

Für die Erörterung dieser Frage greift Astrid - sie ist jetzt 54 Jahre alt - auf ihre persönlichen Lebenserfahrungen zurück. Der frühe Tod der Eltern habe sie nachdenklich gestimmt.

„Ja, wenn wir in die Zukunft schauen, wenn alles gut geht und vielleicht auch die Politik mitspielt, dass die sagen, wenn ihr 45 Jahre gearbeitet habt, könnt ihr mit 60 ohne großen Verlust gehen, dann… Ich hab zumindest vor, mit 60 aufzuhören, aufgrund dieser Erfahrungen, die ich oder wir gesammelt haben, um noch ein paar schöne Jahre zusammen zu haben. Denn es war weder meinen Eltern vergönnt und …

Mein Schwiegervater hat das richtig gemacht, er hat aufgehört und zu seiner Frau gesagt: `Komm, wir lassen ausrechnen, ob du nicht auch aufhören kannst.` Beim zweiten Anlauf ging die Rente durch und die Schwiegermutti ist mit 64 gestorben, also auch sehr jung. Wenn sie nicht vorher aufgehört hätte, hätte sie auch nix davon gehabt.“

Diese Gedanken bewegen Astrid sehr, sie möchte noch mehr Zeit haben für ein glückliches Leben , gemeinsam mit ihrem Mann: „Das sind so Sachen, die ich hier oben im Kopf drin habe und denke, ich versuch` es so zu händeln, wie die es gemacht haben, die haben‘s richtig gemacht, die haben noch `was davon gehabt. Das ist unser Ziel.“

Abschließend sagt Astrid - „Wir hatten eine schöne Jugend, eine schöne Schulzeit, auch wenn es die Hauptschule war. Der größte Teil von uns hat den Dreh gekriegt. Ob es nun von der Familie kam oder jemand hat alleine den „Kick“ gekriegt.“

VIII.9 Portrait von Steven Homburg

Die für Steven wichtigsten Aussagen über sein Leben lauteten:
„Ich musste mir Respekt verschaffen"
„Ich musste mir und allen anderen beweisen, dass ich es schaffe, dass ich selbständig leben kann"

Wir treffen uns bei Fritz Gürge, dem ehemaligen Klassenlehrer von Steven. Es gibt Kaffee, Tee und Kuchen.
Bevor wir mit dem Gespräch beginnen, zeigen wir Steven ein Foto, das ihn mit Astrid Meisenzahl zeigt. Steven erinnert sich sofort und zwar sehr genau: „Aah! Das ist Dörnberg, da hab` ich den ersten Preis mit dem Outfit gemacht. Das Hemd das war von C., die Hose hab` ich vom Walter Wagner. Die Schuhe waren von Gerd Balder. Wir haben eine Party gemacht und dann hieß es, das beste Outfit wird prämiert. Da hab` ich den ersten Platz gemacht."
Ein guter Einstieg – Steven scheint sich recht genau an die Schulzeit zu erinnern. Wir fragen weiter: „Woran erinnerst du dich noch?" Steven überlegt, schließlich berichtet er von einer Aktion, die die Schüler und Schülerinnen im Kontext des Projektes „Sanierung Bergkirchenviertel" [Wohnviertel vieler Schüler und Schülerinnen] durchgeführt hatten: „Ja, da kann ich mich nur dran erinnern, da sind wir mit dem Kassettenrekorder rumgelaufen, haben Leute interviewt, für die Zeitung „Bergkirchennachrichten."
Denkpause – zur Schulzeit in der Käthe-Kollwitz-Schule fällt Steven nichts mehr ein.

Heim- und Schulgeschichten
Allerdings, sehr genau kann Steven seinen Lebenslauf berichten, wann er wo gelebt, welche Heime und Schulen er besuchte hat und – eine zweite Erinnerungslinie – welche Lernprozesse und Erfahrungen er in seiner Kindheit bereits durchlebt hat bzw. durchleben musste. Diese Bilder begleiten ihn bis heute.
Fritz Gürge fragte ihn nach seinen früheren Schulstationen. Ob er, Steven, sich erinnern könne. „Ja, kann ich. In Bad Kreuznach bin ich in die Volksschule, die Ringschule, eingeschult worden. Hier bin ich auch geboren." Die Schulform Volksschule wird abgelöst von der Trennung in Grundschule und Hauptschule. Da die Ringschule zur Hauptschule umgestaltet wird, wechselt Steven in die Heinrich-von-

Kleist-Schule, die die Grundschüler betreut. „Im 4. Schuljahr ging's dann wieder zurück in die Ringschule."
Es folgen: ein dreimonatiger Aufenthalt verbunden mit einem Schulwechsel in Pirmasens und der Umzug nach Wiesbaden.
„Hier in Wiesbaden kam ich zuerst in die Riederbergschule, eine Grundschule. Ich musste noch einmal ein Jahr in die Grundschule gehen." Es folgen weitere Wechsel. Steven besucht anschließend die Käthe-Kollwitz-Schule, dann - durch einen Umzug innerhalb Wiesbadens bedingt - die für ihn zuständige Schule im Stadtteil Dotzheim. Hier scheint die Schullaufbahn von Steven Homburg ein Ende zu finden. „In der Käthe-Kollwitz-Schule war ich zuerst beim Lehrer F. in der Klasse." Es kommt zu massiven Konflikten, Steven muss die Klasse verlassen: „Der F. hat mich rausgeschmissen, dann kam ich zu dir, Fritz, Gott sei Dank. Mitten im 8. Schuljahr Jahr bin ich nach Dotzheim gezogen. Ich hab` die Landgrafenschule besucht und bin hier ausgeschult worden."
Auf den Punkt gebracht: Steven hat bis zu seiner Ausschulung sieben Schulen besucht.

Geschichten hinter der Geschichte - Schülerlaufbahn
„Ich war von Kind an im Heim" – mit dieser Feststellung eröffnet Steven die Geschichte seiner Kindheit.
Nach der Geburt gibt die Mutter, Frau H., ihren Sohn zu ihrer Mutter, Stevens „Oma", da sie noch ein weiteres Kind zu versorgen hatte. Er bleibt hier nur kurz. Der Grund: „Ich war so lange bei ihr, bis sie geschnallt haben: ‘Oh, oh, der wird ja immer dunkler, was ist denn da los?!‘ Na ja, da hat die Oma eins und eins zusammengezählt. Wie, das ist ein Schwarzer? Raus!"
Die Wanderung durch verschiedene Stationen beginnt: Steven kommt in eine Familie. Diese möchte ihn adoptieren, doch die Mutter verweigert die Freigabe. Es folgt eine Heimunterbringung in einem von Nonnen geleiteten Heim in Bingen. Kurz vor der Einschulung wird der kleine Junge in ein Heim nach Bad Kreuznach verlegt, seinen Geburtsort. Es folgen die Einschulung und die Schulwechsel. Im Alter von zwölf Jahren wird Steven in ein Heim nach Pirmasens verlegt.
Für diesen Wechsel kann Steven den Grund benennen, der Junge hat inzwischen gelernt, sich zu wehren: „Es hat ihnen nicht gepasst, ich konnte mich durchsetzen. Ich war der Drittälteste, aber ich hab` mich

gewehrt, mit mir konnte man nicht `mal ins Bett gehen und rumfummeln. Das hat dem Heimleiter nicht gepasst. Der macht ja das Maul auf, der erzählt dann ja überall `was `rum. Das müssen wir abschaffen." Nach wenigen Monaten fordert die Mutter ihren Sohn zurück. Steven kennt den Grund und er durchschaut seine Mutter. Die SPD, gerade an die Macht gekommen, setzt das Muttergeld durch. „Das war '69. Mütter haben Geld vom Staat gekriegt, dass sie nicht so viel arbeiten, sondern zu Hause bei den Kindern sind." Stevens Kommentar: „Das hat die Alte gleich ausgenutzt: ‚Ist ja wunderbar'. Hat mich `rausgeholt, nach Wiesbaden geholt."

Steven lernt, sich zur Wehr zu setzen

Warum gerät Steven immer wieder in Schlägereien bzw. „setzt sich durch", wie er sagt? Warum lassen sich seine Konflikte nicht ohne Gewalt regeln? Und warum ist gerade Steven so häufig, wie die Lebensgeschichte zeigt, in Schlägereien verwickelt? Wir fragen nach.

Vom Opfer zum Verteidiger – so könnte das Motto der folgenden Erzählung lauten:

In dem Heim in Bingen beginnt das Kind seinen Lernprozess: „Als ich klein war, in Bingen, wenn mich die Kinder geprügelt haben, hab` ich mich prügeln lassen. Dann war die Sache erledigt." Wenn die Mutter zu Besuch kommt, klagt das Kind sein Leid. Der Mutter wird dieses „Gejammere" irgendwann zu viel und sie droht eine drakonische Strafe an: „Irgendwann hat die zu mir gesagt: `Wenn ich das nächste Mal wieder komme und du jammerst mir `was vor, dann kriegst du noch von mir eine Tracht Prügel, dann hast du 'nen Grund zu flennen.`" Die Szene wiederholt sich dennoch ein weiteres Mal: „Wuff, in der Ecke gelegen." Die Mutter hat zugeschlagen. Die Mutter rät dem Jungen, die Armschiene, die Steven wegen seiner Behinderung tragen muss, als Waffe zu nutzen. Ihre Aufforderung: „Der nächste, der kommt, schlag` ihm grad damit auf den Kopp." Der Junge befolgt den Rat, Steven schildert die Szene genau: „Ja gut, die Besuchszeit war zu Ende. Ich mit meinen Bonbons, ich wusste ja, jetzt kommst du hoch, steht da wieder einer da, will dir die Bonbons abnehmen. Da probier ich`s gleich `mal. „ Gib`s her!" Hau ich ihm gleich auf den Kopf und er hat geblutet wie die Sau."

Anstelle einer erwarteten Strafe lobt ihn die Nonne: „Die Schwester hat gesagt: `endlich hast du es kapiert.`" Die Erziehung der Mutter hat ihre Wirkung gezeigt.
Der Erfolg bescheinigt dem Jungen, dass seine Strategie die richtige ist: „Ich hab mich irgendwann gewehrt, ich wusste, du musst es nicht zimperlich machen, sondern richtig. Mich hat dann keiner mehr angemacht. Da wussten sie es: ‚Oh, oh, der ist gefährlich'. Dann war Ruh`."
Warum ist der Junge Steven so häufig das Opfer von Übergriffen? Ist es die Behinderung? Steven ist rechtsseitig in seinen Bewegungen behindert. Oder ist es seine Hautfarbe, die Haare? Oder was noch?
In allen Fällen, sei es in den Heimen oder in der Schule, so betont Steven, ist es die Hautfarbe, die den Jungen zum Opfer werden lassen: „ `Bimbo`, das ist ja harmlos. Das ganze Repertoire, da sind die flexibel. `Nigger, Neger` und all so `was." Es bleibt nicht bei Beschimpfungen, in Auseinandersetzungen wird ihm – „dem Nigger" - häufig zunächst die Schuld gegeben. Ein Beispiel von vielen: „Ich kann mich dran erinnern, die Jungen [Mitschüler] haben im Hof Fußball gespielt, ich war nicht dabei, ich kam runter. 'Wo ist denn der Ball? '" Dieser war auf die Straße geflogen, hatte ein Auto getroffen. Die beiden Besitzer/Fahrer kommen auf den Hof, gehen direkt auf Steven zu und beschuldigen ihn: „Wollten mir auf`s Maul schlagen, haben sie mir auf`s Maul geklatscht und die ganze Klasse guckt mir zu, ich hab` mich gewehrt." Die Polizei kommt. Nun verhalten die anderen Mitschüler sich solidarisch, berichten, wie es wirklich war. Steven ist um eine Erfahrung reicher: „Das war so`n Moment, wo ich gedacht hab: ‚Oh Neger, du wirst in deinem Lebens noch viel Scheiße bekommen'. Wie gesagt, mir wollten sie gleich eine Anzeige anhängen." Die zwei Jungs, die Steven verprügelt haben, haben keine Anzeige bekommen. „Ich hätte eine gekriegt."
Durch Zufall erfährt der Schüler, warum MitschülerInnen auf Distanz zu ihm gingen, Besuche bei ihm zu Hause vermieden – für den Jungen eine bittere Erkenntnis. „Wegen meiner Mutter, die mit einem Neger zusammen war. Die sind nie zu mir nach Hause gekommen. Einmal wollten die `was haben. Hab` ich gesagt, er soll grad mit hoch kommen. Hat der gesagt: ‚Um Gottes willen, ich geh` doch nicht mit dir in einen Puff. Deine Mutter ist doch eine Hure'. Da wusste ich, so sieht das aus." In der 9. Klasse lebt der Schüler bei [weißen] Pflegeeltern, nun steht Besuchen bei ihm zu Hause nichts im Wege.

Endlich ein Neuanfang?
Steven „muss bei seiner Mutter ausziehen“, er kommt zu Pflegeltern. „Das war ein Schritt ins Paradies. Keine Schläge mehr, keine Beleidigungen,“ so Steven kurz und bündig. Die Pflegeeltern und Fritz Gürge, sein Klassenlehrer, sind die einzigen Personen, denen Steven vertraut. Er nimmt sein Leben nun selber in die Hand und entscheidet sich, den Hauptschulabschluss zu erreichen: „Ich habe gedacht, ich mach` den Hauptschulabschluss nach, also zu Ende, ich hatte ja nur den Abgang.“ Er wendet sich an seine Vertrauensperson, seinen früheren Klassenlehrer Fritz Gürge, um ins 9. Schuljahr aufgenommen zu werden. Der Rektor hingegen lehnt diese Anfrage kategorisch ab. Er hat gesagt: ‚Nein, ich bin froh, dass ich dich los bin‘. Ich kannte aber, Gott sei Dank, den Schulrat.“
Wir erfahren eine verwickelte Geschichte. Steven kennt den Schulrat aus dem Jahr in der Riederbergschule. „Den hatte ich in der Riederbergschule kennengelernt bei einer Schlägerei. Gehst halt zu dem Schulrat, beschwerst dich bei ihm über den Rektor.“ Steven geht ins Schulamt und fragt um einen Gesprächstermin nach: „Ich hab` zur Sekretärin gesagt, ich würd` gern `mal den Schulrat sprechen. Ich bin von der Käthe-Kollwitz-Schule.“ Die Antwort ist kurz und bündig: „Der Schulrat hat leider keine Zeit für Sie.“ – „Aus dem Nachbarzimmer: ‘Doch für diesen jungen Mann habe ich Zeit, lassen Sie ihn ruhig `rein.“ Steven geht in das Büro des Schulrates, erkennt ihn wieder von der Schlägerei in der Riederbergschule: „Ich grad` rein, hab` ihn gesehen und hab` gedacht: ‚Ach, die Scheiße kannst du vergessen‘, hab` mich grad um 180 Grad gedreht.“ Steven will sofort wieder gehen, aber da sagt der Schulrat zu mir: ‚Als wir uns das letzte Mal begegnet sind, da hatten Sie aber mehr Mut.` Hab` ich mich wieder um 180° gedreht, bin wieder auf ihn zu.“ Steven trägt sein Anliegen vor und berichtet von dem Verbot des Rektors. Der Schulrat setzt sich ein. Steven besucht die Klasse von Fritz Gürge und erreicht seinen Hauptschulabschluss. Er erinnert sich an die anerkennende Kommentierung des Schulrates: „Ich wäre der erste in seinem Leben, der ohne Mama und Papa kommen würde, normalerweise kommen immer die Eltern. Und, so hat er gesagt, aus dem Grund allein schon müsste er das unterstützen.“ Resümee: „Ich war dann ja bei Pflegeeltern, die haben zugestimmt. Ja, da bin ich zu Fritz Gürge in die Klasse gegangen, das war richtig gut.“ Auf die Nachfrage, was „richtig gut“ war, erläutert Steven: „Mit dem konntest du

reden, der hat dich nicht gleich niedergemacht. Bist nicht gleich als Depp dargestellt worden, das fand ich schon gut."

Geschichten hinter der Geschichte – Schlägerei in der Riederbergschule

Nach und nach erfahren wir, was es mit der Schlägerei auf sich hatte und erst nun verstehen wir die Erfolgsgeschichte.

Steven rekonstruiert: „Damals, zwei Schüler wollten mir aufs Maul schlagen, dann hab` ich gedacht, ‚Kommt her, dann kriegt ihr es alle zwei'. Er [der Schulrat] kam mit seinen zwei Krücken dazu: ‚Kommt hört doch auf, das bringt doch alles nichts'. Hab ich zu ihm gesagt: ‚Komm verpiss Dich, ich regel das, dann ist Ruh'." Steven weiß nicht, dass dieser Mann der Schulrat ist. Er glaubt, ein zufällig vorbeigehender „alter Mann" habe sich aufgeregt und eingemischt. „Ich dachte, das geht den doch gar nichts an. Die wollen was von mir. Ich wehr mich jetzt, und die Sache ist geklärt." Alle gehen auseinander, die beiden Jungen wollen Steven abfangen, dieser ist jedoch vorbereitet. Es kommt zur Schlägerei. Die Folge, die Eltern der Jungen kommen in die Schule, beschweren sich. Der Schulleiter will diese Gelegenheit nutzen, den Steven endlich „rausschmeißen" zu können, Gründe gebe es nun genug. Die Sache geht vor den Schulrat, dieser greift ein und stellt den Sachverhalt richtig. „Ich hab` dabeigestanden, ich weiß, was da los war und der fliegt nicht `raus."

Den Hauptschulabschluss in der Tasche – wie ist es weitergegangen?

Steven hat mit seinen Eltern (Pflegeeltern) geplant, eine Ausbildung in einem Behindertenzentrum zum Büropraktiker zu absolvieren. Nach einem Praktikum, das der Überbrückung dient, fahren Vater und Sohn nach Husum: „Da ist ein Behindertenzentrum, eine Rehaklinik. Zuerst sollte ich eine Ausbildung zum Büropraktiker machen, eineinhalb Jahre bis zwei und wenn das gut gelaufen wäre, hätte ich noch ein Jahr dran hängen können und wäre Bürokaufmann geworden." Der Bericht lässt schon ahnen, dass alles anders kam als geplant: „Ja, aber nach 'nem Jahr haben sie mich unehrenhaft entlassen, weil ich mir nichts habe bieten lassen." Was war geschehen? Steven leitet seinen Bericht ein mit der Feststellung: „Da war dasselbe Spiel wie früher." Er ist wieder der Neger. „In dem ganzen Ort wohnen 25.000 Einwohner, darunter zwei Schwarze. Oh, da hab` ich `was durchgemacht, da hab` ich `was durchgemacht." Die Szene ist

nachvollziehbar: eine kleine, norddeutsche, beschauliche Stadt am Meer – ein Schwarzer trifft ein. Bereits im Taxi erfolgt die Aufklärung: „Mein Vater hat mich hochgefahren, er ist aber weiß. Wir steigen in ein Taxi, der ist grad losgefahren ohne zu fragen, wo wir hinwollen." Der Vater ist irritiert und fragt den Taxifahrer, woher er denn wisse, wo seine beiden Fahrgäste hinwollen. „Sagt der Taxifahrer: ‚Natürlich, zu dem seine schwarze Familie'." Der Vater klärt auf, seine Familie lebe nicht hier in Husum. Der Taxifahrer insistiert: „Und der Schwarze?" Vater und Sohn korrigieren und nennen ihr Fahrtziel: Berufsbildungswerk. Einziger Kommentar, so erinnert Steven: „Ach, in den Krüppelbunker." Für Steven vertraute Szenen, die Misstrauen auslösen: „Oh, oh, das fängt ja schon gut an. Das sind so Dinge, da merk` ich gleich auf."
Er ist jedoch bemüht, die Ruhe zu bewahren und erst einmal alles kennenzulernen. Die erste Begegnung mit dem Leiter verheißt ebenso nichts Gutes. Steven hat nach der langen zwölfstündigen Zugfahrt ein Bier getrunken und nun eine Fahne. „Heißt es: ‚Ah, gerade angekommen und schon besoffen'." Der Vater und Steven sind wenig angetan, Steven verteidigt sich. Der Vater würde am liebsten den Jungen nehmen und zurückfahren: „Ich bin nicht besoffen, ich habe ein Bier getrunken, wir sind die ganze Nacht gefahren, da kann man doch ein Bier trinken." Steven bleibt und erzählt sogleich die Geschichte, die zur „unehrenhaften Entlassung" führte. Wieder wird er bedroht und muss sich wehren. „Ich war abends auf der Roll, kam so um 12:00 Uhr nach Hause, hab` mich ins Bett gelegt, wie sich das gehört. Wurd` ich nachts wach, hab` ich gedacht, was ist denn hier los; liegt bei mir ein Kerl im Bett, Licht an, Decke weg - der ist nackig!" Was nun folgt, kennen wir. „Da ist aber was passiert, den hab ich getreten." Steven wird beschimpft, er sei asozial, ich müsst den doch nicht prügeln. Die Sache klärt sich auf, dennoch „erst war ich der Arsch, hab` einen Eintrag im Buch schon gehabt. Da regt man sich doch nicht so auf, ist doch alles halb so wild, " so die Beschwichtigungen.
Es folgen weitere Konflikte, Steven wird als Neger beschimpft und das sogar im Beisein des Leiters. Der Jugendliche ist tief verletzt und gibt auf: „Ich war der Neger und der (Leiter) regt sich nicht `mal darüber auf, dass der Mitschüler von mir spricht und ‚Neger' sagt. Sagt der Leiter: ‚Stellen Sie sich doch nicht so an'. Immer war so `was. Dann hab ich gedacht: ´Jetzt nicht mehr, nach einem Jahr.´"

In Wiesbaden angekommen, erlebt Steven eine große Überraschung. Anstelle einer erwarteten Strafpredigt empfängt die Pflegemutter ihn mit den Worten: „Jetzt kommst Du erst! Ich hab` dich schon viel früher erwartet. Was mir der Vater erzählt hat! Ich hab` gedacht, das dauert 14 Tage und dann stehst du vor der Tür." Die Eltern bewerten Stevens Aushalten als eine gute Leistung. Mit diesem Versuch enden Stevens Ausbildungschancen und die Versuche, in einem geregelten Arbeitsleben Fuß zu fassen.

Klar kommen – sich Respekt verschaffen

Steven hat eine eigene Wohnung, im Alter von 18 Jahren ist er bei den Pflegeeltern ausgezogen. Er arbeitet als Türsteher, in der Autopflege oder als Pförtner und Hausmeister. Nach wie vor muss er sich gegen Verleumdungen zur Wehr setzen, er verschafft sich auf seine Art „Respekt". Er schlägt zurück oder beschwert sich bei höheren Instanzen – drei Episoden, die Stevens Strategien deutlich machen. Bereits in der Schule entwickelt er die erste seiner Strategien

1. Sich gegen Lehrerungerechtigkeiten wehren:

„Sogar einem Lehrer musst` ich`s zeigen. Wir hatten Sport, ‚wollen wir mal gucken, wie fit ihr seid. Wir machen jetzt einen Dauerlauf bis an die griechische Kapelle hoch' [bergauf rd. 5 km]. ‚Ohne mich'." Der Sportlehrer baut sich vor Steven auf, befiehlt ihm mitzulaufen. Der Konflikt eskaliert, Steven erhält eine Ohrfeige und schlägt zurück. „Das hat ein Nachspiel", warnt der Lehrer. Am nächsten Tag kommen Lehrer und Schulleiter in die Klassenraum, Steven geht bereits in Verteidigungsposition: „Ich war schon innerlich dabei, ihm wieder eine zu knallen." Große Überraschung – der Lehrer entschuldigt sich und Steven wird ab sofort vom Sportunterricht befreit.

2. Sich bei höheren Instanzen beschweren:

Steven wird wegen Widerstandes gegen die Staatsgewalt inhaftiert. Nach 60 Tagen wird er `rausgeschmissen. „Reingekommen bin ich, weil ich mich mit drei Polizisten geprügelt habe." Es folgt eine unglaubliche Geschichte: „Im Knast muss man ja arbeiten, ich bin aber behindert, hab` ich mich also so hingesetzt und hab` so gearbeitet, wie ein Behinderter arbeitet. Das war denen zu wenig." Es gibt Ärger. Steven sieht die Rechtsprechung auf seiner Seite: „Ich habe

Briefe geschrieben, einen an das hessische Parlament, einen an das Bundesparlament und einen an das Europäische Parlament. Hab` mich beschwert darüber, wie man Neger, die behindert sind, ausbeutet."
Der Erfolg liegt auf der Hand: „Natürlich hat das dem Chef nicht gepasst." Steven wird von der Arbeit befreit und man bietet ihm den offenen Vollzug an. Stevens Kommentar: „Ja, wozu hab` ich denn meinen Kopf. Mir hat `mal jemand gesagt: `Wenn du `was mit dem Hänschen nicht klären kannst, dann klär`s mit dem Hans. Dann geh` einen Schritt weiter.`"

3. Sich als Hausmeister Respekt verschaffen:
Gegen den Widerstand der Polizei, die Steven als Drogendealer, Schläger und Kiffer tituliert, stellt die Stadt - der neue Käufer der Wartburg - Steven auf Vorschlag seiner früheren Chefs (Privatbesitzer der Wartburg) als Hausmeister und Rausschmeißer ein. „Das hat die Polizei mitgekriegt, dass die mich einstellen wollten: Wie man so einen, wie mich nehmen könnte. Das wär` das Allerletzte, das wär` der Untergang. Ich war für die Schläger, Kiffer, Drogendealer." Das Probejahr ist erfolgreich. Steven hat sich Respekt verschafft: „Da war nix, bei mir hat keiner gekokst, dem hab ich die Nase platt geschlagen." Selbst die Polizei muss diese positive Bilanz anerkennen: „Ich [Vertreter der Stadt] hatte gestern wieder ein Gespräch mit der Polizei, ich muss dir sagen: `Die singen das höchste Lob von dir`. Die haben gesagt, ich würde den Laden sauber halten."
Nach zehn Jahren wird die Wartburg zu einem Theater umgestaltet, die Hausmeisterstelle wird nicht mehr benötigt.

Da die Schule bisher im gesamten Interview kaum eine Rolle gespielt hatte, will Fritz Gürge, Lehrer aus Leidenschaft, wissen, welche Bedeutung Schule für Steven gehabt habe. „Ja, das hat mir nichts gebracht."
Die Antwort ist für Pädagogen nicht gerade ermutigend: „Steven, wenn ich das richtig verstehe, wärst du auch ohne Schule groß geworden? Du wolltest doch unbedingt den Abschluss machen!" – „Nee, nee, ich wollt` das Ding nur in der Hand haben, jetzt können sie mich alle am Arsch lecken. Das Ding, das hat doch keinen gejuckt, das hat doch nichts gebracht. Ich hab` das nie jemanden gezeigt. Ich weiß heute nicht mal, wo mein Zeugnis ist."

Und noch eine Nachfrage, ob Steven eine Vorstellung habe, wie eine Schule für Kinder, eine Kinderschule aussehen müsse. Steven verweigert sich: „Nee, nee, ich bin froh, dass ich das hinter mich gebracht hab`. Nee, ich mach` mir keine Gedanken, ich bin froh, dass es vorbei ist. Heute, die reden über Mobbing, die tun ja so, als hätte es das zu meiner Zeit nicht gegeben. Wir haben uns nicht so angestellt. Wenn mich einer komisch anspricht, der kriegt welche auf die Löffel."

Stevens Bilanz
„Also, wenn ich auf mein Leben gucke, kann ich dir eines sagen: langweilig war`s nicht!" Wir hätten Steven gerne bessere Jahre gewünscht und fragen nach, wie er denn alles überstanden habe und ob er jemals gedacht habe aufzugeben.
Dieses Ansinnen weist Steven entschieden zurück: „Nee, ich bin ja erst 55. Vielleicht gewinn` ich ja im Jackpot. Wenn ich jetzt aufgeben würde, käme ich ja nicht dahinter, ob das passiert." Wir bohren weiter, nehmen die Jackpot-Idee nicht ganz ernst. „Was macht dich so stark?" Diese Fragerei scheint Steven absolut überflüssig: „Keine Ahnung. Es ist halt da, ist doch schön. Da muss man sich doch nicht verrückt machen, wo das herkommt oder was das ist. Wenn ich das wüsste, es ändert ja nichts dran."

Ein Blick in die Zukunft?
Auch die Frage nach Wünschen für die Zukunft weist Steven zu unserer Überraschung zurück. Er habe viel erreicht – so sein überzeugendes Statement: „Nee, ich hab doch `was erreicht in meinem Leben. Als Kind haben sie mir immer gesagt: ‚Du wirst in deinem Leben nie etwas erreichen. Du kriegst nichts geregelt. Du wirst immer abhängig sein.´ Und jetzt: Ich bin selbständig, ich wohn` allein, ich kann machen, was ich will."

VIII.10 Drei Lebensgeschichten - Auswertung

In den drei Portraits wird uns die Vielfalt menschlicher Lebensgeschichten vor Augen geführt.
Stevens Bericht ist von der Thematik dominiert „Ich muss mir Respekt verschaffen." Er lernt sehr früh, sich zu prügeln als erfolgreiche Strategie einzusetzen. Das Muster „vom Opfer zum Täter" greift hier nicht, Steven nutzt „sich prügeln" als Verteidigung. Eine zweite Strategie eignet der jugendliche Schüler sich an. Er lernt, aktiv zu verhandeln und seine Interessen mit List und Klugheit zu vertreten. Steven berichtet hiervon, als sein Leben eine positive Wende nimmt. Diese Wende wird ausgelöst durch einen radikalen Wechsel seiner sozialen Umwelt. Die verhasste und prügelnde Mutter verschwindet aus seinem Leben, verständnisvolle Pflegeeltern und sein Lehrer sichern ihm ihre Unterstützung zu. Steven scheint wie befreit und kann über sich nachdenken und sein Leben planen. Die Strategien, die er einsetzt, verweisen auf eine überaus reichhaltige Lebenserfahrung und Bildung, die er nun für seine Interessen geschickt nutzt. Eine Besonderheit sei abschließend hervorgehoben - das einzige Foto aus den Schuljahren an der Käthe-Kollwitz-Schule zeigt einen fröhlichen Jungen. Steven berichtet jedes Detail und ist sehr interessiert, eine Kopie des Fotos zu erhalten. Ist diese Szene eine der wenigen Situationen im Leben des Jungen, in denen er erfolgreich war?

Astrids Lebensgeschichte bietet ein Kontrastmodell. Sie wächst in einer sozialen Umwelt auf, die ihr Sicherheit vermittelt und ihr Freiräume und zugleich Orientierung für die eigene Lebensgestaltung anbietet. Sie ist gut ausgestattet für die produktive Auseinandersetzung mit erwachsenen Pädagogen und Pädagoginnen, die im Schulprojekt und im Jugendbüro tätig sind. In unserem Gespräch betont sie ihre Zufriedenheit mit Ihrer Lebensgeschichte. Sie habe schließlich erreicht, was sie wollte. Astrid berichtet von kritischen Lebensereignissen, die sie mitunter kurzfristig zu bewältigen hat: die drohende Arbeitslosigkeit, die Erkrankung der Mutter. Zwar resümiert sie abschließend, sie habe Glück gehabt, es werde alles von oben gesteuert. Doch, schauen wir uns die Szenen genauer an, so lernen wir eine junge Frau kennen, die aktiv wird und umdenkt. Sie bewirbt sich oder übernimmt die Versorgung ihrer Familie, als die Mutter erkrankt ist und stirbt. Wie geht sie mit der Tatsache um, dass sie keine Kinder gebären kann, dass sie niemals eine Familie mit eigenen Kindern planen kann? Wir wissen nicht, wie die jugendliche Astrid reagiert hat, als sie diese Diagnose erfuhr. Wir wissen auch nicht, welchen Einfluss diese Tatsache auf ihre Partnerwahl genommen hat. Erinnern wir uns, Astrid hat ihren zukünftigen Mann kennengelernt und, obwohl die Mutter ihrer Tochter jeden Mut nimmt („Den kriegst du doch nicht"), nicht aufgegeben. Sie greift auf ihre erfolgreiche Strategie zurück: das Gespräch suchen, von Anfang an offen sein.

Der Lebensbericht von Adnan Oyan weist eine Fülle an Brüchen und Diskontinuitäten auf. Sein Drogenkonsum, der Verkehr mit anderen Jugendlichen dieser Szene, die Ausweisung aus Deutschland, weiterhin Drogenkonsum in der Türkei, Gefängnis. All` diese Stationen versprechen ein schwieriges, krisenhaftes Leben. Hinzu kommt für Adnan die gebrochene kulturelle Zugehörigkeit: in Deutschland der Jugendliche mit türkischer Abstammung, der Kanake, in der Türkei der Jugendliche, der junge Erwachsene mit arabischer (Alewit) Abstammung bzw. der „Deutschländer". Die Jahre im Gefängnis, in denen Adnan Menschen erlebt, die kaum Hoffnung auf ein gesellschaftlich anerkanntes Leben haben, bringen ihn zum Nachdenken. Er will sein Leben wieder in die Hand nehmen. Die Militärzeit mit Bildungsangeboten, die Unterstützung seines Hauptmannes fördern Adnan. Er beginnt, Ambitionen, die er während der Schulzeit und in der Ausbildungszeit in Deutschland entwickelt hatte, wieder zu beleben. Er erlernt verschiedene Berufe, beherrscht schließlich mehrere Sprachen, gründet eine Familie und findet wieder zu seiner gesellschaftskritischen Haltung.

So unterschiedlich die Lebensgeschichten von Astrid, Adnan und Steven auch verlaufen sind, eines ist allen gemeinsam: Adnan, Astrid und Steven betrachten ihr Leben als erfolgreich: Sie haben es geschafft – auch wenn wir Pädagogen – das betrifft Stevens Lebensgeschichte – eine andere Sichtweise von „erfolgreichsein" haben.

IX Diverses (Imbke Behnken, Peter Held)

Wir haben in den letzten Monaten viele Bücher, Aufsätze, Aufzeichnungen, Briefe und Bilder aus der damaligen Zeit durchforstet und sind auf unzählige Dokumente gestoßen, die es im Prinzip auch Wert wären, hier benannt zu werden. Alle haben einen Bezug zur damaligen Projektarbeit. Aus diesem Grunde haben wir uns entschlossen, einen Exkurs einzufügen, der einige der „Nebenprodukte", seien es Facetten von Ideen, Fragmente von Programmentwürfen, Email-Verkehr, Briefe oder Gedanken dokumentiert.

IX.1 Produktionen von Schülern und Lehrern

Viele der Unterrichtsprojekte und Seminare wurden von Schreib- und Filmwerkstätten begleitet. In diesen entwickelten Schülergruppen selbständig Themen, die sich auf ihre Lebensgeschichte oder auf schulische Angebote bezogen. Diese Themen wurden mit unterschiedlichen Medien und Methoden bearbeitet. Im Folgenden sind einige Produktionen kurz vorgestellt.

Send me an Angel 1. Teil

-Film-

30.06.1984 gezeigt

im Raum: 29 (2. Stock)

Zeit: 12,15 – 13,15 – 14,15 – 16,15 Uhr

Dieser Film handelt von einer verbotenen Liebe. Zwei Jugendliche verlieben sich ineinander, doch die Umwelt ist gegen diese Liebe. Wie wird sich diese Liebe entwickeln, wird sie zu Ende gehen oder wird sie noch [illegible]?

Seht euch diesen Film an und Ihr werdet erfahren, wie diese Geschichte ausgeht.

Die Geschichte wurde ausgedacht von der Klasse 8a.

Es spielen mit

[illegible]: Sabrina
Christoph: Vater Peter
Hüseyin: Erkan
[illegible]: Mutter Karin

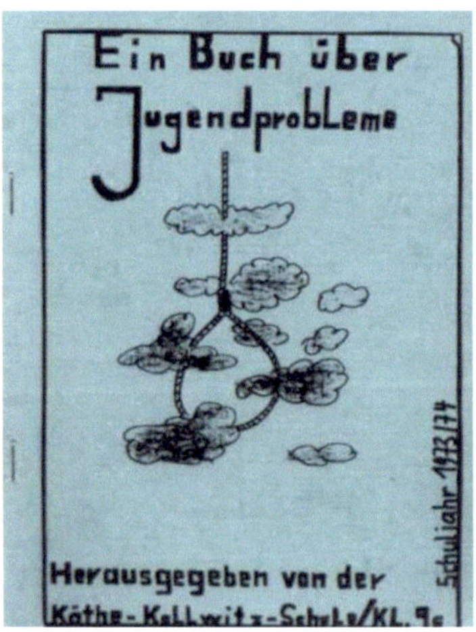

Ein Buch über Jugendprobleme

Schuljahr 1973/74

Herausgegeben von der Käthe-Kollwitz-Schule/Kl. 9c

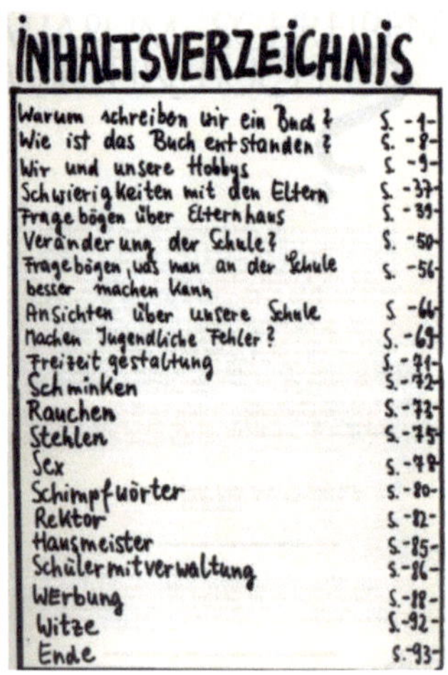

INHALTSVERZEICHNIS

WARUM SCHREIBEN WIR EIN BUCH ?

Wir schreiben ein Buch über Jugendprobleme, damit man die Wirklichkeit sieht, damit die Eltern (die, die am meisten Schuld haben, was die Kinder anstellen) nicht mehr die selben Erziehungsfehler machen müssen. Wenn sie die Meinung von Schülern lesen, wird es Vielleicht nicht so schwer fallen, irgendwas dagegen zu machen. Damit kann man sogar das Verständnis von jedem aufwecken, damit z.B. alte Leute sich nicht so gegen die Jugend stellen, sondern daß sie eine Beschäftigung finden, um der Jugend zu helfen, und die Generationen wieder Kontakt zueinander haben.
Meiner Meinung nach haben die Jugendlichen viele Brobleme, wenn sie niemand haben (die Eltern wären die geeigneten dafür) der ihnen hilft, in den kleinen Problemen von Alltag. Denn davon kommt eine große Unsicherheit, wenn sie nur machen, was sie wollen, wenn sie keinen haben, der Älter ist und auch seine Meinung sagt, damit sie lernen andere Meinungen anzuhören, die Ratschläge, die die erfahrenen Leute in einem ganzen Leben gesammelt haben, damit wir, die Jugendlichen nicht immer wieder die selben Fehler machen müssen, die schon unsere Großeltern gemacht haben. Wenn wir alle mehr Verständnis hätten, wenn wir nicht alles so tragisch nehmen, wäre ja alles einfacher. Wir sind alle so mißtrauisch, doch wenn wir alle alles mit einem kleinen Lächeln übernehmen, wäre alles schöner. Wir sind die einzigen, die Schuld haben, daß unsere Welt so unmenschlich ist.

Maria Clara Roque, 14 Jahre alt,
portugiesin, seit 21/2 Jahren in
Deutschland.

Wir wollen die ganze Welt informieren, damit Sie sich einmal die Probleme der Jugendlichen anhören. Es gibt manche Kinder, die sich nicht mit Ihren Eltern über die Probleme, die sie haben, unterhalten können. Dann kommen Sie mit Ihren Problemen zu Ihren Klassenlehrern, weil Sie Angst haben, sich mit Ihren Eltern zusammenzusetzen, und sich über die Probleme unterhalten.

-1-

Neben den Schülerproduktionen haben einige Projektlehrer über mehrere Jahre Arbeitsjournale (Lehrertagebücher) für sich selber geschrieben. Das Journal des Jahres 1974 wurde 1978 publiziert.[119]

In dieser Zeit haben die Lehrer Fritz Gürge und Peter Held zusammen mit Marietta Wollny über ihre tägliche Arbeit in der Schule sehr offene Tagebücher geführt. Diese Tagebücher wurden nicht zum Zwecke der Veröffentlichung geschrieben, sondern um sich auszutauschen und sich zu helfen. Dass sie später doch veröffentlicht wurden hing u. a. damit zusammen, dass Ende der 70iger Jahre das Tagebuchschreiben als Stilmittel Eingang in die pädagogische Debatte fand. Anhand der Tagebücher (Wünsche, Ermer, Klinghardt u. a.) fand ein lebhafter Diskurs über die Wirklichkeit der Hauptschule statt.

Die Tagebücher haben uns Lehrern sehr geholfen, intensive Gespräche über Probleme zu führen (insbesondere sog. Disziplinprobleme), sie zu belegen und auch in einen Diskurs mit Fachhochschulen und Universitäten zu kommen.

[119] Fritz Gürge, Peter Held, Marietta Wollny (1978).

IX.2 Wichtige Orte der Begegnung

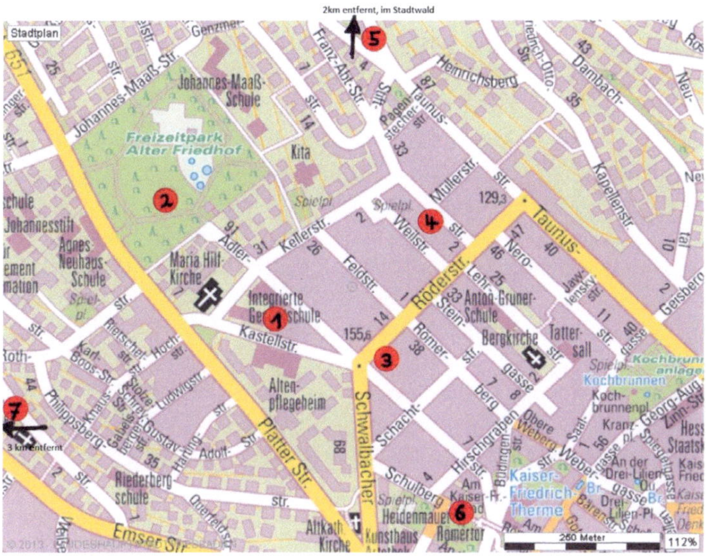

(1) Käthe-Kollwitz-Schule und Schulhof der Käthe-Kollwitz-Schule, heute IGS Kastellstraße, (2) Alter Friedhof, (3) Gaststätte „Himmel“, (4) Jugendbüro, (5) Felsengruppe (etwa 3 km entfernt im Stadtwald), (6) Römertor/Heidenmauer, (7) Schwimmbad Kleinfeldchen (etwa 4 km entfernt)

Die Käthe-Kollwitz-Schüler hatten damals im Schulviertel – aber auch außerhalb - beliebte Orte, an denen sie sich trafen. Ausgangspunkt für die nachmittäglichen Freizeitaktivitäten war häufig der Schulhof. In den Pausen oder nach der Schule wurden die Aktivitäten vereinbart. Die Institution Schule diente den Schülern also dazu, Freizeitunternehmungen zu starten.

Sehr stark genutzt wurde der „Alte Friedhof“, ein ehemaliger städtischer Friedhof, der im Laufe der 80iger und 90iger Jahre zu einem Freizeitpark umgebaut wurde. Die relative Verwahrlosung und Unübersichtlichkeit des Parks in der Zeit der 70er Jahre hatte einen gewissen Reiz und war zugleich ein Ort, der nicht der sozialen Kontrolle durch Erwachsene unterworfen war. Hier wurde geraucht und gespielt, wurden Kontakte zum anderen Geschlecht geknüpft u. a.

Die Gaststätte „Himmel“ diente häufig als Versammlungsort für Elternabende, war zugleich aber auch Treffpunkt für ältere Schüler.

Ihre Attraktivität bezog das Lokal insbesondere aus den Spielautomaten, den verschwiegenen Sitzecken und dem Ausschank von Alkohol.

Das Jugendbüro wurde 1975 eröffnet und entwickelte sich zu einem Treffpunkt mit Clubcharakter für die ehemaligen Hauptschüler, -schülerinnen und deren Freunde, Freundinnen. Es galt auch als Anlaufstelle bei Problemen allgemeiner und berufsbezogener Art. Hier arbeitete das Beratungs- und Untersuchungsteam um Jürgen Zinnecker und Imbke Behnken.

An der Felsengruppe im nahegelegenen Stadtwald hielten sich in erster Linie die Subkulturschüler auf. Hier wurde gegrillt, Alkohol getrunken, übernachtet, gezeltet und gespielt.

Am Römertor und an der Heidenmauer war ein Spielplatz, der den Jugendlichen als Treffpunkt diente. Hier „hingen sie ab" oder benutzten ihn als Startpunkt für Unternehmungen in der City.

Schließlich war das Schwimmbad Kleinfeldchen einer der beliebtesten Freizeitorte. Es ist noch zu Fuß zu erreichen und wird überwiegend von Jugendlichen und Kindern frequentiert. Hier haben sie die Möglichkeit, Karten zu spielen, Alkohol zu trinken, sich zu balgen, ihren Körper zur Schau zu stellen und die körperliche Nähe zum anderen Geschlecht zu suchen, kurzum ihre Beziehungen untereinander zu gestalten.

IX.3 Vom wissenschaftlichen Leiter des Projektes zum persönlichen Freund: Freundschaft mit Jürgen Zinnecker (Peter Held)

Ich denke, in der Zusammenarbeit zwischen Wissenschaftlern und Lehrergruppe gab es in den Jahren die verschiedensten Phasen und emotionalen Gemütszustände; Phasen der Nähe, Phasen stärkerer Distanz, Phasen intensiver Zuwendung, euphorische Zusammenkünfte, Treffen begleitet von Resignation oder Frustration, Meetings mit neuen Einfällen, Erkenntnissen und Ideen, Rückzüge, Hilfen und starke Unterstützungen usw.
Meiner Einschätzung nach akzeptierte die Lehrergruppe zunächst einmal vorbehaltlos die Ideen und Vorstellungen der Wissenschaftler, weil sie zum Einen keine Ahnung von Handlungsforschung und

Lebensweltanalyse hatte und im Prinzip eigentlich nicht so genau wusste, wozu das Ganze dienen sollte; zum Zweiten aber ging sie mit Begeisterung und großem Interesse an die Zusammenarbeit, weil etwas in Bewegung kam, die Gruppe mit neuen Ideen und Sichtweisen konfrontiert wurde, sich Veränderungen anbahnten, sich neue Menschen begegneten.
Ich empfand die Zusammenarbeit am Anfang nicht immer als förderlich. Die Wissenschaftler verunsicherten mich zunächst durch ihren lockeren Stil und unkonventionellen Umgang mit uns, aber auch durch ihre Sichtweisen. Die Jugendlichen wurden durch die Beschäftigung mit ihnen und ihrer Lebenswelt auf einmal zu Subjekten aufgewertet. Da hatte ich doch zunächst eine andere Einstellung, wie bereits mehrfach beschrieben.
Konflikte gab es zunächst relativ stark in der Lehrergruppe. Einer der Lehrer war mit vielen Ideen und Ansätzen zur Veränderung der Unterrichtsarbeit nicht einverstanden und boykottierte unsere gemeinsame Arbeit. Er war in seinen Ansichten sehr konservativ, pochte immer wieder auf seine Lebenserfahrungen und sagte häufig: "Das bringt doch nichts". Fritz Gürge und ich (Peter Held) waren zunehmend genervt bis aggressiv und wir führten endlose, heftige Diskussionen um Veränderungen von Schule, aber auch um persönliche Veränderungen. In letzter Konsequenz hat sich der Kollege leider von der Gruppe deutlich entfernt.
Nach etwa zwei Jahren - zu Beginn des Schuljahres 1974/75 – gab es aber auch auf Seiten der engagierten Lehrer Nachfragen, Diskussionsbedarf und auch vereinzelt kritische Stimmen. Vermutlich waren das erste Emanzipationsbestrebungen, die sich während der Zusammenarbeit auch entwickelt hatten. Exemplarisch für die Auseinandersetzungen steht ein Nachtgespräch in der Hessischen Jugendbildungsstätte Dietzenbach. Auslöser war ein Rollensspiel an der Theke des Freizeitkellers mit Imbke Behnken, Heinrich Kaulen, Fritz Gürge und Peter Held.
Im Anschluss bestätigten sich alle gegenseitig eine gewisse „Schizophrenie", weil sie im Prinzip als „Mittelschichtangehörige" nicht die täglichen Sorgen und Probleme der Arbeiter und ihrer Kinder kennen und demzufolge auch Veränderungen nur ganz schwierig erreichen können. Wollen das die Arbeiter überhaupt? Das, was der politischen Linken immer wieder vorgeworfen wurde, nämlich nicht konkret in

dieser Lebenssituation zu „leben“, schlugen wir uns nun gegenseitig „um die Ohren“.

Konkret wurde von uns eine gewisse Überforderung beklagt, dass die tägliche praktische Arbeit soviel Kraft kostet und die Wissenschaftler doch zu wenig ihren Fokus auf diese Arbeit legen. Hier brauchten wir praktische Hilfen.

Festgestellt wurde dann insgesamt, dass unser Umgang miteinander offener sein sollte, auch bezüglich der täglichen Schul- und Unterrichtsprobleme. Eine Konsequenz dieses Gespräches war die forcierte Einbettung generativer Themen aus der Lebensweltanalyse in die praktische Unterrichtsarbeit.

Insofern kann ich sagen, dass diese Gespräche geholfen haben, die Unterrichtssituation deutlich zu verbessern.

Auch in der Wissenschaftlergruppe hat es manche Auseinandersetzung um den richtigen Weg, die richtige Methode gegeben und auch hier gab es im Laufe der Jahre personelle Umstrukturierungen und Neuorientierungen.

Im persönlichen, privaten Bereich entwickelte sich zwischen Jürgen Zinnecker – dem Projektleiter – und mir im Laufe der Jahre eine richtige Freundschaft. Ich glaube, wir waren uns menschlich sehr sympathisch und hatten beide eine uns prägende biografische Verbindung zu Hamburg und Berlin. Ich erlebte Jürgen als einen sehr offenen, sensiblen und empathischen Menschen, der nie seine hervorragenden beruflichen Qualifikationen in den Mittelpunkt stellte. Seine Hilfsbereitschaft, sei es bei der Renovierung meines Kellers, sei es bei der Unterstützung meiner Position im Studienseminar, werde ich wohl nie vergessen. Wir waren beide Mitglieder in verschiedenen Schachvereinen. So ergab es sich, dass wir häufig die eine oder andere Partie zusammen spielten. Privat bin ich in dieser Zeit mit verschiedenen Freunden häufig in einen Tennisurlaub gefahren. Jürgen Zinnecker schloss sich bald dieser Gruppe an und wir erlebten manchen Tennisurlaub gemeinsam, sei es im Schwarzwald oder in Marokko oder in Tunesien. Höhepunkt unserer gemeinsamen „Tenniskarriere“ waren Tennisturniere zwischen der Universität Siegen und meinen Freunden und mir in Wiesbaden. Wir spielten abwechselnd in Siegen und Wiesbaden, jedes Mal um einen Pokal und Urkunden. Das hat uns unglaublich viel Freude bereitet.

1 2

1 Bei der Siegerehrung Siegen – Wiesbaden Jürgen trinkt aus dem Pokal
2 Tennisurlaub in Marokko mit Jürgen (3. von links) und ich (2. von links)

Am meisten beeindruckt hat mich bei Jürgen seine Fähigkeit, genau und differenziert zu beobachten und diese Ergebnisse präzise zu beschreiben und wissenschaftlich zu verorten.
Einen so zutiefst „demokratischen Menschen" habe ich in meinem Leben selten kennengelernt.
Auch die Beziehung zu Imbke Behnken – seiner späteren Frau – hat sich über die vielen Jahre bis heute gehalten. Intensiviert wurde sie bedauerlicherweise durch den Umstand, dass Jürgen schwer erkrankte und ich ihn häufig im Krankenhaus und im Pflegeheim besuchte, wo ich mit Imbke Behnken zahlreiche Gespräche hatte.

Jürgen (Mitte) mit Imbke und mir 2008 im Pflegeheim in Siegen

Imbkes freundschaftliche und unkomplizierte Art, ihre Hilfsbereitschaft und ihr Bestreben, Dinge zu einem Abschluss zu bringen, ebenso wie ihre Akribie, Dokumente zu sammeln, zu ordnen und zu strukturieren, haben mich beeindruckt. Nie hat sich Imbke Behnken im menschlichen Bereich „über“ die Lehrergruppe gestellt – auch sie war in ihrem Bewusstsein höchst „demokratisch“.

Insgesamt war die Zusammenarbeit zwischen Wissenschaftlern und Lehrern – so meine ich – für alle ausgesprochen positiv und mit vielen Lernprozessen auf beiden Seiten verbunden. Die Beziehung wurde zwischen einigen von uns – wie bereits beschrieben – bis heute aufrechterhalten.
Ich denke, dass insbesondere Jürgen und Imbke das Anliegen der Handlungsforschung sehr ernst genommen und auch hervorragend umgesetzt haben. Sie waren stets bemüht, die Verbindung auch menschlich zu gestalten und auf einer Subjekt-Subjekt-Ebene zu halten. Ihre demokratische „Ernsthaftigkeit“ habe ich mit großem Respekt zur Kenntnis genommen. Auch dafür möchte ich beiden danken.

IX.4 Stellungnahmen zum Handlungsforschungsprojekt an der Käthe-Kollwitz-Schule: Gutachten, Elternbriefe und ein Bericht der Lokalpresse

Schulpädagogen und Bildungsforscher, Eltern der beteiligten Schüler und Schülerinnen und Wiesbadener Journalisten nehmen Anteil - sowohl an den schulpraktischen Neuerungen als auch an dem Ansatz, Schulforschung als Handlungsforschung umzusetzen. Als das BTZ von seiner Auflösung bedroht ist, erfährt die Projektgruppe bundesweite Unterstützung.
Hier eine Auswahl, die die Stellungnahmen der unterschiedlichen Gruppen wiedergibt.

„Handlungsforschung“ wird als Schlagwort in der Neuausgabe „Wörterbuch der Erziehung“ aufgenommen, das Christoph Wulf 1984 herausgibt. Über die Wiesbadener Gruppe heißt es hier:
„Für die jüngeren Handlungsforschungsprojekte in der Bundesrepublik (vgl. Bildungstechnologisches Zentrum Wiesbaden 1973; Klafki 1973) und für die erst 1972 einsetzende methodologische Diskussion ist es charakteristisch, dass sie durchgehend mit einem entschieden

gesellschaftskritischen, d.h. hier: auf Demokratisierung der Gesellschaft sowie individuelle und kollektive Emanzipation gerichteten Erkenntnis- und Handlungsinteresse verknüpft sind.“ (269)

Bildungsforscher schreiben Gutachten zu dem Ansatz Handlungsforschung und zu der Arbeit der Projektgruppe. Stellvertretend für alle sei hier das von Prof. Dr. Horst Rumpf vom Institut für Erziehungswissenschaft der Universität Innsbruck und Mitglied des Deutschen Bildungsrates genannt. Er spricht von „Pionierarbeit“ (2.10. 1973):
„Gutachtliche Äußerung über die Arbeit des Projekts I im BTZ
Seit geraumer Zeit verfolge ich mit großer Aufmerksamkeit die Arbeit am Projekt 1 des Bildungstechnologischen Zentrums in Wiesbaden.
Dieses Projekt ist eine der ganz wenigen Aktivitäten in der BRD in denen praktische Konsequenzen aus Einsichten gezogen werden, die auf internationaler Diskussionsebene schon kaum mehr bestritten werden - Einsichten in die praktische Unwirksamkeit schulfern produzierter Unterrichtshilfen und Curricula, Einsichten in die Unfruchtbarkeit empirisch-analytischer Unterrichtsforschung bei der Zielsetzung substantieller Schulreformen, Einsichten in die Notwendigkeit handlungsorientierter Kooperation zwischen Lehrern, Schülern, Sozialwissenschaftlern bei der Erkundung und Erprobung von Lernmöglichkeiten, bei der Analyse von Schwierigkeiten und Hemmnissen.
Als Mitglied des Ausschusses "Strategie der Curriculumentwicklung des Deutschen Bildungsrates“ (dessen Gutachten zur Sache als Empfehlung in den nächsten Wochen erscheinen dürfte) fühle ich mich zu dem Urteil berechtigt, dass die Aktivitäten schulnaher Curriculumentwicklung, wie sie in dem genannten Projekt praktiziert werden, als Pionierarbeit sowohl in wissenschaftlicher wie in schulreformerischer Hinsicht anzusehen sind. Die Veröffentlichungen der Gruppe gewinnen zunehmend an Resonanz; was sich hier Bahn gebrochen hat, verdient meines Erachtens nachhaltige weitere Unterstützung. In diesem Projekt sind dem Programm Taten gefolgt, und das ist nicht alltäglich.“

Die Elternbeiräte der vier 8. Klassen und der Schulleiter Fritsch, äußern u. a. ihre besondere Wertschätzung für die „offene Curriculumplanung“ und für das Projekt „Betriebspraktikum“. Sie sprechen

sich entschieden für eine Fortführung der Kooperation Lehrer – Wissenschaftler aus. Mit diesen Schreiben gehen sie an die Öffentlichkeit. Die Schulaufsichtsbeamten schließen sich an.
Nachfolgend sind die Schreiben des Schulleiters und der Elternbeiräte zitiert.

Schulleiter Fritsch (2.9. 1973): „Liebe Mitarbeiter des BTZ!
Nachdem Sie nunmehr über ein Schuljahr an der Käthe-Kollwitz-Schule zusammen mit unseren Lehrern der 8.Klassen gearbeitet haben, möchte ich heute nochmals schriftlich zum Ausdruck bringen, wie wichtig und hilfreich Ihre Arbeit für unsere Hauptschule ist.
Ich denke an die vielen Konferenzen, an denen Sie beteiligt waren und durch Ihre fachkundigen Anregungen und Beiträge mitgestaltet haben. Vor allem habe ich den Eindruck gewonnen, dass seit Ihrer Anwesenheit in unseren oberen Klassen pädagogisch noch reflektierter und fundierter gearbeitet wird. Ihre offene Curriculumplanung, die Sie mit den vier Kollegen durchführen, ist für mich aufgrund der Nähe zur Praxis im Moment der einzig gangbare Weg, um durch Kooperation zwischen Wissenschaft und Praxis neue Modelle für die Arbeit in der Sekundarstufe I zu erstellen.
Wie sinnvoll eine solche Kooperation ist, hat die Durchführung und Begleitung unseres diesjährigen Betriebspraktikums gezeigt, das in diesem Jahr bei allen Beteiligten besonderen Anklang fand.
Ich meine nun, dass die sinnvoll angefangene Arbeit nicht zu Ende sein darf. Meine Bitte ist deshalb, auch im kommenden Schuljahr die erfolgreich begonnene Arbeit fortzusetzen."

Die Elternbeiräte schreiben am 26. Juni 1973 in einem Offenen Brief an:
die Schulelternbeiräte der Wiesbadener Hauptschulen,
die Eltern der achten Klassen der Käthe-Kollwitz-Schule,
die Wiesbadener Presse,
die Mitglieder des kulturpolitischen und sozialpolitischen Ausschusses der Stadtverordnetenversammlung,
die Schulleitungen der Wiesbadener Hauptschulen,
die Oberschulräte in Wiesbaden,
den Kulturdezernenten der Stadt Wiesbaden,
den Herrn Regierungspräsidenten in Darmstadt,
die Hauptschulreferenten im Hessischen Kultusministerium,

die Mitglieder des Aufsichtsrats,
die Mitglieder des Wissenschaftlichen Rats und
die Geschäftsführung des Bildungstechnologischen Zentrums (BTZ).

„Wir Elternbeiräte der achten Klassen der Käthe-Kollwitz-Schule begleiten schon seit längerer Zeit die Arbeit in diesen vier Klassen mit Interesse und Aufmerksamkeit. Nicht zuletzt deshalb, weil die vier Klassenlehrer unserer Jugendlichen und das Bildungstechnologische Zentrum, Wiesbaden, nunmehr seit einem Jahr zusammenarbeiten mit dem Ziel, unter wissenschaftlicher Begleitung neue Möglichkeiten des Lehrens und Lernens zu erproben.
Wir wenden uns an die Öffentlichkeit, weil wir meinen, dass solche und ähnliche Versuche ein Modell für die künftige Arbeit an Hauptschulen abgeben könnten. Wir möchten diesen von uns begrüßten und unterstützten Versuch zum Anlass nehmen, darauf hinzuweisen, dass die Hauptschule nach wie vor – obwohl in der BRD die Mehrheit der Heranwachsenden diese Schulform, besucht – in der Bildungsreform entschieden vernachlässigt. wurde und wird. Im Vergleich zum Gymnasium bzw. zur Gesamtschule ist die Hauptschule immer noch schlechter ausgestattet und hat, im Verhältnis zu den Schülerzahlen, weniger Lehrer.
Gerade aber für Hauptschulen wie die Käthe-Kollwitz-Schule scheinen uns folgende Neuerungen erforderlich:
Die Einführung des Betriebspraktikums, wie es sich in den Abschlussklassen (8./9.Klasse) einiger Schulen bewährt hat, in allen Wiesbadener Hauptschulen und eine Entwicklung und Verbesserung der bisher üblichen Formen des Betriebspraktikums. Hierzu möchten wir insbesondere die folgenden Anregungen geben:

- verbesserte Vor- und Nachbereitung des Betriebspraktikums durch Beteiligung von Berufs- und Berufsschulfachleuten über Lehraufträge am Unterricht der achten und neunten Klassen
- zeitliche Ausweitung des Betriebspraktikums, wobei – aufgrund der Erfahrungen – ein Praktikum in zwei unterschiedlichen Betrieben (Branchen) anzustreben ist;
- damit zusammenhängend die Förderung von Arbeitslehre/Polytechnik an allen Hauptschulen und die Bereitstellung der hierfür nötigen Geldmittel;

- ein verstärktes Angebot an berufsvorbereitenden Kursen wie zum Beispiel technisches Werken, Stenografie und Schreibmaschineschreiben;
- ein verstärktes Angebot von Freizeitgruppen am Nachmittag. Vor allem müsste hierdurch auch versucht werden, die Kooperation zwischen schulischen und außerschulischen Einrichtungen zu verbessern;
- eine konsequente Erneuerung der schulischen Inhalte besonders für die Jugendlichen der Hauptschule, welche sie angemessen auf den Beruf und ihr zukünftiges Leben vorbereiten. Eine gute Möglichkeit hierfür scheinen uns die Rahmenrichtlinien des Hessischen Kultusministers zu sein, welche gerade die Lernmöglichkeiten und Lernschwierigkeiten der überwiegenden Zahl der Schüler beachten;
- die Erweiterung und Verbesserung der Möglichkeiten von Hauptschülern für eine weiterführende Ausbildung.

In diesem Zusammenhang sind nach unserer Meinung die Voraussetzungen zu schaffen, dass mehr Schüler als bisher die Wiesbadener Berufsfachschulen besuchen können. Außerdem sollte in Erwägung gezogen werden, für die Hauptschüler der Altstadt in diesem Gebiet ein integriertes Gesamtschulsystem zu schaffen, welches erst die Voraussetzung für eine gründliche Chancengleichheit aller Jugendlichen bieten würde.

Die genannten notwendigen Ziele einer Verbesserung der Situation an den städtischen Hauptschulen können nur verwirklicht werden, wenn die Personalpolitik für Hauptschulen entsprechend betrieben wird. Der Arbeitsplatz des Hauptschullehrers muss für engagierte Lehrer wieder attraktiv werden. Durch Ausbildung und Auswahl der Lehrkräfte sollte sichergestellt werden, dass diese Verständnis und Interesse für die besonderen Probleme städtischer Wohnbereiche in ihre Arbeit einbringen können.

Unter diesem Aspekt ist die Arbeit, die in der Käthe-Kollwitz-Schule begonnen wurde, ein bescheidener, aber zukunftsweisender Anfang. Wir fordern, dass Versuche ähnlicher Art an Wiesbadener Schulen verstärkt gefördert werden.

Wir als Klassenelternbeiräte würden es begrüßen, wenn dieser Brief ein Anlass für das Gespräch über diese Probleme mit den Elternbeiräten aller Wiesbadener Hauptschulen sowie mit den zuständigen Verantwortlichen werden könnte.

Schlosser, 8c, Schnell, 8c, Weber, 8d, Faulstich, 8d, Marufke, 8a, Wolf, 8a, Neumann 8b, Schlinke 8b“

In der Lokalpresse werden insbesondere die Vorbereitungen auf den Übergang in die berufliche Ausbildung hervorgehoben. Im Mittelpunkt der Berichterstattung stehen das Freizeitseminar Dörnberg und das Betriebspraktikum. Unter der Überschrift „Lehrer und Schüler auf neuen Wegen – Freizeitseminar für 120 Schüler der Käthe-Kollwitz-Schule“ berichtet die Presse:
„Die Arbeit mit Schülern der oberen Klassen der Hauptschule wird heutzutage immer schwieriger", so klagen viele Lehrer, die in der siebten bis neunten Klasse zu unterrichten haben: „Die Schüler sind lustlos, gereizt und wissen nicht, was der Unterricht für ihren zukünftigen Beruf hilft." Was kann man in dieser Situation tun? Eine Antwort auf diese Frage suchen die Käthe-Kollwitz-Schule und das Bildungstechnologische Zentrum Wiesbaden. Beide Institutionen haben ein gemeinsames Projekt begonnen, welches das Ziel verfolgt, Schüler mit Hilfe veränderter Methoden und Inhalte wieder für das Lernen in der Schule zu gewinnen. Im Mittelpunkt des Projekts stehen Fragen der Berufswahl und der Situation am künftigen Arbeitsplatz.
Um das Interesse der Schüler für diese Fragen zu wecken, wurde auf dem Jugendhof Dörnberg des Landes Hessen ein Freizeitseminar für die vier achten Klassen der Käthe-Kollwitz-Schule veranstaltet. Dort wurden — fern vom Unterrichtsalltag — Probleme und Situationen der Berufswelt in spielerischer Form vorweggenommen. Die Schüler wurden nicht belehrt und mit Wissen vollgestopft: Sie durften ihre Zukunftshoffnungen und -ängste in Rollenspielen zeigen und auf Bildern („Collagen") darstellen. Die Arbeit der einzelnen Schülergruppen wurde auf den vom Bildungstechnologischen Zentrum gestellten Fernsehbändern aufgezeichnet. In dem eigens aufgebauten „Fernsehstudio" herrschte eine echte Studioatmosphäre. Die Schüler nahmen die Sache sehr ernst und strengten sich mächtig an.
In den letzten Tagen verwandelte sich der Jugendhof Dörnberg in eine Wirtschaftswelt im Kleinen. Es wurden Betriebe gegründet, die selbständig produzierten (Dekorationen, kleine technische Anlagen usw.) und untereinander in Konkurrenz traten. Zuletzt wurde noch ein Arbeitsamt zur Vermittlung der Arbeitssuchenden eingerichtet. Dazu kamen ein Sozialamt und ein Gewerkschaftsbüro. Rektor

Fritsch von der Käthe-Kollwitz-Schule übernahm die Rolle eines kaufmännischen Direktors in einem größeren Betrieb.
Mit vielen neuen Ideen und Anregungen für die praktische Schularbeit kehrte die zwölfköpfige Pädagogengruppe aus Nordhessen nach Wiesbaden zurück. Als nächsten Schritt wollen die beteiligten Klassenlehrer versuchen, einige der neu erprobten Methoden auf ihre Verwendbarkeit im Schulalltag hin zu prüfen. Die Mitarbeiter des Bildungstechnologischen Zentrums beabsichtigen, die geleistete Arbeit zu dokumentieren und zu veröffentlichen, um die Neuansätze auch anderen Massen und Schulen zugänglich zu machen. Dies soll nicht nur in Buchform geschehen, sondern in den Medien Film und Fernsehen.
Die gemeinsame Arbeit zwischen Käthe-Kollwitz-Schule und Bildungstechnologischem Zentrum ist mit dem Freizeitseminar keineswegs zu Ende. Der auf dem Jugendhof Dörnberg begonnene Versuch wird im Unterricht der nächsten Monate fortgesetzt. Diese Arbeit dient zugleich der Vorbereitung eines vierwöchigen Betriebspraktikums, das im Mai des Jahres veranstaltet wird. Während dieser vier Wochen sollen die Schüler die auf dem Dörnberg und im Unterricht auf spielerische Weise gewonnenen Einsichten an der Realität eines konkreten Arbeitsplatzes überprüfen.

X. Schlussbemerkungen

X.1 Peter Held

Zuerst einmal möchte ich festhalten, dass unsere Arbeit weder einen Anspruch auf Vollständigkeit noch auf die Darstellung absolut repräsentativer Ergebnisse erhebt. Sie ist in wesentlichen Teilen narrativ, wirft aber einen kritischen Blick darauf, inwieweit während unseres Projektes unser Unterrichtsstil und die damals – aus didaktisch-methodischer Sicht – neue hauptschulspezifische Arbeitsweise bei ehemaligen Schülern und Schülerinnen 40 Jahre später noch präsent sind und ob sie auf ihr Denken und Handeln bei der Bewältigung ihres weiteren Lebensweges Einfluss hatte. Im Kontext dieser Überprüfung sollten die Lebensgeschichten, individuellen Lernprozesse und Weiterentwicklungen der Beteiligten dokumentiert werden.

Zu klären war auch der Einfluss, den die Handlungsforschung auf uns Lehrer und Wissenschaftler ausgeübt hat. Ich denke, dass das in den einzelnen Beiträgen deutlich geworden ist.

Schon zu Beginn unserer gemeinsamen Arbeit wurde mir bewusst, dass wir uns auch nach so langer Zeit nicht von unserem ursprünglichen Anliegen hatten lösen können.

Als wir (Fritz Gürge, Imbke Behnken, Sabine Maschke, Ludwig Stecher und Peter Held) uns vor 4 1/2 Jahren unter dem Eindruck des gerade erst stattgefundenen Klassentreffens erstmals in der Wiesbadener Wohnung von Imbke Behnken zusammensetzten, war uns allen klar, dass wir unsere Eindrücke, Erfahrungen und Erkenntnisse aufarbeiten und in einen sinnvollen Zusammenhang bringen wollten. Nur das "Wie" war noch ungeklärt.

Imbke Behnken hatte die Idee, ausführlich über das frühere Hauptschulprojekt der 70er Jahre zu schreiben und das Berichtete mit den Aussagen der Ehemaligen von heute zu vergleichen.

Wir sammelten Fragestellungen: Wie haben sie sich verändert? Welches sind die Wiedererkennungsmerkmale? Gibt es Brüche in ihrer Biografie? Sind die damals entwickelten Lebensweltkategorien „familienzentriert“ und „subkulturorientiert“ heute noch sichtbar?

Imbke Behnken hatte bei dieser Gelegenheit das Archiv „Kindheit, Jugend, Biografie“ (AKJB) in Siegen durchgestöbert und festgestellt, dass sie noch umfangreiches Material aus der damaligen Zeit hat, das überhaupt noch nicht ausgewertet wurde. Darüber hinaus waren alle Aufzeichnungen zu den Forschungsergebnissen bezüglich der Lebenswelten der damaligen Jugendlichen vorhanden. Durch ihre Universitätskontakte mit den Biografieforschern Sabine Maschke und Ludwig Stecher aus Gießen, die großes Interesse an einer solchen bildungsbiografischen Arbeit hatten, kamen wir letztlich alle zusammen, Wissenschaftler und Lehrer.

Ich hatte nach ersten Gesprächen signalisiert, dass eine Mitarbeit meinerseits wohl allein schon daran scheitern müsste, dass ich mich an die damalige Hauptschulzeit kaum noch erinnern kann. Für mich war die daran anschließende Gesamtschulzeit maßgeblich prägend und an diese hatte ich natürlich noch gute Erinnerungen. Dass meine „Lehrzeit" an der Käthe-Kollwitz-Schule und meine „Gesellenzeit" an der IGS Kastellstraße sich bedingen und ohne die Hauptschulzeit die Gesamtschulzeit so überhaupt nicht vorstellbar ist, hat sich für mich erst später, nach gründlichem Befassen mit dem Thema gezeigt. Von daher kann ich persönlich nur dankbar sein, dass ich mich doch diesem Projekt angeschlossen habe. Erst die intensive Beschäftigung mit meiner Biografie, meinen Intentionen, Lehrer zu werden, den Impulsen der Wissenschaftlergruppe, den ehemaligen Schülern und dem damaligen Projekt sowie mit meiner Unterrichtsarbeit in der Hauptschule haben mir zu Erkenntnissen über mich selbst, zu meinem „roten" Lebens- und Berufsfaden verholfen.

Letztlich bin ich auch froh darüber, dass wir andere Wege gegangen sind als die Biografieforscher aus Gießen. Dadurch haben wir (Fritz Gürge, Imbke Behnken und ich) uns nicht einem „fremden" Forschungsinteresse unterworfen, sondern haben gemeinsam überlegt, was wir mit der neuen Situation, den vielen Daten und Erinnerungen (die nun langsam immer mehr wurden) machen. Uns war klar, dass unsere eigene Biografie uns zunächst Aufschluss darüber geben sollte, warum wir Lehrer geworden sind und auch, warum Fritz Gürge und ich uns damals der Projektgruppe und dem Hauptschulprojekt angeschlossen haben. Denn eins war klar: dieses Projekt hat unseren Unterricht „öffentlich" gemacht, uns der Kritik von außerschulischen Personen ausgesetzt, viel Kraft gekostet und unzählige zusätzliche Stunden an Arbeit und Zusammenarbeit bedeutet. Dem wollte sich damals kein anderer Kollege aussetzen. Also mussten wir eine besondere Motivation haben.

Immer, wenn ich in den letzten Jahren die Zeitung aufgeschlagen habe und wieder etwas darüber gelesen habe, dass Wiesbadener Schüler Rollenspiele machen, Filmprojekte und Straßeninterviews durchführen und andere methodische Ideen umgesetzt werden, sagte ich mir, davon haben wir doch schon viel vor über dreißig Jahren gemacht.

Allmählich dämmerte es uns, dass dieses Hauptschulprojekt, diese Demokratisierungsprozesse wohl eine enorme pädagogische Bedeutung gehabt haben können. So entwickelte sich die Idee, über unsere pädagogische Arbeit zu schreiben, unsere besonderen hauptschulspezifischen Methoden zu erläutern, die Zusammenarbeit mit der damaligen Wissenschaftlergruppe näher zu beleuchten und unsere Forschungsergebnisse von damals mit den heutigen Ehemaligen zu vergleichen. Außerdem fragten wir uns, ob von unseren damaligen Intentionen, Inhalten und Methoden irgendetwas bei den Ehemaligen hängen geblieben ist.

So haben sich die Themen dieser Veröffentlichung langsam und sukzessive entwickelt. Wir hatten das große Glück, dass Jürgen Zinnecker und Imbke Behnken die damaligen Schülerprodukte und wissenschaftlichen Ergebnisse akribisch gesammelt und archiviert hatten. Somit war es möglich, sie zu verwerten und einen Versuch zu starten, die Charakterisierungen „familienzentriert" und „Jugendsubkultur" auf ihren heutigen „Wahrheitsgehalt" zu überprüfen.

Schnell erkannten wir, dass das nicht möglich ist und wir andere Kategorien anwenden mussten. Hier sind wir Sabine Maschke und Ludwig Stecher dankbar, die durch ihre biografischen Forschungsarbeiten entsprechende Merkmale entwickelt haben. Entsprechender Dank gilt auch Kerstin Theilen, die viele Jugendliche ausführlich interviewt hat. Dadurch konnten wir Zugriff auf die wichtigsten biografischen Daten und Entwicklungen einiger für die Interviews ausgewählter Ehemaliger bekommen.

Der Prozess des „Suchens und Findens" damaliger Schüler gestaltete sich nicht ganz einfach. Sehr geholfen haben uns dabei natürlich die verschiedenen Internetforen, in denen viele Ehemalige permanent kommunizieren. Der Anfang über diesen Weg war gemacht und allmählich bekamen wir eine Gruppe von 30 – 40 Ehemaligen zusammen, die sich in zwei Klassentreffen zum Einen wieder gefunden hat und zum anderen über unsere Absichten informiert wurde und zum Teil auch zusagte, uns bei den Befragungen und Interviews zur Verfügung zu stehen.

Wir denken, diese Interviews geben Aufschluss darüber, dass die damalige Zeit auch für die Ehemaligen eine besondere Zeit war, eine Zeit, in der sich die Lehrerrolle und die curricularen Inhalte anfingen zu verändern, in der begonnen wurde, auf die spezifischen Lebenswelten der Hauptschüler einzugehen und in der wir versuchten, demokratie- und hauptschulorientierte Inhalte und Methoden umzusetzen.

Am deutlichsten wird das durch eine Aussage in einem der Interviews: „Eigenständiges Arbeiten in Gruppen, selbstverantwortlich zu sein für bestimmte Themen oder Projekte, solche Sachen, das war doch davor nie … das war doch kein Thema und so Sachen bleiben schon hängen, weil, das ist ja doch was ganz anderes, was man vorher noch nie gemacht hat und es war schon sehr interessant, rauszugehen, Interviews zu führen, die ganze Technik kennenzulernen, die wir dann hatten“

Oder an anderer Stelle heißt es über den Lehrer: „ …. wenn ich das in der heutigen Sprache ausdrücken sollte, würde ich sagen, er wird zum Partner, er ist nicht mehr der Lehrer, der die Obrigkeit oder der von oben nach unten etwas vermittelt, sondern er wird eher zum Partner … das habe ich natürlich damals so empfunden … heute kann ich das ausdrücken, da spreche ich eine andere Sprache. Also mehr Partner, das ist sehr wesentlich und dann wird auch mehr Verantwortung auf uns übertragen und viele von uns haben die ja auch wahrgenommen. Wir haben dann ja in den Gruppen gesessen und diese Projekte bearbeitet, an die ich mich heute noch genau erinnern kann und das ist haften geblieben“.

Wir können also mit Sicherheit sagen, dass die Ehemaligen, die wir interviewt haben, zunächst einmal alle die Sinnhaftigkeit unserer Arbeit bestätigen konnten. Darüber hinaus gibt es Ehemalige, die auch ein Bewusstsein für demokratische Prozesse entwickelt haben und durch unsere Arbeit persönlich „gewachsen“ sind. Überrascht haben uns alle die Offenheit der Aussagen und das gute Erinnerungsvermögen. Hier möchten wir Barbara Hennig besonders hervorheben.

Insbesondere für mich als Lehrer schließt sich hier ein Kreis. Selten können Lehrer viele Jahre später die „Früchte“ ihrer Arbeit ernten. Für mich, aber natürlich auch für Imbke Behnken als Wissenschaftlerin, hat sich die Arbeit „gelohnt“, waren die Aussagen der Ehemaligen eine Bestätigung. Unsere Arbeit war – trotz aller Mühen, Konflikte und Arbeitsintensität – sinnvoll. Und das erfüllt uns mit Stolz und Zufriedenheit.

Ein paar letzte, rein persönliche Anmerkungen:

Wenn ich auf diese gesamte 40-jährige Zeitspanne zurückblicke, wird mir auch wieder einmal bewusst, mit welchem konservativen „Stallgeruch“ ich Anfang der 70er Jahre meine Arbeit als Lehrer an der Käthe-Kollwitz-Schule begonnen habe und welche Motive mich bewegt haben, an der Arbeit mit der Lehrer- und der Forschergruppe teilzunehmen. Wie stark wurde ich im Laufe der Jahre durch die intensive Beschäftigung mit den Schülern, der Gruppe, den Supervisionsergebnissen, dem Literaturstudium und den nächtelangen Diskussionen verunsichert. Wie viele hilflosen Versuche, mich neu „auszurichten“, eine klare Position zu gewinnen, hat es über einen längeren Zeitraum gegeben. Wie stark habe ich mich in der „Hochphase“ meiner Hauptschularbeit mit meinen Schülern identifiziert und wie heftig bin ich an meine Grenzen gekommen. Wichtiger Gedankenaustausch mit Gruppenmitgliedern, Freunden und Kollegen, die intensive Beschäftigung auch mit mir und meinen verschiedenen Rollen als Lehrer und Ausbilder haben zu einer nachhaltigen „Neuausrichtung“ nicht zuletzt meiner Person und Rolle geführt. Diese Lernprozesse waren und sind für mich unschätzbar wertvoll. Nicht alles, was ich in der Hauptschulzeit gemacht habe, war pädagogisch sinnvoll. Wir waren eben auch auf der Suche, aber wir haben es gewagt zu verändern.

So habe ich in späteren IGS-Zeiten keine Schüler mehr geduzt, strukturierter und effizienter gearbeitet, konsequenter und stringenter gehandelt und durch meine Erfahrungen auch mit den psychosozialen Themen und Übungen eine andere „Lehrerautorität“ gewonnen. Ich glaube, ich konnte durch die tiefgreifende Entwicklung meiner Berufsrolle, die sich nun im Verständnis für die Jugendlichen und ihre Probleme und der Wertschätzung ihrer Person , in einer schülerbezogenen Methodenvielfalt, einer klaren Stringenz und Konsequenz und einem ausgewogenen Verhältnis von Nähe und Distanz ausdrückte, an der IGS Kastellstraße in meinen Klassen eine Unterrichtsatmosphäre herstellen, die im Wesentlichen von Achtung und Toleranz geprägt war. Natürlich hatte ich in dieser Schule auch andere Rahmenbedingungen und bessere Ressourcen, das muss ich ehrlicherwei-

se hinzufügen. Dazu gehörte, dass jede Klasse einen Klassenlehrer und einen Co-Klassenlehrer hatte. Mit meiner Kollegin Elke Kämmerer konnte ich über 12 Jahre diese Art der Zusammenarbeit sehr sinnvoll und effizient praktizieren.
Meine „gereifte“ Lehrerpersönlichkeit habe ich aber letztlich auch der Arbeit an der Hauptschule, insbesondere mit meinem Kollegen Fritz Gürge und der Forschergruppe um Jürgen Zinnecker und Imbke Behnken zu verdanken.
Somit kann ich abschließend feststellen, dass durch das Erinnern und wieder Hervorholen meines biografischen Werdegangs, meine Mitarbeit im Projekt und an der Hauptschule, meine unterschiedlichen Phasen der Verunsicherung und „Neuausrichtung“ , die Umsetzung meiner Lernprozesse in der pädagogischen Arbeit an Gesamtschule, Studienseminar und Amt für Lehrerbildung meine persönlichen Erkenntnisse unschätzbar bereichert worden sind.

X.2 Imbke Behnken

Unser Vorhaben sehe ich als Teil meiner Forschungsarbeit, die ich ursprünglich gemeinsam mit Jürgen Zinnecker verfolgen wollte. Um weitere Studien anzuregen oder selber durchzuführen, hatten wir das Archiv Kindheit Jugend gegründet. In diesem Archiv trugen wir Sammlungen verschiedenster Art zusammen, um sie für Interessierte zugänglich zu machen.
Zur Vorgeschichte:
1981 gründeten Jürgen Zinnecker und ich das Archiv Kindheit Jugend[120] an der Philipps-Universität Marburg. Seit 1986 ist es an der Universität Siegen verortet. Es entstand – und das erklärt seine institutionelle Anbindung an die Universität – aus einer Aufeinanderfolge von Forschungsprojekten zur Kindheit und Jugend, die wir Initiatoren des Archivs seit Beginn der 1970er Jahre durchführten. Es galt, die Fülle persönlicher Dokumente zu Kindheit und Jugend, die sich im Rahmen dieser Projekte ansammelten, zu archivieren und für weitere Forschungen zugänglich zu machen.
Seit Anfang der 1980er Jahre bemühten wir uns, neben der eigenen Forschungstätigkeit das Archiv als Sammel- und Arbeitsstelle für persönliche Dokumente aus dem Umkreis von Kinder-, Schüler- und

[120] Die Bestände des Archivs Kindheit, Jugend, Biografie sind in die Sammlungen des Archivs der Universität, Universitätsbibliothek, Siegen integriert.

Jugendkultur zu erweitern und zugänglich zu halten. In den 1990er Jahren wurde das Archiv thematisch um biografische Texte und Dokumente erweitert.

In der Präambel heißt es[121]: „Das Archiv Kindheit Jugend verfolgt das Ziel, vorhandene (Selbst-) Zeugnisse zu sammeln, die die Geschichte und Gegenwart von Kindheit und Jugend im deutschsprachigen Raum seit Ende des 19./Anfang des 20. Jahrhunderts beschreiben und diese einer interessierten Öffentlichkeit zugänglich zu machen."

Zu den Sammlungen zählen auch die Unterlagen, die im Kontext der „Hauptschülerstudie" und ihrer Fortsetzung „Studie zur Lehrlingssozialisation" entstanden.

Im Findbuch[122], das ausführlich über die Sammlungen des Archivs informiert, heißt es zur Hauptschülerstudie und zur Folgestudie „Lehrlingssozialisation" (Auswahl):

- „A) Projektgruppe Jugendbüro Wiesbaden „Lebenswelt von Hauptschülern"
- Durchführung des Vorhabens: 1971-1973; Träger: Bildungstechnologisches Zentrum Wiesbaden.
- Anlass und sozialer Rahmen: Untersuchung zur außerschulischen Lebenswelt von Hauptschülern,
- Handlungsforschung/Schulforschung: Gruppendiskussionen im Rahmen von Schulklassen, schriftliche Einzelbefragung, Protokolle teilnehmender Beobachtung.
- Umfang: Unterlagen von 134 Hauptschülern und HauptschülerInnen
- Archivierte Form: Tonbänder von den Interviews, Fotos und Produktionen der Schüler und Schülerinnen; Umschriften der Gespräche/Gruppendiskussionen; Protokolle über Gespräche mit Eltern und mit Experten für Jugendfragen; Protokolle aus der Feldforschungsarbeit.
- Auswertungen: Statistische Auswertungen, qualitative Inhaltsanalysen, Foto- und Videodokumentation.
- Veröffentlichungen: s. Literaturverzeichnis

---

[121] Behnken, Imbke & Zinnecker, Jürgen 1989. Archiv Kindheit Jugend: Nr. 1: Programm. Eigendruck. Universität Siegen.

[122] Behnken, Imbke & Zinnecker, Jürgen 1994. Archiv Kindheit Jugend: Nr. 2 Findbuch. Eigendruck. Universität Siegen.

- Projektgruppe Jugendbüro Wiesbaden: Studie zur Lehrlingssozialisation
- Durchführung des Vorhabens: 1975-1978; Träger: Jugendbüro e.V. Wiesbaden. Gefördert von der Deutschen Forschungsgemeinschaft, Landesjugendamt Wiesbaden
- Anlass und sozialer Rahmen: Untersuchung zur Lehrlingssozialisation, Längsschnittstudie
- Handlungsforschung/pädagogische Arbeit: Gruppendiskussion mit Jugendlichen zu Jugendbiografien, Beruf, Zukunft; Einzelinterviews mit Jugendlichen zu Biografie, Zukunft, Orientierung.
- Alter der Jugendlichen: 15 bis 19 Jahre, Schulabschluss bis Ende der Lehrzeit.
- Beruflicher Status: Lehrlinge, Berufsfachschüler/-innen, Gymnasiasten/-innen, Jungarbeiter/-innen
- Anzahl/Umfang: Unterlagen von rund 60 Jugendlichen
- Archivierte Form: Gruppendiskussionen (transkribiert), Einzelinterviews (transkribiert), Dokumente aus der pädagogischen Arbeit mit den Jugendlichen, schriftliche Befragung.
- Auswertungen: Qualitative Inhaltsanalysen
- Veröffentlichungen: s. Literaturverzeichnis."

Jürgen Zinnecker und ich hatten geplant, nach dem Ausscheiden aus der Universität Sammlungen des Archivs für Re-Analysen und Replikationsstudien zu nutzen bzw. deren Nutzung anzuregen.
Besonders wünschenswert schien es uns, die vorliegenden Sammlungen aus der Längsschnittstudie zum Hauptschülerjahrgang zu sichten und die Ehemaligen einzuladen, sich erneut mit uns auf Gespräche zu dem weiteren Lebensweg einzulassen. – Dieses Projekt umzusetzen, das zählte zu unseren Vorhaben.
Gemeinsam mit der Gießener Gruppe (Sabine Maschke, Ludwig Stecher) war der Anfang gemacht.
Der vorliegende Band ist als eine Fortsetzung des Forschungsvorhabens der 70er Jahre zu verstehen – ergänzt durch eine biografische Ausrichtung; nicht allein von ehemaligen Schülern und Schülerinnen, sondern auch von deren ehemaligen Lehrern und einer Wissenschaftlerin.
In dieser Studie versuchen wir, unser eigenes pädagogisches Handeln zu verstehen und aus der lebensgeschichtlichen Entfernung zu reflektieren. Wir verbinden mit dieser Arbeit den Wunsch, die in den

1970er Jahren sozialwissenschaftlich ausgerichtete Schul- und Jugendforschung, die sich an Konzepten von Handlungsforschung und Lebensweltanalyse orientierte, erneut in die Diskussion Beteiligter zu rücken.
Unsere Studien sind weiterhin ein Plädoyer für die Durchführung von Längsschnittstudien, die langfristige Prozesse von Sozialisation aufzeigen und Einblicke in die Gestaltung von Lebensverläufen zu geben vermögen, die ihre Abhängigkeit von Schulzeit und Lehrereinflüssen aufzeigen können.

X.3 Bilanz aus Sicht der Pädagogik und pädagogischen Praxis (Peter Held)

Wenn wir unsere zu Beginn formulierten Zielsetzungen im Vergleich zu den Ergebnissen kritisch unter die Lupe nehmen, so können wir zweierlei feststellen: Fast alle ausgewählten Ehemaligen beschreiben ihre Schulzeit bei uns Lehrern als positiv; dabei erwähnen sie weniger die Vermittlung von Inhalten, als vielmehr die angewendeten Methoden und den menschlichen Umgang mit ihnen, das soziale Klima.
Wir haben also zu unserer pädagogischen Arbeit im Wesentlichen positive Rückmeldungen bekommen. Ob das bei der Mehrzahl aller Ehemaligen dieses Jahrgangs der Fall ist, entzieht sich leider unserer Kenntnis – aber wir vermuten es. Es wäre sicher lohnenswert, dieser Frage nochmals nachzugehen.
Die „Handlungsforschung“ als Methode hatte ganz offensichtlich eine starke Wirkung auf die Beteiligten. Sie war der Schlüssel zu einer verstärkten empathischen Hinwendung zu den Jugendlichen sowie zu curricularen und methodischen Veränderungen – orientiert an der Lebenswelt der Schüler und Schülerinnen. Darüber hinaus führte sie zu vielen persönlichen Lernprozessen bei den beteiligten Lehrern und Studentinnen.
Die Stärke der Handlungsforschung, nämlich Subjekt-Subjekt-Beziehungen im pädagogischen Feld zu schaffen, d.h. alle im Untersuchungsfeld handelnden Personen als gleichberechtigte Partner anzuerkennen, aus den Bedingungen des Praxisfeldes gemeinsam Ziele zu entwickeln und kurzfristige Rückmeldungen von Zwischenergebnissen der Forschung an die pädagogischen Praktiker zu geben, führte zu intensiven Innovations- und komplexen Lernprozessen.

Auch noch viele Jahre später wurde die enorme Langzeitwirkung der Handlungsforschung in meiner pädagogischen Arbeit deutlich sichtbar. Beispiele hierfür sind die „Thematischen Einheiten“ am Studienseminar Wiesbaden sowie die Themen „Psychosoziales Lernen“, „Jungenarbeit“, „Interkulturelles Lernen“ und „Schulung der Streitschlichter“ [Kummerlöser] in der IGS Kastellstraße (vgl. Kapitel VI.1.2: Meine berufliche Weiterentwicklung).
Aus den von uns in dieser Projektphase gemachten Erfahrungen sollten Forderungen an den pädagogischen Diskurs gestellt werden.
Zunächst einmal sollte angehenden Lehrern und Lehrerinnen deutlich gemacht werden, dass es von außerordentlicher Wichtigkeit ist, Empathie für die Lebenswelten der Jugendlichen zu entwickeln. Das Sich-Informieren und Verstehen-Wollen der Lebens- und Lernbedingungen der Schüler und Schülerinnen, ihrer kulturellen Vielfalt und familiären Situation, des sozialen Einzugsgebietes der Schule sowie der Gegebenheiten des jeweiligen Jugendalters ermöglicht eine „andere“, von der reinen Fachdidaktik deutlich unterscheidbare Perspektive, die im Umgang mit den Jugendlichen und ihren Eltern sehr hilfreich sein kann. Das gilt umso mehr, da die kulturelle Vielfalt in den nächsten Jahren in Deutschland weiter stark zunehmen wird.
Wünschenswert wäre auch die Rückbesinnung auf eine Form der „Schulseminare“, die vor vielen Jahren Bestandteil der hessischen Lehrerausbildung waren. Sie könnten helfen, entsprechende Erkenntnisse, Lernprozesse und Einsichten in Gang zu setzen. Die personalen und sozialen Kompetenzen der Lehrer und Lehrerinnen würden durch diesen „veränderten Blickwinkel“ deutlich erweitert.
Bezüglich der Unterrichtsplanung bedeuten andere Lebenswelten in der Regel andere – manchmal auch ungewöhnliche - methodische und auch curriculare Entscheidungen. Das gilt um so mehr, als Innere Differenzierung, Inklusion und Individuelles Lernen – wesentliche Bereiche des heutigen pädagogischen Alltags - im Prinzip nur über eine adäquate Berücksichtigung lebensweltlicher Aspekte und Beachtung der Besonderheiten der Jugendlichen täglich neu initiiert werden können.
So bemerkt Frau Dr. Brigitte Schumann[123] zum Thema „Inklusion auch für Kinder mit störendem Verhalten?“ in der Hessischen Leh-

[123] Frau Dr. Schumann war 16 Jahre Lehrerin, 10 Jahre Bildungspolitikerin und Mitglied des Landtages von NRW und ist heute Bildungsjournalistin.

rerzeitung vom Mai 2014: „Wenn Lehrer und Lehrerinnen zuwenig über die konkreten ökonomischen, sozialen, psychischen und gesundheitlichen Erschwernisse von Familien in prekären Lebenslagen wissen, aus denen Kinder mit emotionalen Entwicklungsproblemen meist kommen, dann werden gesellschaftliche, familiäre und schulische Kontextfaktoren für auffälliges Verhalten ausgeblendet."[124] Das ist ein klares Plädoyer für die Berücksichtigung von Lebenswelten und die Beachtung von Besonderheiten von Jugendlichen, letztlich auch für einen wesentlichen Baustein einer systemischen Pädagogik, die davon ausgeht, dass der Sinn von Verhalten erst im Kontext deutlich wird.

Eine besondere Rolle spielt die „Handlungsorientierung" für viele Jugendliche mit Migrationshintergrund. Ihr Einfluss auf den Wissenserwerb, auf Handlungsstrategien und Lebensbewältigungskompetenzen ist unserer Erfahrung nach enorm.

Leider aber werden die ursprünglich zentralen Aufgaben der Lehrer und Lehrerinnen: Unterrichtsplanung, Unterrichtsdurchführung und Unterrichtsauswertung immer mehr zugunsten zweifelhafter pädagogischer Neuerungen und einer immer stärker werdenden Bürokratisierung im Lehrerberuf vernachlässigt.

Lebensweltforschung und Lebensweltuntersuchung müssen also – und das scheint mir das zentrale Anliegen – fester Bestandteil der pädagogischen Forschung und der Lehrerausbildung der ersten und zweiten Phase werden.

Ihre Ergebnisse müssen in die Ausbildungspläne aller Schulformen einfließen und didaktische und methodische Konsequenzen für die Unterrichtsplanung und -durchführung nach sich ziehen.

Das wäre die Voraussetzung für eine erfolgreiche Unterrichtsarbeit, die – sich an Kindern und Jugendlichen orientierend – Innere Differenzierung, Individuelles Lernen und Inklusion erst sinnvoll ermöglicht.

X.4 Bilanz aus Sicht der Handlungsforschung (Imbke Behnken)

Unsere Ausgangsfrage zu Beginn des mehrjährigen Arbeitsprozesses an der Studie bezog sich zunächst ganz allgemein auf die Frage, hat das Handlungsforschungsprojekt mit all den Facetten bei den Betei-

[124] Schumann, Brigitte: (2014). S.18.

ligten langfristige Prägungen hinterlassen? Um diese Frage beantworten zu können, bedurfte es einer intensiven Auseinandersetzung mit dem Geschehen, eine Wideranнäherung an unsere gemeinsame Projektzeit an der Hauptschule, im BTZ und im Jugendbüro und wir versuchten unsere jeweils eigenen biografischen Bezüge zu verstehen.

Die Auseinandersetzung mit den Untersuchungsmaterialien, den vielen Protokollen, mit der biografischen Neugierde in jenen Jahren des bildungspolitischen Aufbruchs und den Gesprächen mit den ehemaligen Schülerinnen und Schülern führte zu einer Differenzierung unserer Ausgangsfrage: Welchen Gewinn kann Handlungsforschung für eine innovative Bildungsforschung bringen? Die Rekonstruktion der bildungspolitischen Prozesse, die in die frühen Jahre des Aufbruchs in eine veränderte bildungspolitische Debatte führte[125], trug dazu bei, Klarheit für die Kontexte zu gewinnen.
Warum also dieses Buch? Es geht uns um die mehrperspektivische Rekonstruktion einer bildungspolitisch radikalen Bewegung. Was war Anlass, welche Ambitionen hatten Beteiligte, welchen Zielsetzungen sahen sie sich verpflichtet?
In unserer Forschungspraxis – Handlungsforschung eng gekoppelt an eine Lebensweltanalyse – versuchten wir, einen Gruppenprozess anzuregen und umzusetzen, der sich demokratischen Ideen verpflichtet sah.
Die Beteiligten – Wissenschaftler, Lehrer, Studenten, Schüler – waren daran interessiert, ein Projektmodell zu entwickeln und zu gestalten, in dem die Trennung von Forschung/Wissenschaft und pädagogischer Praxis aufzuheben war, ebenso wie die Distanz zu der Gruppe der Schüler. Eine lebensweltnahe Unterrichtsdidaktik wurde im

---

[125] 1965 G. Picht „Bildungskatastrophe"; 1969 W. Brandt Regierungserklärung: Bildungspolitik an die Spitze der Reformen zu stellen; 1965 R. Dahrendorf „Bildung ist Bürgerrecht"; Einführung des universitären Studiengangs Diplompädagogik mit dem Anspruch, ein projektorientiertes Studien anzubieten. 1969 hatte Hildegard Hamm-Brücher (Staatssekretärin im Hessischen Kultusministerium die Aufgabe, die „Große Curriculumkommission" in Hessen einzuberufen, W. Klafki leitete diese Kommission. Bereits 1971 löste der1969 gewählte Kultusminister L. von Friedeburg die Kommission auf, setzte an ihre Stelle „eine Vielzahl kleinerer Fachgruppen", die „unter hohem Zeitdruck neue Lehrpläne für alle Schulfächer erarbeiten sollten" (Behrmann in Albrecht, u.a. (1999), S. 489f.). 1972/73 legte Friedeburg die Hessischen Rahmenrichtlinien vor.

Rahmen von Projektunterricht und im Rahmen des Simulationsspiels „Dörnberg“ umgesetzt; die Situation an der Hauptschule im Kontext einer gesamtgesellschaftlichen Betrachtung, die Studien zur Lebenswelt von Schülern wurden in gemeinsamen Diskussionsprozessen reflektiert und für den Unterricht genutzt.
In der Regel sind Wissenschaft/Forschung und pädagogische Praxis getrennt in ihren Tätigkeitsfeldern angesiedelt, sie gehorchen eigenen Regeln. Die einen forschen, die anderen sind dem Unterrichten verpflichtet. Und Studenten? Was lernen sie?
Die Handlungsforschung - Modell Hauptschule Wiesbaden - hat uns geprägt. Ich, als Kindheits- und Jugendforscherin, sehe mich seit diesem Hauptschulprojekt einer „Forschung mit Kindern, mit Jugendlichen“ verpflichtet. In der Sprache der Handlungsforschung der 1970er Jahre ging es darum, die Zuweisung in Subjekte und Objekte in der Forschung aufzuheben. Die aktuelle Kindheitsforschung nimmt Kinder als Akteure wahr, die ihre Biografie gestalten und deren Perspektive zu erforschen ist.
Dass die Handlungsforschung der 1970er Jahre nur eine kurze Blütezeit hatte, erschwert eine differenzierte Einschätzung ihrer Möglichkeiten und Grenzen. Unser Anliegen war und ist es, mit der Dokumentation des Hauptschulprojektes Pädagogen, Wissenschaftlern und Studierenden in pädagogischen Praxisfeldern und in Hochschulen anzuregen, eine Praxisforschung, die sich an Zielsetzungen von Handlungsforschung orientiert, gemeinsam mit allen Beteiligten zu versuchen.
Das Wiesbadener Hauptschulprojekt ist als ein Modell zu verstehen, Handlungsforschung im pädagogischen Feld zu gestalten. Das „Symposium Handlungsforschung“ (s. Kapitel III.2), zu dem 1974 die BTZ-Gruppe bundesweit eingeladen hatte, ist Beleg für die Vielfalt.
Und ein Weiteres: Es gab und es gibt immer wieder Modelle von Unterrichtsforschung, die partikuläre Prinzipien der Handlungsforschung umsetzen. So, wenn Wissenschaftler mit ihren Studierenden in die Schulen gehen und hier - gemeinsam mit Kindern, Eltern und Lehrern – „Lernbiografien“ erforschen.[126]

[126] Vgl. die Siegener Longitudinalstudie, Leitung Prof. Dr. Hans Brügelmann & Prof. Dr. Hans Werner Heymann (1999 ff.) zu „Lernbiografien im schulischen und außerschulischen Kontext“.

Literaturverzeichnis

André, Hella (1975) (Buch und Regie). Mit 15 ist alles gelaufen. Film in 4 Folgen. Produktion: Ifage-Filmproduktion (1974), Wiesbaden: ZDF.

Behnken, Imbke; Zinnecker, Jürgen (1981). Biografische Portraits. In: Jugend `81. Band 2. Jugendwerk der Deutschen Shell (Hrsg.). S. 206. Opladen: Leske + Budrich. S. 200-239.

Behrmann, Günter C. (1999). Die Erziehung kritischer Kritiker als Staatsziel. In: Albrecht, Clemens; Behrmann, Günter C.; Bock, Michael; Homann, Harald; Tenbruck, Friedrich H. (1999) Die intellektuelle Gründung der Bundesrepublik. Eine Wirkungsgeschichte der Frankfurter Schule. Frankfurt/Main; New York: Campus. Kapitel 13. 448-496.

Bildungstechnologisches Zentrum Wiesbaden GmbH (Hrsg.) (1973). Arbeitsgruppe Curriculum und Sozialwissenschaft. Projektheft 8: Untersuchung und Entwicklung einer lehrerbezogenen Strategie für Curriculuminnovation und emanzipatorischen Medieneinsatz. Projekt Hauptschule. Konzeption, Planung, Didaktische Materialien, Untersuchungsinstrumente. Wiesbaden: Eigendruck.

Bildungstechnologisches Zentrum Wiesbaden GmbH (Hrsg.) (1974). Betriebspraktikum – aber wie? Redaktion Harald Vockerodt. Eigendruck. Wiesbaden.

Bohnenberger, Werner; Friedrichs, Karl-Hermann; Gürge, Fritz; Held, Peter; Wollny, Marietta (1977). Kann die Schule auf die Wirklichkeit des Hauptschülers antworten? In: Jürgen Diederich, Karl Ch. Lingelbach (Hrsg.): Erfahrungen mit schulischen Reformen. Eine Sendereihe des Hessischen Rundfunks über Innovationen im Bildungswesen nach dem Ende der „Großen Reform“. Kronberg. S. 92-103.

Combe, Arno (1971). Kritik der Lehrerrolle: Gesellschaftliche Voraussetzungen und soziale Folgen des Lehrerbewusstseins. Berlin: List Verlag - Taschenbücher der Wissenschaft.

Gürge, Fritz; Held, Peter; Wollny, Marietta (1978). Lehrertagebücher. Möglichkeiten und Grenzen der Arbeit mit Hauptschülern, bearbeitet von Gerold Scholz. Bensheim: päd. extra buchverlag.

Heinze, Thomas; Müller, Ernst; Stickelmann, Bernd; Zinnecker, Jürgen (1975). Handlungsforschung im pädagogischen Feld. München: Juventa.

Held, Peter (1974 bis 1975). Unveröffentlichte Tagebuchaufzeichnungen. Herbst 1974 bis Frühjahr 1975. Wiesbaden: MS.

Held, Peter (1974). Beschreibung des Alltages an einer städtischen Hauptschule. Wiesbaden: MS.

Held, Peter (1978). Lehreralltag an einer städtischen Hauptschule. Wissenschaftliche Hausarbeit zur Erweiterungsprüfung für das Lehramt an Haupt- und Realschulen. Goethe-Universität Frankfurt: MS.

Held, Peter (1979). Sich in Außenseiter einfühlen. Fotogedanken zum Thema „Wie Außenseiter gemacht werden". In: päd. extra. Heft 3. S. 43-46

Held, Peter (1986). Erinnerungen, Gedanken, Bruchstücke zu meiner Jugend. Wiesbaden: MS.

Held, Peter (1998). Sich selbst und die Klasse besser kennen lernen. Erfahrungen mit Interaktionsübungen. In: Zeitschrift Pädagogik. Heft 1. S. 12-16.

Hessischer Rundfunk (1976). Werkstattbericht aus der Käthe-Kollwitz-Schule in HR1. Mit Beiträgen von Friedrich Gürge, Peter Held, Karl Friedrich, Marietta Wollny. August 1976.

IGS Kastellstraße (Hrsg.) (1997). Kursbuch. Wiesbaden: Eigendruck.

IGS Kastellstraße: aus dem Schulprofil: Soziales Lernen: Montagskreis – Klassenrat - Jahrgangsrat – Tischgruppenarbeit - Klassenlehrer/innenstunde - Mediationsraum (auch "Trainingsraum") - Interaktionspädagogik "Wir über uns" - Mediatoren "Die Kummerlöser" (Homepage der IGS – 2013)

Jaeggi, Eva; Faas, Angelika; Mruck, Katja (1998). Denkverbote gibt es nicht! Vorschlag zur interpretativen Auswertung kommunikativ gewonnener Daten (2. Überarbeitete Fassung). Forschungsbericht aus der Abteilung Psychologie im Institut für Sozialwissenschaften der Technischen Universität Berlin, Nr.98-2.

Käthe-Kollwitz-Schule / Klasse 9c (Hrsg.) (1974). Ein Buch über Jugendprobleme. Schuljahr 1973/1974. Wiesbaden: Eigendruck.

Käthe-Kollwitz-Schule Klasse 9a (Hrsg.) (1973). Bergkirchengebiet Heute & Morgen. Wiesbaden: Eigendruck.

Maschke, Sabine; Behnken, Imbke; Gürge, Fritz; Held, Peter; Stecher, Ludwig; Theilen, Kerstin (2012). „Ich hätte nicht angenommen, dass ich ein paar Jahrzehnte später da stehe, wo ich jetzt stehe“ – Unerwartete bildungsbiografische Wege ehemaliger Hauptschüler/-innen. Erste Ergebnisse der Längsschnittstudie „In der Lebensmitte“. In: A. Ittel, H. Merkens, L. Stecher (Hrsg.): Jahrbuch Jugendforschung. 11. Ausgabe 2011. S.13 - 46.

Projektgruppe Hauptschule (1973). Erläuterungen des Ansatzes zum Untersuchungskonzept (Hauptschule) des Projekts I. In: Bildungstechnologisches Zentrum Wiesbaden GmbH (Hrsg.) S. 45 – 51.

Projektgruppe Jugendbüro (1974). Antrag Projekt Sekundarstufe I. Wiesbaden: Eigendruck.

Projektgruppe Jugendbüro (1975). Die Lebenswelt von Hauptschülern. Ergebnisse einer Untersuchung. München: Juventa.

Projektgruppe Jugendbüro (1977). Subkultur und Familie als Orientierungsmuster. Zur Lebenswelt von Hauptschülern. München: Juventa.

Projektgruppe Jugendbüro (Hrsg.) (1978). Karin Q.: „Wahnsinn, das ganze Leben ist Wahnsinn“. Ein Schülertagebuch. Bensheim: päd. extra buchverlag.

Projektgruppe Jugendbüro und Hauptschülerarbeit (1973). Schillecker & Co. Ein Lohnarbeit – Spiel. Spielbericht. Wiesbaden: MS.

Projektgruppe Jugendbüro und Hauptschülerarbeit (1976). Straßensozialisation – Lehrlingssozialisation. Zwischenbericht. Wiesbaden.: MS.

Schulleitung und Kollegium der Käthe-Kollwitz-Schule (Hrsg.) (1984). 100 Jahre Käthe-Kollwitz-Schule – Geschichte und Gegenwart einer Hauptschule in Wiesbaden. Wiesbaden: Eigendruck.

Schumann, Brigitte (2014). Niemand will sie haben. Inklusion auch für Kinder mit störendem Verhalten? In: HLZ 5/2014 S.18.

Theilen, Kerstin (2010). Einzel- und Gruppeninterviews mit verschiedenen ehemaligen Schülern (Barbara Hennig, Peter Börner, Felipe Santander) an der IGS Kastellstraße.

Theilen, Kerstin (2012). Diskontinuierliche Lebensverläufe und Bildungsprozesse – eine qualitative Interviewanalyse von Biographien ehemaliger Hauptschüler. Thesis zum Abschluss des Bachelor-Studienganges „Außerschulische Bildung". Universität Gießen: MS.

Vopel, Klaus W. (1976). Handbuch für Gruppenleiter – Zur Theorie und Praxis der Interaktionsspiele. Hamburg: ISKO-Press.

Wiesbadener Kurier. Ausgabe vom Samstag, dem 6. Mai 2000. S. 15.

Wünsche , Konrad (1974). Die Wirklichkeit des Hauptschülers. Köln: Kiepenheuer& Witsch.

Zinnecker, Jürgen; Stickelmann, Bernd; Müller, Ernst; Heinze, Thomas (1975). Die Praxis von Handlungsforschung. Berichte aus einem Schulprojekt. München: Juventa.

Abbildungen

Wenn nicht anders vermerkt, liegen die Rechte für die Fotografien bei den Autoren bzw. den ehemaligen Schülern und Schülerinnen.

Zu den Autoren

Peter Held

geb. 1944, ehemals Lehrer an der Käthe-Kollwitz-Schule und danach an der Integrierten Gesamtschule Kastellstraße in Wiesbaden (Schwerpunkte: Gesellschaftslehre, Psychosoziales Lernen, Mediation, Jungenarbeit), Rektor als Ausbildungsleiter am Studienseminar Wiesbaden (Schwerpunkte: Politik/Wirtschaft, Umgang mit Konflikten, Interkulturelles Lernen), zehn Jahre Mitarbeiter in der Lehrerfortbildung Thüringen und zwei Jahre Mitarbeiter am Amt für Lehrerbildung in Frankfurt.
Kontakt: heldpeter@t-online.de

Imbke Behnken

Dr. habil, geb. 1941. Arbeits- und Forschungsschwerpunkte: Kindheit und Jugend im 20. Jahrhundert, Biografie: Bis 2006 gemeinsam mit Prof. Dr. Jürgen Zinnecker Leitung des Siegener Zentrums für Kindheits-, Jugend- und Biografieforschung, bis 2008 Leitung des Archivs „Kindheit – Jugend – Biografie", Universität Siegen.
Seit Sommersemester 2013 an der Goethe-Universität Frankfurt, Seniorprofessur. Fachbereich Erziehungswissenschaften
Kontakt: behnken@fb2.uni-siegen.de

Frankfurter Beiträge zur Erziehungswissenschaft

Fachbereich Erziehungswissenschaften der Goethe-Universität

Reihe Monographien:

Matthias Proske
Pädagogik und Dritte Welt – Eine Fallstudie zur Pädagogisierung sozialer Probleme
Frankfurt am Main 2001

Thomas Höhne
Schulbuchwissen – Umrisse einer Wissens- und Medientheorie des Schulbuchs
Frankfurt am Main 2003

Thomas Höhne/Thomas Kunz/Frank-Olaf Radtke
Bilder von Fremden. Was unsere Kinder aus Schulbüchern über Migranten lernen sollen
Frankfurt am Main 2005

Wolfgang Meseth
Aus der Geschichte lernen. Über die Rolle der Erziehung in der bundesdeutschen Erinnerungskultur
Frankfurt am Main 2005

Elke Wehrs
Verstehen an der Grenze – Erinnerungsverlust und Selbsterhaltung von Menschen mit dementiellen Veränderungen
Frankfurt am Main 2006

Matthias Herrle
Selektive Kontextvariation
Die Rekonstruktion von Interaktionen in Kursen der Erwachsenenbildung auf der Basis audiovisueller Daten
Frankfurt am Main 2007

Iris Clemens
Bildung – Semantik – Kultur
Zum Wandel der Bedeutung von Bildung und Erziehung in Indien
Frankfurt am Main 2007

Nils Köbel
Jugend – Identität – Kirche
Eine erziehungswissenschaftliche Rekonstruktion kirchlicher Orientierungen im Jugendalter
Frankfurt am Main 2009

Marianne Weber
Anfänge und Übergänge
Bildungsentscheidungen der Grundschule
Frankfurt am Main 2010

Meron Mendel
Jüdische Jugendliche in Deutschland
Eine biographisch-narrative Analyse zur Identitätsfindung
Frankfurt am Main 2010

Jens Rosch
Das Problem des Verstehens im Unterricht
Frankfurt am Main 2010

Matthias Schmolke
Bildung und Selbsterkenntnis im Kontext Philosophischer Beratung
Frankfurt am Main 2011

Johannes Jöhnck
Ressentiment. Eine erziehungswissenschaftliche Studie im Anschluss an Friedrich Nietzsche und Theodor W. Adorno
Frankfurt am Main 2015

Peter Held und Imbke Behnken
Handlungsforschung an einer Hauptschule 1972/74 – Reflexionen Beteiligter nach 40 Jahren
Frankfurt am Main 2015

Reihe Kolloquien:

Frank-Olaf Radtke (Hrsg.)
Die Organisation von Homogenität – Jahrgangsklassen in der Grundschule
Kolloquium anläßlich der 60. Geburtstage von Gertrud Beck und Richard Meier, Frankfurt am Main 1998

Frank-Olaf Radtke (Hrsg.)
Lehrerbildung an der Universität – Zur Wissensbasis pädagogischer Professionalität
Dokumentation des Tages der Lehrerbildung an der Johann Wolfgang Goethe-Universität, Frankfurt am Main 1999 (vergriffen)

Heiner Barz (Hrsg.)
Pädagogische Dramatisierungsgewinne –
Jugendgewalt. Analphabetismus. Sektengefahr
Frankfurt am Main 2000

Gertrud Beck, Marcus Rauterberg, Gerold Scholz, Kristin Westphal (Hrsg.)
Sachen des Sachunterrichts
Dokumentation einer Tagungsreihe 1997–2000
Frankfurt am Main 2001
Korrigierte Neuauflage 2002

Brita Rang und Anja May (Hrsg.)
Das Geschlecht der Jugend – Dokumentation der Vorlesungsreihe Adoleszenz: weiblich/männlich? im Wintersemester 1999 /2000
Frankfurt am Main 2001

Dagmar Beinzger und Isabell Diehm (Hrsg.)
Frühe Kindheit und Geschlechterverhältnisse. Konjunkturen in der Sozialpädagogik
Frankfurt am Main 2003

Vera Moser (Hrsg.)
Behinderung – Selektionsmechanismen und Integrationsaspirationen
Frankfurt am Main 2003

Gisela Zenz (Hrsg.)
Traumatische Kindheiten – Beiträge zum Kinderschutz und zur Kindesschutzpolitik aus erziehungswissenschaftlicher und rechtswissenschaftlicher Perspektive
Frankfurt am Main 2004

Tanja Wieners (Hrsg.)
Familienbilder und Kinderwelten – Kinderliteratur als Medium der Familien- und Kindheitsforschung
Frankfurt am Main 2005

Micha Brumlik und Benjamin Ortmeyer (Hrsg.)
Erziehungswissenschaft und Pädagogik in Frankfurt – eine Geschichte in Portraits
Frankfurt am Main 2006

Argyro Panagiotopoulou und Monika Wintermeyer (Hrsg.)
Schriftlichkeit – Interdisziplinär – Voraussetzungen, Hindernisse und Fördermöglichkeiten
Frankfurt am Main 2006

Dieter Katzenbach
Vielfalt braucht Struktur – Heterogenität als Herausforderung für die Unterrichts- und Schulentwicklung
Frankfurt am Main 2007

Reihe Forschungsberichte:

Thomas Höhne/Thomas Kunz/Frank-Olaf Radtke
Bilder von Fremden – Formen der Migrantendarstellung als der „anderen Kultur“ in deutschen Schulbüchern von 1981–1997
Frankfurt am Main 1999 (vergriffen)
http://www.uni-frankfurt.de/fb/fb04/personen/radtke/Publikationen/Bilder_von_Fremden.pdf

Uwe E. Kemmesies
Umgang mit illegalen Drogen im 'bürgerlichen' Milieu (UMID). Bericht zur Pilotphase
Frankfurt am Main 2000 (vergriffen)

Oliver Hollstein/Wolfgang Meseth/Christine Müller-Mahnkopp/Matthias Proske/Frank-Olaf Radtke
Nationalsozialismus im Geschichtsunterricht. Beobachtungen unterrichtlicher Kommunikation
Bericht zu einer Pilotstudie
Frankfurt am Main 2002 (vergriffen)
http://www.uni-frankfurt.de/fb/fb04/personen/radtke/Publikationen/Forschungsbericht_3_Nationalsozialismus_im_Geschichtsunterricht.pdf

Andreas Gruschka/Martin Heinrich/Nicole Köck/Ellen Martin/Marion Pollmanns/Michael Tiedtke
Innere Schulreform durch Kriseninduktion? Fallrekonstruktionen und Strukturanalysen zu den Wirkungen administeriell verordneter Schulprogrammarbeit
Frankfurt am Main 2003

Andreas Gruschka
Auf dem Weg zu einer Theorie des Unterrichtens. Die widersprüchliche Einheit von Erziehung, Didaktik und Bildung in der allgemeinbildenden Schule
Vorstudie
Frankfurt am Main 2005

Frank-Olaf Radtke/Maren Hullen/Kerstin Rathgeb
Lokales Bildungs- und Integrationsmanagement Bericht der wissenschaftlichen Begleitforschung im Rahmen der Hessischen Gemeinschaftsinitiative Soziale Stadt (HEGISS)
Frankfurt am Main 2005

Benjamin Ortmeyer
Die geisteswissenschaftliche Pädagogik und die NS-Zeit
(Vier Teilbände im Schuber)
Teil 1: Eduard Spranger und die NS-Zeit
Teil 2: Herman Nohl und die NS-Zeit
Teil 3: Erich Weniger und die NS-Zeit
Teil 4: Peter Petersen und die NS-Zeit
Frankfurt am Main 2008

Raphael Koßmann
Streitschlichtung in der Schule
Eine rekonstruktionslogische Betrachtung
Frankfurt am Main 2012

Stefan Weyers
Entwicklung von Rechts- und Menschenrechtsvorstellungen
Normenkonflikte und Menschenrechte aus Sicht junger Christen und Muslime
Frankfurt am Main 2012

Günter Burkart, Nikolaus Meyer
Leben und Studieren am Fachbereich Erziehungswissenschaften
Abschied vom Campus Bockenheim
Frankfurt am Main 2013